담론
에서
한국적 정치학의 모색
실천
으로

▌김영명 지음

KSI 한국학술정보㈜

"말은 많으나 실행은 적다." 이것이 '한국적 정치학'이 지금 처한 상황이다. 그동안 한국의 정치학이 지나치게 서양, 특히 미국 정치학에 의존하고 있다는 지적은 많이 나왔다. 이는 비단 정치학에 국한된 일은 아니고 인문학과 사회과학 전반에 걸친 일이다. 그러나 그런 지적은 많았지만 실제로 이 상황을 타개하고 한국의 고유한 인문학이나 사회과학 체계를 수립하기 위해 직접 뛰어든 학자는 거의 없었다고 해도 과언이 아니다. 그들이 지금까지 해 온 일은 주로 학문의 대외 의존성을 비판하거나 추상적인 담론 수준에서 이를 타개하기 위한 제언을 내놓는 일이었다.

실제로 학문의 대외 의존성 문제는 일제 치하이던 1933년에 이미 이후 한국 철학계의 태두가 된 박종홍 선생이 지적하였고, 정치학의 경우에도 1960년대 후반부터 나오기 시작했다. 하지만 그 뒤에 상황이 크게 달라진 것은 없다. 그 뒤에도 심심하면 한 번씩 이런 지적들이 오고 갔을 뿐 현실을 개선하기 위한 실제 노력은 가물에 콩 나듯 하였고, 그나마 그런 노력들도 축적이 되지 않고 홀로 있다 사라질 뿐이었다. 철학계에서 '우리말로 학문하는 모임'을 결성한 지 벌써 10년이 가까워서 비교적 활발하게 움직이는 것 같지만, 그것 역시 이름과는 달리 '우리말로 학문하기'에 치중하고 있는 것 같지는 않다. 더 큰 문제는 학문의 대외 의존성에 대한 지적이 일반적이고 원론 차원에 머무를 때에는 상당한 공감을 얻지만, 그것이 학계 풍토에 대한 조금만 더 구체적인 비판이 되면 주류 학계의 적대적인 공격에 처하게 된다는 사실이다. 글쓴이는 최근 이런 일을 몇 번 경험하였다. 그래서 그런지 정치학계의 대외 의존성 비판은 대개 추상적이고 일반적인 차원에 그치고, 더 세부적인 분야에 대한 비판이나 구체적인 지적은 찾기 어렵다. 이 모두는 무엇보다 이단을 용납하지 않으려는 기성학계의 권력이 확고하기 때문이다. 이런 풍토에서는 이를 과감히 뿌리치고 자신의 고유한 학문을 이루려는 용기와 능력을 동시에 갖춘 학자가 나타나기 어렵다.

한 가지 역설적인 것은, 지식과 학문의 대외 의존성이나 식민성을 비판하는 담론들도 서양 지성계에서 나온 탈식민주의 담론을 그대로 옮기고 있다는 점이다. 에드워드 사이드나 호미 바바 등 문학비평가들의 탈식민 담론·이론들이 한국에 들어와서 유행을 일으키기도 했다. 이들은 제3세계 출신으로서 제3세계에 대한 서양의 식민주의적 인식 체계를 비판하였다. 많은 공감을 불러일으키기도 하지만 이 역시 미국 학계의 지적 산물임을 부인할 수 없다. 이를 옮기는 한국의 지식인들이 과연 얼마나 한국 학문의 식민성에 대해 가슴 깊이 절감하는지, 아니면 이 또한 서양 학문 따라 하기에 지나지 않는 것인지, 때때로 의문이 드는 것을 어쩌지 못한다. 학문의 대외의존을 비판하는 사람들이 그 비판을 중심부 지식인의 이름을 빌려 하는 일은 역설이라면 역설이다.

글쓴이가 한국적 정치학에 관심을 가지고 이런저런 글을 써 온 지도 한 10년은 된 것 같다. 그동안 한국 정치학계의 풍토에 대한 비판을 『한국 정치학회 소식』이나 다른 곳에 발표하기도 하였다. 그런 정도는 애교로 받아 주는 것 같았다. 그러나 한발 더 나아가 구체적인 비판을 하기 시작하면 더 이상 '봐주지' 않는다는 사실을 최근에 깨달았다. 나야 이미 학교에서 정년 보장도 받았고 정치학계에서 알 만한 사람이면 아는 처지라 겁날 것은 별로 없다. 하지만 이런 상황에서 젊은 학자들이 어떻게 용기를 내기가 쉽겠는가?

'한국적 학문'이라고 하면 사람들이 오해하기 쉽다. 마치 기존의 학문을 모두 부정하고 한국에 고유한 무엇을 추구하는 것처럼 들리기 때문이다. 또 '한국적'이라는 말 자체가 폐쇄적이고 근시안적이라는 느낌을 주기 쉽다. 글쓴이 또한 마찬가지로 그런 느낌을 가지고 있다. 그러나 더 나은 용어를 찾지 못하여 어쩔 수 없이 이 용어를 쓴다(제4장 참조). 사람들 중에는 정말로 다른 데 없는 한국에 고유한 이론을 한국의 전통에서 찾아서 만들어야 한다고 생각하는 사람도 있을 것이다. 이상적인 생각이다. 정말 그렇게 되면 얼마나 좋겠는가? 그러나 나는 이런 이상은 실현되기 어렵다고 본다. 그래서 점진적이고 부분적인 방법을 강구하고, 이를 근본적 방법에 대비되는 '실용적 방법' 또는 '실용 접근'이라고 이름 붙인다(제2장 및 제4장 참조).

　　외국 이론을 이용하되 동시에 자신이 개발하거나 발견한 독창적인 것을 가미하여 새로운 개념이나 분석 틀을 만들어 내는 것을 한국적 정치학의 실현 가능한 방법이라고 본다. 또 어떤 사회·정치 현상을 볼 때 주류강대국의 시각을 그대로 따를 것이 아니라 한국의 상황과 처지에 맞는 시각 또는 관점을 채택할 것을 권장한다. 이런 것들이 당장 실현 가능한 한국적 정치학이다. 그런 것들이 쌓이다 보면 근본 접근에서 말하는 정말로 한국적인 이론이 나올 수 있을지도 모른다. 하지만 그것이 꼭 한국적 정치학의 목표가 되어야 하는지에 대해서는 자신이 없다.

　　글쓴이는 이런 생각을 가지고 그동안 주로 한국 정치에 관해 독자적인 분석 틀을 개발하거나 한국의 독특한 정치 현상을 설명하기 위해 노력해 왔다. 1992년에 『한국현대정치사』를 내면서 정치 변동을 설명하기 위해 분단, 산업화, 힘의 투쟁의 세 가지 변수로 분석 틀을 만든 것이 대표적이다.[1] 이는 비교정치 이론의 보편성과 한국적 특수성을 결합하는 시도였다고 할 수 있다. 이를 2006년에 『한국의 정

---

[1] 사실 그때에는 한국적 학문이나 정치학의 대외 의존성 문제에 별 관심이 없었기 때문에 글쓴이가 의식적으로 한국적 정치학을 추구한 것은 아니었다. 그냥 남의 이론을 대입하지 않고 내 나름대로 독창성 있는 분석 틀을 만드는 것이 목표였다. 그러나 오랜 시간이 지나서 생각해 보니 결국 그때 그것이 한국적 분석 틀을 향한 첫 시도였던 것으로 생각된다.

치 변동』이라는 제목으로 대폭 수정하여 다시 내었다. 2002년에 낸 『우리 눈으로 본 세계화와 민족주의』에서는 세계화와 민족주의 문제들에 대한 강대국 중심적 시각을 비판하고 '약소국' 한국의 처지에 맞는 시각을 수립하기 위해 노력했다. 2005년에는 『신한국론: 단일사회 한국, 그 빛과 그림자』를 내어 한국 사회를 단일·밀집 사회로 규정짓고, 거기서 파생하는 한국 사회와 한국인의 특징을 묘사하려고 하였다. 그러나 이런 일련의 노력들은 별로 주목을 받지 못했다. 내 나름대로 추구한 '자기의 독창적인' 또는 '한국적인' 연구에 대한 노력이 주목받기 어려운 한국 학계의 현실을 반영한 것으로 보인다. 그것이 기성 학문을 크게 탈피하지 않았지만 마찬가지였다. 아니면 오히려 그래서 더 그랬던 것일까?

한국적인 정치학을 실제로 수행하기 위한 노력은 다른 분야보다 국제정치학 분야에서 좀 더 볼 수 있다. 아마도 한국이 처한 특수한 국제정치적 상황 때문일 것이다. 이용희 교수의 『일반 국제정치학 I』에서 시작하여 이호재 교수의 『한국 외교 정책의 이론과 실제』, 구영록 교수의 『한국의 국가이익』, 또 이호재 교수가 중심이 되어 편집한 『한국적 국제정치학의 모색』 등이 정도의 차이는 있으나 다소간 한국적 국제정치학을 의도적으로 추구한 것으로 보인다(제2장 참조). 그러나 이런 책들 역시 많은 사람들이 참고하기는 하였으나 그 '한국적 성격'에 대해서는 별로 언급하지 않은 것 같다. 주류 정치학계에서 이런 부분을 애써(?) 무시한 것이 아닌지 모르겠다. 여기서 주류 서양(미국) 학문이라고 하는 데에는 비단 그야말로 주류인 보수적 학문뿐 아니라 좌파나 진보파 학문들도 포함된다. 마르크스주의 계급론, 국가론, 조정자본주의론 등등도 한국 사회과학에서 그대로 도입되어 별다른 가공 없이 통용되고 있다. 이런 점에서는 보수나 진보나 다 마찬가지이다. 진보적인 학계에서도 한국의 특수성이나 아니면 세계 일반을 설명할 고유한 분석 도구를 개발하는 데에는 별 관심이 없는 듯하다. 서구의 계급론을 한국에 대입하거나 스웨덴의 정치경제 모델을 소개하고 우리가 무엇을 배울 것인가를 탐구하는 정도이다.

이 책은 지금까지의 담론에서 한 걸음 더 나아가 실제로 한국적인 정치학 연구를 실천하려는 시도를 보여 준다. 부족하나마 그동안 노력해 온 연구 결과물들을 한데 모아 제시하고, 독자 여러분들의 평가를 받으려고 하는 것이다. 다시 말해, '나는 한국적 정치학을 이렇게 한다'는 것을 보여 주고 독자들의 의견을 들어 보고 싶은 것이다. 그 내용이 얼마나 수준이 높은지, 또 얼마나 진정 한국적인지에 대해서는 사람마다 평가가 다를 수 있다고 본다. 그러나 적어도 당위론에 입각한 한국적 정치학의 담론을 벗어나 실천으로 한 걸음 더 나아간 노력만은 내세워도 좋으리라 생각한다.

한국적인 정치 연구는 여러 가지 방법에 의존할 수 있겠지만, 이 저술에서 택하는 방법은 서구 사회과학을 배척하거나 이와는 결별하여 완전히 새로운 자생적 학문을 시도하는 것이 아니라, 이를 적절히 활용하면서 한국적 특수성에 착안하고 그것의 보편적 의미를 찾아보는 것이다. 한국 현실에 맞는 문제 설정과 이에 대한 한국적인 관점의 확보, 그 문제를 이해하기 위한 개념 개발, 또 이를 이용한 분석 틀 개발 등이 목표이다. 글쓴이뿐 아니라 누구든 그렇게 하다 보면 한 걸음 더 나아가 그 분석 틀을 더 포괄적이고 정교하게 만든 이론 개발에까지 도달할 수 있으리라 기대한다.

나는 이 책의 논의들이 아주 한국적이거나 아주 독창적이라고는 생각하지 않는다. 그러나 다른 정치학 저술들보다는 더 한국적인 데 가까이 갔다고 생각한다. 말하자면 대외 의존성과 한국적 독창성의 정도를 1에서 10까지라고 할 때 대개의 경우가 1~6정도라면 이 책은 6~8정도라고 할 수 있을지 모르겠다. 제1장에서도 언급하겠지만 한국적이라는 것도 정도 문제라고 생각할 수 있는 것이다. 어쨌든, 글쓴이의 시도를 한국적이라고 하는 까닭은 1) 외국 정치학에서 주목하지 않으나 한국 정치에서 중요한 문제를 포착하거나, 2) 특정 문제에 대해 미국을 비롯한 강대국의 시각과는 달라야 할 약소국 또는 중간국 한국의 시각을 정립하거나, 3) 이러한 문제와 시각을 반영한 고유한 개념이나 분석 틀을 만들어서 한국 정치를 설명하려고 하기 때문이다.

이 책의 내용은 크게 두 부분으로 나누어지는데, 제1부는 지금까지 한국에서 나타난 정치학 연구들의 대외 의존성을 분야별로 비평하고 대안을 모색한 것이다. 제1장은 한국 정치문화 분석의 대외 의존성을 지적하고 한국적 특수성에 좀 더 관심을 가질 것을 촉구하며, 제2장은 국제정치 분야에서 지금까지 시도된 한국적 학문의 담론과 실제 실천 노력들을 평가하고 이를 이루기 위한 실용적 접근을 제안한다. 제3장은 한국적 정치학의 모색에 대한 기존 학계의 거부감을 소개하고, 그 편향성과 오해를 해명한다. 제4장은 이들을 종합하여, 한국적 정치학에 관련된 주요 쟁점들을 논의하고 현실적인 실천 방안들을 제시한다.

제2부는 글쓴이가 그동안 시도해 온 몇몇 분야에서의 한국적 정치학 연구 결과물들을 소개한다. 제5장은 한국 정치문화를 이해하기 위해 '단일사회 문화'를 제시하고, 그것이 한국 정치과정에서 어떻게 작동하는지를 고찰한다. 제6장은 해방 후 한국 정치의 변화 과정을 설명하기 위한 글쓴이 고유의 분석 틀을 제시한다. 이를 통해 글쓴이는 한국의 정치 변동에 관한 본격 저술을 펴낸 바 있다. 제7장은 한국 정치의 특수성들에 착안하여, 그 원인과 작동 방식에 대해 고찰한다. 이 장은 하나의 분석 틀이나 서설을 제기하는 데 그치기 때문에, 더 구체적인 경험 연구로 뒷받침되어야 하리라 본다. 하지만 한국적 정치학 연구의 출발점을 제시하는 것으로 받아들여 주면 좋겠다. 제8장은 강대국 중심으로 전개된 세계화와 민족주의를 약소국의 시각으로 볼 것을 제안하며, 그 구체적인 방안을 제시한다.

제5장과 제8장 역시 더 자세한 단행본 형태의 저술을 펴낸 바 있는데, 이를 굳이 밝히는 까닭은 이 장들에서의 논의가 서설에만 그치는 것이 아니라 더 구체적인 연구로 뒷받침되었고, 따라서 한국적인 실제 연구가 실현 가능하다는 점을 강조하기 위해서이다.

이 글들은 시간을 두고 따로따로 쓴 것이기 때문에 많지는 않으나 중복되는 내용도 있다. 중복되지 않게 만들려면 각 장이 독립된 형태를 지니기 어렵게 될 우려가 있어 그대로 두었다. 또 때로는 단순한 중복이 아니라 논의가 더 발전된 형태로 나타나기도 한다. 독자들은 이런 점을 염두에 두고 중복을 양해해 주기 바란다.

이러한 작업들은 그 자체가 어렵기도 하려니와 특히 '패권과학'에 맞서는 일이라 몹시 힘들고 외로운 일이다. 글쓴이는 그동안 패권과학에 딱히 맞선 것도 아니고 '이런 것도 필요하다'는 정도의 작업을 해 왔지만, 패권과학이 이마저도 용납하려 들지 않거나 아예 무관심하니 힘든 것은 마찬가지이다. 그래도 몇몇 동지들이 있어 뜻을 같이하고 서로 격려해 줄 수 있는 점을 위안으로 삼는다. 특히 김웅진 교수, 정윤재 교수 및 엄상윤 박사가 뜻을 같이하면서 많은 도움을 주었다. 고마움을 표한다. 아울러 이 책의 출판을 맡아 준 한국학술정보(주)의 여러분에게도 감사의 뜻을 전한다.

2010년 7월

김영명 씀

제1부

담론과 실천 방안

한국의 정치와 문화:
연구 현황과 새로운 방향 모색[*]

Ⅰ. 서론

한 나라의 정치는 그 나라의 문화에 큰 영향을 받는다. 이런 현상은 학계에서 주로 '정치문화'라는 이름으로 불리고 이에 대한 연구가 활발하게 진행되고 있다. 정치문화 연구는 한국 정치학계에서도 그동안 중요한 자리를 차지했으며, 한국 정치의 여러 측면을 이해하는데 큰 기여를 했다.

그런데 지난 30여 년 사이에는 특히 한국 정치와 관련하여 정치의 동태적 측면, 즉 민주화 등 정치 변동이나 선거 분석 등 미시적 동태가 더 중요하게 여겨졌으므로, 정치문화 연구가 조금 부진했던 면이 없지 않다. 어느 면에서 보면 정치문화는 정치의 변화보다는 그 '지

---

* 『비교민주주의연구』 제5집 2호(2010)에 실린 글이다.

속성'에 더 관련된다고 할 수 있을지도 모른다. 예를 들어 서양의 기독교 문화나 아랍의 이슬람 문화, 동양의 유교문화들은 세부적인 변화가 있기는 하나 예전부터 지금까지 이어져 오는 지속성이 더 강조된다. 그래서 예를 들어 동양의 정치는 동양의 문화 전통인 유교의 영향을 예나 지금이나 변함없이 받고 있다는 인식이 팽배하다.[1] 이런 점에서 보면 정치문화 연구는 특정 문화지역에서의 일관된 특징으로 부각되는 면이 크다고 할 수 있다.

그러나 정치문화가 정치의 지속적인 면에만 관여하는 것은 아니다. 정치문화는 정치 변동에도 분명히 관여한다. 우선, 특정 방향으로의 정치 변동 과정과 그 결과는 해당 국가의 정치문화에 의해 그 방향이 크게 영향받는다. 그래서 유교문화가 지배적인 동아시아의 민주주의는 서구와 달리 '비자유주의적'인 민주주의가 될 수밖에 없다는 주장도 나온다(Bell et al. 1995). 더 심하게는 유교문화의 위계질서가 한국 민주주의의 전망을 흐리게 한다는 믿음이 적어도 민주화 이전의 한국 사회에 팽배했던 사실을 우리는 잘 기억한다. 마찬가지로 이슬람의 문화는 위계질서, 여성 차별, 집단 질서 등의 논리 때문에 민주주의의 걸림돌이 될 수밖에 없다는 주장이 여전히 서구 학계에 팽배하다(Diamond 2008).

정치문화, 더 크게는 문화 일반이 정치 변동에 관련되는 두 번째 방식은 해당 지역 문화 자체의 문화가 정치 변동에 영향을 준다는 점이다. 예를 들어 한국 사회에 유교문화가 팽배하다고 하지만 지금 한국인의 정치의식이 50년 전의 그것과 동일하다고 생각할 사람은 없을 것이다. 지금의 한국은 유교적인 것 이상으로 서양 문화를 체

---

1) 지금부터 동양과 동아시아를 같은 의미로 사용한다.

득하고 있다. 이러한 정치문화의 변화는 변동 사회에서 나타나는 사회경제적 변화의 결과이다. 산업화, 도시화, 정보화, 교육 확대의 결과로 사람들은 점점 더 '전통적'인 문화에서 '근대적'인 문화로, 그리고 '탈근대적'인 문화로 이동하고 있다.[2] 물론 이들은 뒤섞여서 나타난다. 한국의 사회 경제 변동은 다른 나라에 비길 수 없이 급속하기 때문에 문화 변동도 급격하며, 전통, 근대, 탈근대 문화들이 뒤섞여 있다고 볼 수 있다. 이런 문화 변동이 정치 변동에 일정한 영향을 준다는 사실은 명백하다.

이런 까닭으로, 정치문화 연구의 중요한 한 측면은 정치문화의 변화를 추적하고 그 정치적 영향을 따져 보는 것이다. 이런 연구들은 사실 주류 정치문화 연구의 주요 측면이라고 할 수 있다. 한국의 정치문화 연구는 미국에서 탄생한, 설문조사와 통계적 기법을 사용한 정치문화 연구를 도입하여 한국인들의 정치문화가 미국·서구와 어떻게 다르며 또 그것이 어떻게 변해 왔는가를 추적하는 특징을 보인다. 그 연구들은 대체로 한국인의 정치문화가 전통적, 유교적, 권위주의적인 문화에서 근대적, 개인주의적, 민주적 문화로 변해 왔다고 결론짓는다(김영명 1998; 박종민 2008). 물론 그 정도가 어느 정도인지에 대해서는 개별 연구에 따라 결론이 다를 수 있다.

그런데 이런 정치문화의 변화가 한국 정치체제나 한국인의 정치 행동에 구체적으로 어떤 영향을 미치는지에 대한 연구는 부족한 것

---

2) 이런 이분법, 또는 삼분법적인 연구는 그동안 수많은 비판을 받았다. 서구 중심적이고 단선적이며 서구 우월적인 가치관을 보인다는 것이다. 이런 비판들은 모두 정당하다. 그러나 그렇더라도 정치문화나 사회구조를 어떤 방식으로든 분류하는 일은 학문 연구를 위하여 반드시 필요하다. 서구 중심, 서구 우월의 가치관과 지나친 단순화를 배제한다면 이런 분류법 자체가 비난받아야 할 이유는 없다고 본다. Inglehart and Welzel(2005) 참조.

같다. 또 거꾸로 정치체제의 변화(이 경우 민주화)가 한국인의 정치문화를 어떻게 바꾸었는지에 대한 관심도 충분하지 않은 것 같다.[3] 체제와 문화의 상호관계에 대한 연구는 통계분석만으로는 충분하지 않고, 그에 대한 이론적 고찰 또한 병행하는 것이 바람직하다. 다시 말해 왜, 또 어떤 방식으로 문화가 체제의 성격이나 변동에 영향을 주며, 또 거꾸로 체제의 변화가 어떻게 구성원의 정치문화에 영향을 주는지에 대해 이론적으로 분석해야 한다는 말이다. 이런 이론적 논의가 통계 분석에 비해 부족한 것은 미국이나 한국에 공통된 현실이다.

하지만 한국 정치문화 연구의 경우 이보다 더 큰 문제점이 존재하는데, 그것은 미국 학계가 제기한 문제 영역을 별다른 비판 없이 그대로 따르고 있다는 사실이다. 이들이 정치문화의 주요 속성 또는 시각으로 간주하는 근대화론, 시민문화론, 탈근대문화론, 신뢰 연구 등등이 모두 중요한 연구 영역이고, 세련된 연구결과를 내놓고 있다는 점은 아무도 부인하지 못한다. 그러나 문제는 이런 문제 영역들이 거의 모두 미국인의 시각에서 나타났고 미국인의 현실과 관심을 반영한 것이기 때문에, 때로는(전부는 아니겠지만) 우리 현실에서 덜 중요할 수 있다는 사실이다. 예를 들어 한국의 한국 정치 현실에서 정말 '신뢰'라는 측면이 얼마나 중요한 것일까? 물론 중요하다고 본다. 하지만 그것 못지않게 중요한 정치문화적 현상들이 분명히 한국 사회에 존재한다. 예를 들면 '지역주의' 또는 이를 정치문화 연구의 용어로 말하자면 '지연 의식' 같은 것들이다. 만약 그렇다면 이 지연 의식이 각 나라에서 어떻게 나타나며 그 강약의 정도에 따라 정치

---

3) 한국 민주주의와 정치문화의 관계에 대해서는 재미 학자인 신도철 교수가 많은 연구를 하였지만 그 숫자가 부족하다고 할 수 있다. Shin(1999); Shin and Lee(2006) 등 참조.

현상이 어떻게 달라지는가에 대한 관심을 한국의 정치문화 연구자들이 가져야 하지 않을까? 그러나 아쉽게도 아직 이런 연구는 매우 부족하다.

한국의 정치문화 연구가 정말로 한국적 적실성을 가지려면, 다시 말해 한국 정치에 중요한 문제 영역 위주로 연구를 하려면 선진 학계의 동향을 비판 없이 따를 것이 아니라 정말로 한국에서 중요한 정치문화 현상이 어떤 것인지에 대한 세밀한 관찰부터 해야 한다. 그것이 학문적 보편성을 가로막는다든가 지나치게 한국적 특수성만 강조할 것이라는 생각은 괜한 걱정이다. 오히려 이는 미국이 주도하는 세계 정치문화학계를 살찌우는 '세계적인' 소중한 작업이 될 수 있다. 다시 말해, 한국의 정치문화 연구는 기존의 연구 동향에서 좀 더 지평을 확대하여 연구 분야와 방법을 넓혀 나갈 필요가 있다는 말이다. 이 연구는 앞으로 이런 주장을 조금 더 구체적으로 펼치고자 한다.

II. 정치문화의 연구 방법

지금까지의 정치문화 연구는 크게 나누어 두 가지 방법을 사용하고 있다고 할 수 있다. 하나는 주류 방법론으로서 사회 구성원들에게 설문조사를 실시하여 이를 통계분석으로 비교하는 방법이다. 구성원들의 정치문화 특징을 다른 나라와 비교하기도 하고 과거 시점들과 비교하기도 한다. 지금까지 미국이나 한국의 정치문화 연구는 거의 모두 이런 방법에 따른 것이었다. 이런 방법은 비교분석을 용이하게 하여, 한 지역 또는 한 시기의 정치문화가 다른 지역 또는 다른 시기의 정치문화와 어떻게 다르며 그 문화의 특성이 전체 자리에서 어느 위치에 속하는지를 알아보기 쉽게 만드는 장점이 있다. 그 반면 한 지역의 정치문화에 대한 심도 있는 분석을 이런 연구 방법에 기대하기는 어렵다.

정치문화를 연구하는 다른 하나의 방법은 참여관찰이나 서지 연구를 통한 것이다. 이는 인류학적인 방법과도 상통하는데, 주로 한 지역에 능통한 전문가에 의해 이루어진다. 따라서 이런 연구 방법은 해당 지역의 정치문화에 대해 깊이 있는 이해를 가능하게 할 뿐 아니라, 정치문화와 그 바깥 즉 사회정치 구조나 구성원들의 정치행동과의 관계도 파악하게 만들어 주는 장점을 지닌다. 그 반면 지나치게 한 지역의 특수성만을 강조하여 비교적 관점이나 보편성을 잃을 수 있는 약점을 지닌다.

이 두 가지 방법은 방법론의 면에서 매우 다른 철학적 기반을 가짐을 알 수 있다. 앞의 것이 경험주의, 실증주의의 철학적 입장이라면, 뒤의 것은 현상학적이거나 참여관찰의 기반을 가진 방법론이라고 할 수 있다. 하지만 이렇게 철학적 기반이 다르다고 해서 둘이 화합하지 못하리라는 법은 없다. 실제로 한 지역의 대표적 정치문화로 지목되는 현상을 역사적으로 추적할 수도 있고, 설문조사의 방법으로 증명할 수도 있다. 한국의 예로 유교적 정치문화가 어떻게 한국 정치에 발현되는지를 역사적으로 추적할 수도 있고, 이를 현재 한국 정치 현상에 대입하여 설명할 수도 있다. 동시에 한국의 유교 정치문화를 한국인의 의식구조에 대한 설문조사를 통해서 입증할 수도 있다. 실제로 한국의 '유교적' 정치문화 연구는 이런 식으로 경험적으로 증명되었다. 하지만 아쉽게도 '양적'인 분석에 비해 '질적'인 분석은 태부족이다.

이제부터 이 연구는 한국 정치문화에 대해 수행된 지금까지의 연구 동향을 간단하게 살펴본 뒤에 그것이 지향해야 할 바람직한 방향을 제시하고자 한다. 기존 연구들은 앞서 말했듯이 대부분이 미국 학계에서 개발한 지표를 따라 설문조사, 통계분석을 통하여 이루어졌다. 그 다음으로는 헨더슨식의 역사문화적 접근이 있기는 하지만 이는 거의 헨더슨 한 사람으로 끝난다고 하여도 과언이 아니다(Henderson 1968). 이에 덧붙여서 원래 한국을 겨냥하거나 한국에 국한된 것은 아니지만, 동아시아의 유교 전통을 강조하는 동아시아적 가치론이나 아시아적 민주주의론도 한국 정치문화 연구와 상당히 관련이 있으므로, 이 논의도 간단히 다루기로 한다. 그리고 마지막으로 '한국인론'이라고 이름 붙일 수 있는 일련의 연구 동향이 있는데, 이는 정치학자들의 업적도 아니고 정치를 주로 다룬 것도 아니지만, 한국 정치문화와 관련이 있기 때문에 이에 대해서도 간단히 논의하고자 한다.

Ⅲ. 주류 정치문화 연구

주류 정치문화 연구에 대한 서지 분석은 박종민의 것이 가장 새롭고 가장 잘 정리되어 있으므로 굳이 다른 것들을 살펴보지 않아도 좋을 법하다. 그는 지금까지의 한국 정치문화 연구를 몇 개 '시각'으로 분류하여 정리·비판하였다(박종민 2008). 여기서는 이 분류와 정리를 따라 각 시각들의 특징을 소개하고 글쓴이가 생각하는 문제

점도 지적하고자 한다.

그는 한국의 정치문화 연구를 근대화론, 시민문화론, 정치체제론, 권위관계론, 신근대화론, 사회자본론 '시각'들로 구분했다. 서로 상충되기도 하는 이들 접근법들은 오랜 시간에 걸쳐 한국의 정치문화가 보이는 다양한 측면들을 이해하는 데 이바지하였다. 이런 연구들은 위에서도 말했듯이 설문조사와 통계분석을 사용한다는 공통점을 보였다. 그런데 이런 방법론은 응답자의 생각이나 느낌을 조사하는 연구라는 한계를 지닌다. 응답의 정확도는 여기서 굳이 문제 삼지 않더라도, 그런 생각이나 느낌, 가치관 같은 것들이 과연 '문화'를 대변할 수 있는가 하는 한계를 보인다. 따라서 사회 구성원의 행동 양식과 그 역사적인 전개가 주목하는 연구가 뒷받침되어야 하지만 이런 연구는 매우 드물다. 그러나 이런 약점은 이런 종류의 연구에 언제나 있기 때문에 여기서 특별히 문제 삼지는 않기로 한다.

더 큰 문제는 위 '시각'들 모두가 예외 없이 미국 학계의 조사 방법과 지표를 그대로 도입했다는 점이다. 주류 정치문화 연구는 모두 서양이나 미국을 기준으로 놓고 한국 정치문화를 명시적이든 묵시적이든 그들과 비교하는 것이다. 미국 사람이 그들의 현실에 중요하여 그들의 관심으로 만든 지표와 분석 방법을 문화 요소와 그 정치적 의미가 다른 한국에 적용하는 것이다. 이런 문제는 사실 오래전부터 근대화론의 서양 중심주의에 대한 비판을 필두로 하여 미국 정치학계 자체에서 제기된 문제이기도 하다.

박종민이 정리한 한국 정치문화 연구를 각 시각 별로 정리해 보자.

1) 근대화론은 한 사회를 전통-근대성의 이분법으로 분류하여 정치문화를 조사한다. 유교적 계층주의, 권위주의, 효, 묵종주의, 집

단주의 등등 한국의 전근대적 정치문화가 아직도 존재하고 있다는 점을 강조한다. 하지만 그런 전근대성이 점점 줄어들고 있다는 조사 결과들이 많은데, 이 종설은 보여 주지 않는다.

2) 시민문화론적 접근은 알몬드-버바가 제시한 바 있는 유명한 향리형, 신민형, 참여형 문화 구분에 의거하여 한국 정치문화를 조사하는 연구다. 이를 투입, 산출 과정에 각각 대입하여 한국 문화가 어떻게 나타나는가를 많은 한국 정치학자들이 조사하였다. 전체적으로 볼 때, 한국 정치문화는 아직도 시민문화의 성격이 부족하지만 그쪽으로 이동해 왔다고 한다. 알몬드-버바의 연구가 1963년에 발표된 것임을 감안할 때 한국의 정치문화 연구가 아직도 이 모델을 원용하고 있는 것은 문제라는 생각이 든다. 그리고 기본적으로 근대화론 접근과 별 차이를 느낄 수 없는데 굳이 이를 구분할 필요가 있었나 하는 생각도 든다.

3) 정치체제론적 시각이란 정치체제의 투입요인인 정치적 지지에 초점을 둔 시각이라고 한다. 데이비드 이스턴의 정치체제 모델에서 따온 것이다. 쉽게 얘기해서 한국 국민들이 민주주의에 대해 얼마나 지지하는가에 대한 조사 연구이다. 이를 정치체제론적 시각이라고 하기에는 너무 다양성이 없는, 단일 요소에 대한 조사이다. 오히려 그냥 '민주주의 지지에 대한 조사'라고 해도 좋을 법하다. 구체적으로 민주주의 개념에 대한 인지 수준, 민주주의와 독재 중 선호 여부, 권위주의에 대한 정향, 정치제도의 성과에 대한 정향, 민주 규범과 절차에 대한 지지, 법치주의에 대한 지지 등으로 이루어졌다. 이를 개관한 뒤 박종민은 "한국의 정치문화는 정치체제의 정향과 관련하여 보다 반권위주의 체제 정향을 보이지만 그렇다고 친민주주의 체

제정향을 명료하게 보이는 것은 아니다."라고 결론지었다.

이런 민주주의 지지에 대한 국민 조사는 그 나름대로 의미가 있다. 하지만 그것이 왜 한국 정치 연구에서 중요한지에 대한 설명이 필요하다. 이런 조사 연구는 연구비가 매우 많이 드는 것인데, 그런 방대한 조사를 한 결과가 일반인들이 상식적으로 짐작할 수 있는 것이라면 허무한 생각이 들 것이다. 국민들의 민주주의에 대한 지지가 50%일 때와 70%일 때 한국 정치의 모습은 어떻게 달라질 것인가? 민주주의가 안정된 모습을 지니려면 국민 지지가 어느 정도 되어야 할까? 민주주의에 대한 국민 지지를 높이려면 정부나 국민이 어떤 일을 해야 할까? 이런 질문들에 답하는 노력이 수반되지 않는 한, 이런 연구들은 그 노력과 경비에 비하여 알찬 결과를 낳지 못할 가능성이 크다.

4) 권위관계론의 시각이란 국민들이 정치적 권위체에 대해 어떤 태도를 취하느냐에 관한 조사 연구이다. 다시 말해 국민이 묵종 성향이냐 평등 성향이냐 하는 등의 태도에 관한 연구이다. 한국인들은 그동안 온정적 권위 관계와 가족적 국가관을 견지한 것으로 조사되었다. 또 이에 기반을 두어 법치보다는 덕치를 선호하는 성향이 강하다고 한다. 그러나 그의 종설에서도 그런 묵종성, 온정주의가 점차 줄고 있는 것으로 나타났는데, 그는 결론에서 이를 밝히지 않았다. 이런 접근도 결국 크게 보아 위 근대화론이 채택하는 양분법과 동일한 접근법이라고 할 수 있다.

5) 신근대화론의 시각이란 "사회경제적 변화에서 초래된 가치 정향의 변화가 정치제도에 미치는 영향을 강조한다." 주로 물질주의-탈물질주의 정향에 대한 조사이다. 이런 연구는 아직 많지 않지만

기존 연구들을 종합하면, 한국인의 가치관에서 탈물질주의 정향이 반드시 늘어났다고 할 수는 없지만 물질주의 정향이 줄어든 것은 사실이라고 한다.

6) 사회자본론의 시각은 사회신뢰에 대한 연구이다. 이런 연구는 사회신뢰가 민주주의 제도화에 중요한 요소라는 전제를 깔고 있다. 또 사회신뢰는 사회 구성원들 사이의 연결망에서 나온다는 전제도 하고 있다. 한국의 경우 아직 사회 신뢰가 낮다. 저자는 외집단에 대한 신뢰가 낮은 것은 한국의 전통적인 문화 특징으로 볼 수 있는 집단주의와 분파주의의 영향이라고 말한다. 하지만 여기서도 역시 이전보다는 한국인의 사회적 신뢰 수준이 높아진 것을 확인할 수 있다.

지금까지의 주류 한국 정치문화 연구를 전체적으로 살펴보면 다음과 같은 특징들을 볼 수 있다. 약간의 되풀이를 양해해 주기 바란다.

1) 미국의 정치문화 접근법과 분석 방법을 도입하여 한국에 적용했다. 세부적인 수정은 있었을지 모르나 전체 틀은 직수입한 그대로라고 할 수 있다.

2) 그러다 보니 미국 학자들의 연구 관심사가 그대로 적용되고 한국 현실에서 나온 문화적 관심은 비교적 소홀히 다루어졌다. 물론 유교문화와 가족주의 등 한국의 전통문화에 대한 관심이 높은 것은 사실이지만, 이 또한 서양 또는 미국과의 비교를 통해서만 강조되었다. 다시 말해, 준거의 기준이 한국에서 '피부로 느끼는 현실'이 아니라 '구미와의 차이'인 것이다. 즉, 구미를 일종의 준거기준으로 놓고 한국을 이와는 다른 이질적인 문화현상으로 생각하여 구미와의 차이가 드러나는 특정 현상들 — 유교, 집단주의, 가족주의 등에 초점을 맞추게 된 것이다. 이런 현상은 비단 계량적인 정치문화 연구뿐

아니라 한국 문화 전반, 더 나아가 동양 문화 전반에 대한 관심이나 연구들에서도 잘 나타나고 있다.

3) 왜 다른 요소들이 아니고 위와 같은 요소들을 조사하는 것이 중요한가에 대한 성찰이 부족하다. 특히 한국 정치에서 그런 조사연구가 어떤 의미를 지니는가에 대한 고민이 부족하다. 그저 미국 학자들이 만든 분석 방법을 도입하여 쓰는 것이 편하고 여러 모로 유리하니까 그대로 쓰고 있다는 인상을 지울 수 없다.

신뢰 연구를 하고 민주주의에 대한 지지를 연구하는 것은 물론 그 나름대로 중요하다고 본다.[4] 탈물질주의 연구도 마찬가지이다(한준·이재열 2007). 서양 학계에서 높은 수준의 연구 업적이 축적되고 있으므로 이를 적극적으로 도입하여 한국 정치문화 연구의 수준을 높일 필요가 있다. 그렇지만 민주주의에 중요한 다른 문화 요소들은 없을까? 신뢰나 지지가 민주주의 발전에 다른 요소들보다 반드시 더 중요할까? 예를 들어, 신뢰가 아니라 '정직성'은 민주주의 정착에 중요하지 않을까? 필자는 잘 모르겠다. 그렇다면 '근면성'은? '솔직함'은? 아니면 '이성적' 문화나 '감성적' 문화의 구분은 민주주의 발전에 얼마나 유용한 구분일까? 이런 문화 요소들이 반드시 신뢰나 지지보다 민주주의 성숙이나 제도화에서 덜 중요하다는 증거는 어디에 있을까? 이런 질문들은 실제로 연구해 보기 전에는 대답할 수 없는 질문들이다. 따라서 그런 연구들을 실제로 해 본 뒤에 어느 요인이 한국 민주주의 발전에 더 중요한지 판가름해야 하리라 본다. 만약 그런

---

4) 후쿠야마의 유명한 신뢰 연구는 각 국가들을 낮은 신뢰 국가와 높은 신뢰 국가로 분류하여 그것이 기업 규모와 경제 전반에 어떤 결과를 나타내는가에 초점을 맞추고 있다. 그 논의의 타당성은 차치하고, 왜 그가 어떤 국가는 저신뢰 국가로 다른 국가는 고신뢰 국가로 분류했는지를 밝히지 않은 것은 이해하기 어렵다. Fukuyama(1995).

실증 연구가 현실에서 어렵다면 신뢰나 연고주의나 또 다른 문화 요소들이 한국 정치나 민주주의에 왜, 그리고 어떻게 중요한지에 대한 '이론적'인 논의라도 있어야 할 것이다.

민주화 이후 한국 정치에 그동안 가장 큰 영향을 주었다고 상식적으로 생각되는 지역주의(또는 좀 더 크게는 연고주의)에 대한 연구는 왜 한국 정치문화 연구에서 경시되고 있을까? 지역주의는 투표 성향 연구에서 많이 나타나지만, 정치문화 연구에서는 제대로 다루어지지 않는다. 아주 중요한 정치문화적 요소가 정작 정치문화 연구에서 나타나지 않는 이유는 무엇일까? 그것은 무엇보다 정치학계를 주도하는 미국의 정치문화 연구에서 이를 다루지 않기 때문이다. 예를 들어, 최근 한국 정치에서 지역주의가 얼마간 약화되고 있는 것으로 보이는데, 그것이 과연 일반 국민의 정치문화에서도 나타나고 있는가? 나타나고 있다면 그 원인은 무엇인가? 안 나타나고 있다면 또 그 원인은 무엇인가? 실제 행동으로 나타나는 지역주의와 설문조사에서 나타나는 지역주의에 괴리가 있다면 그것은 한국 정치에서 무엇을 의미하는가? 이런 물음들을 한국 정치문화 연구는 물어야 한다.

4) 주류 정치문화론에서 확인된 문화가 실제 정치과정에서 어떻게 나타나는가에 대한 연구는 없다시피 하다. 설문조사에 의존하는 연구의 성격상 그럴 수밖에 없다. 따라서 다른 방법에 의한 한국 정치문화 연구가 나와서 통계분석 연구를 보완할 필요가 있다. 정치 현상은 심리상태나 태도가 아니라 그것에 영향받지만 다른 차원에서 존재하는 사회 구성원들의 행동이고, 덧붙여 그 행동들이 쌓여서 나타나는 정치제도나 정치 구조의 성격과 변화이기 때문이다.

Ⅳ. 유교 정치문화론

1990년대에 특히 유행한 것이지만, 동아시아의 급속한 부상을 바탕으로 그 경제적 성공을 전통적인 유교문화에서 찾으려는 시도가 만연한 적이 있다(이승환 외 1999; Lee 1995). 이를 흔히 '유교자본주의론'이라고 부르는데, 그 중심 내용을 단순화하자면 유교 전통인 근면과 집단에 대한 충성심, 검약 정신 등이 동아시아의 경제적 성공을 불러왔다는 논리로 집약된다. 이러한 논리는 지나친 단순화라는 점 외에도, 그러면 왜 그동안에는 유교문화가 경제 발전을 일으키지 않다가, 아니 오히려 경제 발전의 걸림돌로 간주되다가 갑자기 그 반대로 경제발전의 촉진 요인이 되었는지를 해명하지 못하는 모순을 보였다. 여기서는 이런 논점들에 대해 토의할 필요는 없다. 단지 그러한 문화적 설명이 설득력이 있으려면 다른 많은 요인들과의 상호관계나 상대적 중요성에 대한 심도 있는 논의가 뒷받침되어야 한다는 사실만을 지적하고자 한다.

유교적 자본주의론이 유교문화의 긍정적인 측면에 주목하였다면, 그와 쌍을 이루는 '유교민주주의론' 또는 '아시아적 민주주의론'은 원래 의도와는 달리 그 부정적인 측면이 어쩔 수 없이 좀 더 부각되는 경향이 있다고 할 수 있다(Roy 1994; Nehr 1994). 물론 리콴유전 싱가포르 총리를 비롯한 아시아적 민주주의론 옹호론자 또는 주창자들은 그 긍정적 측면을 강조하지만 민주주의라는 관점에서 보편적 기준으로 보면 그들이 옹호하는 질서 중시와 국가 우위의 사회체제는 그 반민주적 측면이 부각되지 않을 수 없다. 이러한 아시아적 민주주의론은 싱가포르와 말레이시아 등 유사민주주의 국가들뿐 아니라 중국처럼 민주주의와는 아예 거리가 먼 일당독재 체제에서조차 '타락한' 서구 자유민주주의의 대안으로 한동안 꽤 거론되고는 했다. 이런 노력들은 서구 민주주의의 지나친 개인주의화와 도덕적 타락에 대한 지적 등 일부 수긍할 수 있는 측면이 없지 않으나, 근원적으로 민주주의와는 배치되는 권위주의체제를 옹호하거나 정당화하기 위한 이념 도구로 제시되었다는 사실을 부인할 수 없다. 최근에 중국 공산당 지도부는 공산주의 이념에서 어느 정도 탈피하여 유교 이념을 적극적으로 선전하고 있다. 이른바 '신유교' 이념이 자본주의적 불균형 발전에 따른 사회적 분열과 일당독재에 대한 국민의 반감을 해소하고 사회정치적 통합과 조화를 추진하는 이념적 도구로 사용되고 있다. 이는 비단 당 지도부에 그치는 현상이 아니고 지식인 사회에서도 신유교 이념이 광범위하게 논의되고 있는 실정이다(Bell 2008).

이와는 별도로, 일련의 서양 학자들은 위와 유사하게 동아시아 즉 유교권의 정치체제는 아무리 민주주의를 도입하더라도 결국 '비자유주의적'인 체제, 다시 말해 집단주의적이고 국가 권위가 시민 권리보다 우위에 서는 아류 민주주의가 될 것이라는 견해를 강하게 피력한 바 있다. 이런 논지는 최근까지도 이어지고 있다(Bell et al. 1995).[5]

이상에서 본 두 가지 부류의 동아시아 정치문화론은 세부적인 차이가 많지만 몇 가지 점에서 공통된 문제점을 보이고 있다(전제국 1999; 김영명 1999). 이 문제점들은 정치체제의 작동이나 변화에 대한 문화적 설명이 지닌 근본 한계이기도 하고, 다른 한편으로는 서구인이든 동양인이든 잘못된 이분법에 입각한 지나친 단순화와 가

---

5) 서양과는 다르다고 규정되는 동양의 권위 개념에 대해서는 Pye with Pye(1985) 참조.

치 개입을 보이는 문제이기도 하다.

우선, 특정 문화의 속성들이 민주주의 성장을 저해한다는 논리는 민주주의의 세계적 확산 속에서 설 자리가 상당히 좁아졌다고 할 수 있다. 유교자본주의론 역시 유교문화와 관계없는 인도나 남미, 동남아 등에서도 자본주의 발전이 탄력을 받는 상황 속에서 그 힘을 잃었다고 할 수 있다. 이런 논리는 민주화 연구의 대표학자인 래리 다이아몬드가 잘 서술했다(Diamond 2008, 특히 제1장). 그는 민주화에 대한 문화론적 비관주의를 비판하면서, 각 지역의 문화에 관계없이 민주주의가 전 세계적으로 퍼졌다는 사실을 강조하였다. 또 서구인이나 비서구인이나 민주주의에 대한 태도나 가치관에서 별 차이가 없다는 사실을 기존 연구들을 인용하면서 증명하였다. 아시아적 가치론, 이슬람 세계의 반민주주의 문화 등의 주장들은 허구라는 것이다. 그는 이곳들에 반민주적 전통문화 요소가 있는 것은 사실이지만, 전통문화(유교 등)에 친민주주의적 요소도 있으며, 더구나 이 지역 주민들의 문화가 많이 변하고 있다는 사실을 강조하였다. 또 문화와 관계없는 다른 국내외적 요인들이 민주화를 가져오게 만들었다는 사실을 풍부한 예시를 통해 주장하였다. 이는 기본적으로 글쓴이의 주장과 같은 견해라고 할 수 있다.

이렇게 볼 때, 유교 정치문화론은 한 사회의 문화가 정치제도나 체제에 미치는 영향을 과장하고 있다고 볼 수 있다. 특정 정치문화와 정치체제의 상관관계를 확정하는 것은 매우 복잡하고 모호한 일이다. 예컨대 과연 기독교 문화가 서구적 민주주의를 유발한 것인가도 연구거리이지만, 만약 그것이 사실이라고 하더라도 기독교가 지배적이지 않은 문화에서는 민주주의가 발전하지 못할 것인지는 또 다른 탐구거리이다. 특정 문화와 특정 정치체제가 상대적 친화력을 가질 수 있다는 점을 인정하더라도, 그와 배치되는 문화에서라도 특정 정치체제가 자리 잡을 수 있다는 사실은 지금의 '비민주적' '비자유주의' 문화가 우세하다고 추정되는 곳에서 민주주의가 자라는 현상을 보면 다른 생각을 가질 수밖에 없다.

여기서 민주 체제와 민주 문화 둘 가운데 어느 것이 선행하는지가 문젯거리가 될 수 있다. 필자는 이에 대한 답을 가지고 있지 않다. 잉글하트는 민주적 문화가 자리 잡은 곳에서 민주 체제가 자리 잡기 쉽고 그 반대는 아니라고 결론을 내린 바 있다.6) 그의 연구가 얼마나 일반화될 수 있는지 또 타당한지에 대해서는 직접 연구를 안 해 보았으므로 필자가 판단할 수 없다. 하지만 그의 결론을 그래도 받아들인다고 하더라도, 그것이 특정 문화가 없으면 그에 상응하는 특정 체제가 들어서거나 발전할 수 없다는 결론으로 이어지지는 않는다. 논리적으로도 그렇고 경험적으로도 그렇다. 계속 얘기하지만 비민주적 문화가 지배적이라고 여겨졌던 수많은 비서구 나라들로 민주주의 체제가 확산되는 것을 보면 알 수 있다.

유교 정치문화론에 관하여 또 하나 지적할 점은 그것이 동양의 전통문화, 특히 유교의 비민주성을 과장하고 있다는 사실이다. 유교문화를 전반적으로 보면 결코 민주적이라고 할 수 없지만, 유교문화의 어떤 부분들은 민주적이거나 민주주의 발전에 기여할 수 있는 측면이 있다. 예를 들어, 맹자가 제시한 천명 개념은 포악하고 백성을 돌보지 않는

---

6) 그는 전 세계의 보편적 현상으로서 탈물질주의 확대가 민주화에 유리하게 작용한다고 보았다. 사회경제적 변화(근대화)가 문화와 가치관의 변화를 유도하고 이것이 민주주의에 긍정적으로 작용한다는 것이다. 구체적으로 개인 자율성과 성 평등의 확대에 그는 주목하였다. 이는 립셋 유의 정치문화론인데, 그는 이것을 '수정 근대화론'이라고 이름 지었다. Inglehart and Welzel(2005).

군주를 바꿀 수 있는 백성의 권리를 강조함으로써 민주주의 사상과 일 맥상통하며, 성실함과 정직성을 강조하는 유교 윤리는 동양의 민주주 의 발전에 긍정적인 요소로 작용할 수 있다(Bell 2008, 13).

그런데 이런 문제들보다 필자가 동양 정치문화론의 가장 큰 문제 라고 생각하는 것은 동아시아의 (정치)문화에서 과연 '동아시아 문화' 즉 유교문화가 지배적인가 하는 점이다. 과연 동아시아 사회와 정치에 유교문화가 지배적인가? 이는 매우 근본적인 질문이다. 동아시아론자 들에게 가장 치명적일 수 있는 문제이기 때문에 사실 이 문제를 정면 으로 다루는 학자는 별로 없는 것 같다. 많은 실증 자료들을 볼 때, 동 아시아 주민들의 정치문화가 '일차적'이거나 지배적으로 유교적이라고 주장할 근거는 크지 않아 보인다(Diamond 2008; Inkeles 1997). 위에 서 살펴본 주류 정치문화 연구들도 이러한 사실을 잘 보여 주고 있 다. 이것이 물론 이들에게서 유교문화가 사라졌다는 말은 아니다. 동아시아인들에게는 여전히 유교적인 사회생활과 정치문화가 만연 하고 있다. 하지만 동시에 이들의 문화는 매우 빠르게 변하고 있다. 비단 동양뿐 아니라 이슬람, 남미 등지에서도 정도의 차이는 있으나 '전통적'인 문화가 줄어들고 민주적인 문화가 확산되고 있다. 많은 경우 이는 서구화, 미국화와 같은 현상을 보인다. 싫든 좋든 이는 거 역할 수 없는 사실이다.

동양인이든 비동양인이든 동양의 문화는 유교적이라는 고정관념 을 가지고 있다. 그래야 '동양인'의 특징을 확실히 부각시킬 수 있기 때문이다. 그것은 마치 아프리카인의 문화를 정글 문화나 부시맨 문 화로 고정관념화하고, 일본인의 문화를 사무라이 문화로 고착시키 고, 미국인의 문화를 개척자 문화와 동일시하는 것과 마찬가지다. 한국의 경우를 보자. 통계자료를 보든 일상생활을 관찰하든 한국인의 일상 문화는 결코 유교가 더 이상 지배적이지 않다. 일단 양보하여 한국 사회와 정치에 유교문화가 지배적이라고 하더라도, 그 유교문화는 100년 아니 50년 전의 우리 선배들이 생각하던 유교와는 매우 다르다. 필자는 한국인의 (정치)문화는 유교적인 것 이상으로 서양적(근대적? 미국적? 개인주의적? 어떤 이름을 붙이든 마찬가지다.)이라고 생각한다. 사람에 따라 어떤 기준으로 생각하는지에 따라 판단이 달라질 테니, 사실이는 논쟁이나 증거 제시로 판가름 날 일이 아니다.[7]

동양 정치문화론을 그대로 받아들인다면 한국과 동양의 문화는, 그것이 아무리 서구화, 근대화, 탈근대화, 탈유교화, 개인주의화되더라도, 여전히 '유교적'이라고 규정될 것이다. 왜냐하면 그래야 다른 문화권과의 차이가 드러나기 때문이다. 특히 언제나 준거의 기준이 되는 서구와의 차이가 드러나기 때문이다. 여기서 덧붙여야 할 것은 모든 종류의 문화론이 서구문화를 비교 기준으로 놓고 시작한다는 점이다. 한국인의 정치문화가 아무리 미국인의 정치문화와 비슷하게 바뀌더라도 그것은 여전히 한국인과 미국인 모두에게서 '유교적'이고 '동양적'이라고 규정될 것이다. 그만큼 미국 문화와 다를 것이고 그 다른 만큼에 학자들이 주로 주목하기 때문이다.

이런 현상은 매우 미국(서구) 중심적이다. 때로는 미국(서구) 우월주의도 없지 않다. 하지만 그것만은 아니다. 이에 대한 일종의 반작용으로 나타난 아시아적 민주주의론 같은 것도 문화 우월주의라는 점에서 근본적으로 마찬가지인데, 여기에서는 서양 우월주의가 아니

---

7) 대표적인 유교 정치문화 연구자가 최근에 편집한 유교 정치윤리에 관한 책도 과거만을 다루고 있고, 그 유교 정치문화가 '현재' 동아시아에 얼마나 지배적인지 또 어떤 형태로 발현되고 있는지에 대해서는 설득력 있는 논의를 내놓지 못한다. Bell(2007).

라 오히려 중화 중심주의가 엿보인다. 서양 우월에 대한 반작용으로 동양적(유교적) 가치를 내세우는 정신세계에는 중화주의 이념이나 가치관이 도사리고 있음을 부인할 수 없다. 서양 중심주의이든 중화 중심주의이든 과장된 이분법과 편향된 가치관에 입각해 있다는 점에서는 마찬가지이고, 또 동양과 한국 정치문화의 실상을 제대로 파악하지 못한다는 점에서도 마찬가지이다.

V. 한국인론

지금까지 보았듯이 한국인의 정치문화에는 '서양적'인 것과 '동양적'인 것이 섞여 있다. 그 구체적인 내용이나 비율은 위 주류 연구에서처럼 구체적인 지표를 만들고 광범한 설문조사를 함으로써 알 수 있다. 그런데 한국인의 문화에는 이 두 가지로 설명할 수 없는 독특한 모습들 또한 존재한다. 그리고 어떻게 보면 이런 독특한 모습들이 한국의 정치문화와 정치체제를 이해하는 데에는 위에서 살펴본 요소(유교적 전통, 탈물질주의 문화 등)들처럼 여러 나라에 공통된 '보편적'인 문화요소보다 더 중요할 수 있다. 그것은 마치 한국 민주주의의 성격을 이해하기 위해 보편적인 정치제도의 모습들, 예컨대 헌법 구조, 정당제도, 선거제도 등의 일반성을 연구하는 것보다 그것들이 한국에서 어떻게 독특하게 이루어졌는지를 아는 것이 더 중요한 것과 마찬가지이다. 문화든 체제의 성격이든 보편적인 모습은 굳이 연구를 하지 않아도 그 보편적인 지식만 있으면 대체로 알 수 있고, 따라서 그것이 한국 정치의 내용을 심도 있게 이해하는 데에는 별 도움이 안 되지만, 한국에 독특한 정치 현상을 이해하지 않고서는 한국 정치를 깊이 알 수 없으리라는 말이다.

이런 점에서 한국의 독특한 정치문화를 이해하는 것은 매우 중요하다. 덧붙여, 나중에 다시 말하겠지만, 이렇게 독특한 모습을 이해하는 것이 결코 정치문화의 보편성이나 비교연구에 걸림돌이 되는 것이 아니라 오히려 거꾸로 그것에 도움이 된다는 사실을 미리 말해둔다. 한국의 독특한 정치문화를 이해하기 위해서는 먼저 한국인의 일반적인 문화적 특징을 이해할 필요가 있다. 이런 점에서 '한국인론'이라고 이름붙일 수 있는 일군의 연구 경향을 소개하고자 한다.[8] 이는 아직 정치문화론으로 확장되지는 않았지만 그 가능성은 충분히 보인다. 무엇보다 다른 나라와 다른 한국인의 문화적 특징을 부각한다는 점에서 한국인론은 검토할 가치가 있다.

한국인이든 외국인이든 상식 차원에서 한국인의 특징으로 꼽는 것들은 주로 다음과 같은 것들이다(김영명 2005, 23~25).

1) 가족주의, 집단주의, 권위주의, 정에 끌림, 비합리성, 체면 중시, 허례허식, 연고주의, 충-효 정신, 선비 정신, 남성 우위

2) 자연과의 조화, 멋의 추구, 은근과 끈기, 신명, 풍류

3) 엉터리, 무질서, 준법정신의 결여, 적당주의, 눈치 보기, 무계획성, 비체계성, 조급성, 불친절, 큰 목소리의 싸움, 즉흥성

4) 물질주의, 지나친 개인주의, 공동체 붕괴, 전통 윤리 붕괴

때로는 진부하고 과장된 묘사일 수도 있지만, 한국 사회와 문화에

---

8) 한국인론이라는 용어는 아직 확립되지 않은 용어이다. 주로 한국인의 사회적 성격이나 심리 구조, 가치관 등의 이름으로 연구되었다. 이런 일련의 연구 경향들을 묶어서 필자는 이를 한국인론으로 이름 붙이고자 한다. 한때 매우 번성했던 일본인론에 비할 때 이런 범주화는 오히려 뒤늦은 감이 있다.

이런 특징들이 나타남을 부인할 사람은 많지 않을 것이다. 그러면 이런 문화적 특징들은 한국 정치에 어떤 영향을 미칠까? 이 중에는 한국 정치에 직접 영향을 미치는 것도 있을 것이고, 간접적으로 영향을 미치는 것도 있을 것이고, 거의 영향을 미치지 않는 요소도 있을 것이다.

이들 가운데 4(물질주의 등)는 이른바 천민자본주의적인 현상으로서, 한국에만 있지 않고 현대 자본주의 문명에서 보편적으로 보이는 특징이다. 압축 성장을 겪는 한국 같은 나라에서 특히 많이 나타나기는 하나, 일본, 중국, 미국에도 다 있는 현상이므로 특별히 한국적이라고 할 수 없다. 1(가족주의 등)과 2(신명 등)는 주로 전통적인 한국인 상을 말하는데, 그중에서도 1은 주로 유교적인 전통을, 2는 유교와 관계없이 존재하는 우리의 전통 또는 민족적 기질을 말한다. 또 3(무질서 등)은 주로 현대 한국인의 특성을 말한다. 이들 중에서 글로 제대로 서술된 것은 주로 두 가지 요소에 초점을 맞추었다. 하나는 신바람, 신명 등이고 다른 하나는 유교적 전통인데, 앞의 것들은 대중서들에서, 뒤의 것은 학술 연구들에서 주로 보인다.

한국인의 신명에 관한 연구는 주로 무속의 특징에 초점을 맞추는 경향이 있다. 이런 연구는 종교학자인 최준식 교수가 대표적이다(최준식 1998). 그는 전통 사회뿐 아니라 현대 한국인의 여러 가지 행태들, 곧 기독교의 번성, 월드컵 열기, 질펀한 술판 등등이 살풀이 등 무속의 여러 특징들을 재현하는 것이라고 해석한다. 이런 해석은 매우 그럴듯하지만 문제는 무속의 영향에 대한 인과적인 설명이 약한 점이다. 상당 부분 일리가 있어 보이지만, 그 인과 관계를 증명하려는 시도는 약해 보인다는 말이다. 무속의 전통이 강한 사회와 그렇지 않은 사회를 비교해 보면 어느 정도 결론에 도달할 수 있을 것이다. 또 한 풀 더 벗겨 들어가면 왜 어떤 사회는 무속이 성하고 다른 사회는 약한지 그 원인을 탐구해 보아야 할지도 모른다. 과연 무속이 강한 전통이 신바람의 원인인지 아니면 그 결과인지도 명확해져야 한다.

그런데 이런 신명 또는 신바람이 한국 정치에서는 어떻게 나타날까? 민주화의 거센 바람, 탄핵 열풍, 독도 문제 등에서 보이는 민족 정서의 분출, 노사모 바람과 이후 정반대로 나타난 노무현 혐오 현상, 그리고 이명박을 향한 경제 살리기 몰표 현상 등등, 바람에 휩쓸리는, 때로는 역동적이고 때로는 대중주의적인 한국 정치의 특징이 이런 현상의 연장이라고 할 수도 있다. 물론 이 경우 무속이 원인이라고 할 수는 없지만 말이다. 그러나 이렇게 우리가 상식적으로 생각하고 느끼는 한국 정치문화의 중요한 요소가 학문 연구의 대상이 되지 못하고 있는바, 이는 매우 안타까운 일이 아닐 수 없다.

민족성이나 무속을 통한 한국인의 특징 설명보다 훨씬 더 풍부한 것이 유교 전통을 통한 설명이다. 사실, 한국의 특수성에 관한 연구는 주로 한국 '사람'들의 '인간관계'나 '사회적 성격'에 대한 고찰로 나타났다. 주로 심리학자와 사회학자들이 참여했는데, 사실상 모든 연구들이 유교 전통을 중심으로 하고 위에서 본 무속이나 신바람 유의 특징을 일부 덧붙이고 있다. 그래서 사실상 이 둘은 서로 떨어질 수 없게 되어 있다. 그 내용은 주류 설문조사 연구에서 나온 것들과 비슷하므로 논의를 생략한다.

어느 쪽이든 이런 종류의 한국론들은 여러 가지 문제점을 보인다. 우선, 이들은 별다른 체계 없이 눈에 띄는 한국의 문화적 특성을 나열하는 것에서 크게 벗어나지 못한다. 즉, 한국인의 문화적 특징을 집단주의, 연고주의, 친소의식, 정이 많음, 권위주의, 체면 중시, 신명 등에서 찾으며, 이들에 대한 서술이 중심을 이루고 있다. 이는 사실 매우 진부할 뿐 아니라 한국의 현실을 얼마나 정확하게 반영하고 있는지도 의문이다.

둘째, 지금까지의 연구들이 한국 문화나 한국 사회의 특징으로 제시한 집단주의, 가족주의, 권위주의, 가부장주의 등등이 한국에 '고유한' 특징인지 다시 생각해 보아야 한다. 글쓴이가 보기에 그것들은 한국에만 있는 특징도 아니고 유교권에만 있는 특징도 아니다. 오히려 분화가 덜 된 전통 사회에서는, 세세한 내용의 차이는 있지만, 흔히 나타나는 사회문화적 현상들이다.

셋째, 앞에서도 지적한 바 있듯이, 위 문제들은 결국 한국의 특징을 집어내기 위해 한국을 서양(또는 일본을 포함한 선진국 일반)과 비교하기 때문에 생기는 현상이다. 서양을 비교의 준거로 놓고 서양 대 한국의 이분법을 시도하는 것이다. 그래서 개인주의, 합리주의, 법치주의, 민주주의, 자유주의 등등의 서양 가치, 그것도 '현대'의 서양 가치를 한 축에 놓고, 이와 대비된다고 생각되는 가치관이나 의식구조를 한국의 특징으로 삼는 것이다. 이런 점에서 최상진 교수는 학자들이 한국의 집단주의를 논할 때 서양의 개인주의를 구체적인 실체로 놓고 그에 대비되는 엉성한 형태의 구체화되지 못한 집단주의를 상정할 뿐이라고 지적한다. 논의의 출발점은 서양의 특징에 놓고, 그런 서양의 특징이 한국이나 동양에서는 안 나타난다는 점을 강조하기 위해 정교한 서구 개념에 대비되는 엉성한 개념을 동양에 대해 만든다는 것이다(최상진 2000). 이런 식으로 되면 모든 비서양의 특징들이 비슷한 모양과 내용을 갖게 된다.

넷째, 위에서도 지적했지만 한국 문화론뿐 아니라 문화론 전체에 일반적인 문제로서, 문화를 '전통'과 동일시하여 고착된 것으로 파악하는 경향이 크다는 점이다. 이런 관점은 전통이 끝없이 변하거나 폐기되고 문화가 변한다는 사실을 충분히 고려하지 않는다(Inkeles 1997).

한국인론은 이렇게 급속히 변화하는 한국의 정치 · 사회 문화의 현실을 반영하지 못할 뿐 아니라, 이런 한국인의 특징들이 정치과정에서 어떻게 나타나는가에 대해서는 거의 아무런 연구가 없다. 그런 것이 있다면 학술적인 차원이 아니라 대중서들에서 간간이 나타날 뿐이다(강준만 2006; 강준만 2008). 실상 이 논의들의 내용들은 가족주의, 집단주의 등에 대한 강조에서 보듯이, 주류 정치문화 연구자들이 주목하는 것들과 비슷하다. 그 둘의 차이는 방법론상의 차이이고, 다루는 주제가 심리 – 사회의식과 정치의식 둘 사이의 차이일 뿐이다. 한국인론에서는 정치적 측면에 대한 관심이 매우 부족하여 사회적 인간관계나 심리에만 주목하는데, 이러한 탐구가 좀 더 정치적인 측면으로 확장될 필요가 있다.

VI. 한국의 독특한 정치문화: 문화구조론

잠깐 동안 엄밀한 의미에서의 정치문화론 영역을 벗어나는 분야에 대해 살펴보았다. 이제 주류 정치문화론과는 좀 다른 방법에 의한 정치문화론이 한국에 어떻게 적용되었는지를 알아보자. 정치문화론의 또 다른 연구 경향은 역사문화적 관점이라고 할까, 문화구조론이라고 할까, 양적인 연구에 대비되는 질적인 연구라고 할 수 있는 연구경향인데, 이는 한 사회문화의 역사와 구조를 심도 있게 관찰하고 이론화하려는 시도라고 할 수 있다. 주류 정치문화론이 주로 설문조사에 토대를 둔 통계분석 방법을 사용하는 데 비해, 이 연구는 주로 이론적이고 질적인 방법론을 사용하는 차이를 보인다. 이런 연구 경향은 한국 정치문화뿐 아니라 다른 지역 연구에서도 많이 발견된다. 정치문화에 국한된 것은 아니지만 루스 베네딕트의 『국화와 칼』 같은 인류학적 업적에서 대표적으로 보인다(베네딕트 2002).

한국에 대한 이런 연구는 별로 없다. 한국인론이 이와 가장 비슷하지만 위에서 본 대로 천편일률적인 얘기들을 벗어나지 못하며, 내용보다 더 큰 문제는 이 분야에서 학술적 가치를 인정받을 수 있는 심도 있는 연구가 나오지 않았다는 점이다. 하지만 예외적인 업적이 하나 있다. 오랫동안 주한 미 대사관의 문정관을 지낸 바 있는 그레고리 헨더슨은 1960년대에 이미 한국에 대한 '소용돌이 정치'론을 전개하여, 지금까지 영향을 미치고 있다(Henderson 1969; 헨더슨 2000).

그의 논점은 다음과 같다. 한국은 지역, 인종, 문화에서 고도의 동질성, 통일성과 중앙 집중화의 특징을 보인다. 이러한 특징이 2차 집단의 발달을 가로막고 사회를 원자화하고 중앙 권력을 향한 상승지향의 '대중사회'적 투쟁, 파벌 투쟁을 야기한다. 이러한 성격은 중앙집권을 초래했고, 이는 역사를 통해 강화되었다. 한국의 이러한 단일성은 세계에서 예외적으로 강하다. 여기에는 강대국에 둘러싸여 끊임없는 외부의 위협에 시달렸고(이것이 중앙 집중화를 강화했다.), 그 결과 중국, 일본 외의 대외 접촉이 부진했던 역사적 사실도 한몫했다. 또 조선 시대의 유교 관료적인 중앙집권제도 이에 기여했다.

한편 그에 따르면, 한국 사회는 동질적이기 때문에, 다시 말해 원초적 바탕의 균열이 없기 때문에 사회 균열이 인위적이고 주로 중앙에서의 권력 경쟁으로 나타난다. 이는 이념이나 정책과는 상관없는 사적인 유대와 이에 기초한 파벌주의로 표현된다. 따라서 정치적 경쟁은 중앙 권력을 향한 투쟁으로 좁혀지고, 이것이 중앙을 향해 모든 힘을 빨아들이는 소용돌이와 같은 형태를 띠게 된다. 여기에 한국 사회가 작은 사회라는 점도 작용한다.[9]

헨더슨의 이러한 견해는 많은 비판에 봉착하였다. 이를테면 서구 사회를 겨냥하여 나온 대중사회론을 성격이 매우 다른 조선사회에 적용할 수 있느냐 하는 문제, 소용돌이론을 과거와 현재에 일률적으로 적용할 수 있는가 하는 비판 등등이었다(헨더슨 2000, 서문). 또 그는 한국 사회의 동질성이 어떻게 중앙 집중성으로 이어지며, 그것이 또 왜 이차 집단의 발달을 가로막고 중앙 권력을 향한 원자화된 '소용돌이' 투쟁을 야기하는지에 대해서는 충분히 설명하지 않는다. 그보다는 오히려 역사적인 분석을 통해 원자화한 정치 투쟁과 그로 인한 혼란을 서술하고 분석하는 데 초점을 맞춘다.

구체적으로 이런 비판들이 있을 수 있지만, 이 연구는 한국 정치와 정치문화 연구에서 어쩌면 지금까지 나온 가장 독창적이고 중요한 저작이라고 해도 좋을지 모른다. 한국 정치에 대하여 일관된 개념과 분석 틀로 심도 있는 분석을 한 드문 경우에 속한다. 그리고 그가 제창한 소용돌이 정치 현상은 조선시대뿐 아니라 그 책이 나온 지 40년이 지나고 민주화가 달성되어 사정이 많이 바뀐 지금까지 적

---

9) 마지막 논점은 김영명이 한국 사회의 '밀집성'이란 개념으로 자세히 논한 바 있다. 헨더슨은 이 점에 본격적으로 착안하지 않았다. 김영명(2005, 제1 - 2장); 김영명(2007).

용될 수 있는 탁견으로 보인다. 무엇보다 중요한 사실은 그의 연구는 한국의 정치문화가 한국 정치에서 '실제로' 어떻게 나타났는지를 분석하여 보여 주었다는 점이다. 한국의 주류 정치문화 연구가 실제 한국 정치가 문화적으로 어떤 모습을 띠는지를 밝히지 못하고 설문 응답자의 의식이나 심리 상태만 밝힐 뿐이라는 점을 생각하면 이런 종류의 정치문화론은 매우 중요하달 수밖에 없다. 퍼트남(Putnam 1993)이나 후쿠야마(Fukuyama 1995), 또 아시아적 가치론 등과도 구체적인 접근법은 다르지만 이런 점에서는 유사하다고 할 수 있다.[10]

그러나 이러한 헨더슨의 연구 업적은 계승되지 않고 있다. 이런 연구는 그 자체가 수행하기 어렵기도 하거니와 무엇보다 주류 정치학계의 조류가 아니기 때문에 개인이 수행해 나가기가 매우 어렵다. 헨더슨 자신이 정통 정치학자가 아니어서 미국이나 한국 정치학계에 영향을 미치지 못하여 그렇기도 할 것이다. 통계분석 기법에 의한 것과 비교하여 단기적이고 명확한 연구 결과가 나오기 어렵기 때문에 이런 종류의 연구가 잘 나오지 않는다고 볼 수도 있다. 이런 현상은 비단 한국 학계에 국한되는 것이 아니라 미국 학계에서도 마찬가지로 나타나고 있다.

VII. 정치문화의 특수성과 보편성

지금까지 글쓴이는 한국 정치문화의 독특한 면모를 이해하는 것이 매우 중요하다고 주장하였다. 그런데 여기서 반론이 제기될 수

---

10) 이 두 사람의 연구와 그 한국적 의미에 대해서는 김인영(2008) 참조.

있다. 사회현상의 특수성보다는 보편성을 이해하는 것이 이론화와 학문 발전에 더 중요하다는 반론이다. 그리고 그래야 비교연구도 가능하다는 주장이다. 글쓴이는 학문의 보편성과 비교연구가 매우 중요하다는 생각에 전적으로 동의한다. 하지만 그러한 보편성과 비교연구를 확보하기 위해 미국의 정치문화론을 그대로 이어받아야 한다고 생각하지는 않는다. 미국의 정치문화론을 받아들이되, 그것 또한 보편적인 것이 아니라 특수한 것이라는 점을 인식하고, 그런 특수성에 한국 문화의 특수성을 덧붙여서 더 많은, 다양한 특수성들을 이해함으로써 오히려 보편성에 가까이 다가갈 수 있다고 생각한다. 그러나 이런 방법론적인 문제는 여기서 다룰 성질이 아니므로, 더 구체적인 얘기를 통해 글쓴이의 주장을 밝히고자 한다.

앞에서 거론한 박종민의 종설은 "한국 정치문화의 고유성을 강조하는 연구는 한국 정치문화의 이론화나 정치문화에 대한 비교연구로 발전하기 어렵다."고 하면서 "이문화 간 비교를 가능하게 하는 분석 범주나 견실한 이론적 논거 없이 한국 정치문화의 특징을 열거하고 문화목록을 주기적으로 갱신하는 것으로는 한국 정치문화 연구의 이론화에 별 도움이 되지 않는다."고 주장하였다(박종민 2008, 59). 이에 대해서는 전적으로 동감이다. 하지만 그의 말은 자세히 살펴보아야 할 많은 생각거리를 제공한다.

1) 우선 한국의 주류 정치문화 연구가 지금까지 한국의 특수성을 지나치게 강조했는가 하는 문제다. 글쓴이의 생각으로는 오히려 거꾸로 미국 모델을 그대로 따라서 '보편적' 비교연구를 전제하고 있었다고 볼 수 있다. 다시 말하자면, 미국과 다른 한국의 정치문화를 강조하였다고 하여 그것이 반드시 특수성을 강조했다고 볼 수는 없다.

오히려 미국의 준거기준을 사용하여 각국의 차이를 보았다면, 다른 나라의 기준을 적용했다는 의미에서, 이를 보편적 연구로 볼 수도 있다. 하지만 그것이 미국의 특수한 지적·정치적 상황에서 나온 준거 틀을 사용했다는 점에서(한국이 아닌) 미국적 특수성을 반영했다고도 볼 수 있다. 이렇게 보면 한국의 특수성을 강조한 연구가 오히려 한국 특수성이 아니라 미국 특수성에 기반을 두었다는 얼핏 이해하기 힘든 역설이 나타난다.

지금까지 한국의 정치문화 연구는 유교문화 – 전근대성의 우위나 그 우위의 약화에 대한 조사가 대부분이었다. 이를 한국 특수성에 대한 강조라고 보기는 어렵다. 오히려 전통 – 근대 구분이라는 서구적 '보편성'을 무분별하게 적용한 결과 한국의 특수성이 제대로 드러나지 않은 측면이 크다. 즉 한국의 전통사회나 근대화 도상 국가의 하나로 인식되었지 한국만의(또는 한국에 고유한) 특수성에 대한 관심이 지배적이었다고 볼 수 없다는 말이다.

2) 이는 '보편성에 입각한 비교연구를 위해 반드시 미국 학계의 연구 방법을 따라야 하는가?' 하는 의문으로 이어진다. 그에 대한 대답은 '아니다'이다. 헨더슨의 소용돌이 정치론이나 김영명의 단일사회론, 나카네 지에의 수직사회론[11] 등에서 개진된 논의들도 얼마든지 국제비교가 가능하다. 중앙 집중성의 정도에 대한 비교연구(헨더슨), 동질성 – 이질성 정도에 대한 비교연구(김영명), 수직성 – 수평성 등에 대한 비교연구(나카네) 등이 주류 학계에서 지금까지 행한 신뢰 수준, 시민문화 정향의 정도, 민주주의에 대한 지지 정도, 묵종성 –

---

11) 여기서 그녀는 일본의 인간관계의 특징을 수직적 관계로 규정하고 인도 등 수평적 인간관계가 지배하는 사회와 어떻게 다른지를 서술하였다. 나카네(1996).

평등성 정도에 대한 비교연구보다 덜 보편적이거나 비교 연구가 더 어려울 이유는 아무 데도 없다. 적어도 학문적 관점에서 말하자면 그렇다는 말이다.

다른 측면에서 보면, 특수성에 관한 관심과 연구 자체가 보편성을 염두에 둔 것이라고 할 수도 있다. 특수란 말은 보편을 전제하지 않고는 성립할 수 없고, 특수성에 대한 인식 역시 보편성에 대한 인식이 있은 뒤에야 성립할 수 있기 때문이다. 한국 정치문화의 특수성에 대한 관심은 그 자체가 정치문화의 보편성, 또는 이 경우에는 더 정확하게 다른 (특수한) 정치문화와의 비교적 관점을 전제로 하고 있다.

3) 이렇게 볼 때, 한국의 정치문화 연구는 그 특수성에 더 분명한 관심을 기울이고 그것을 바탕으로 다른 문화와의 비교 연구를 해야 한다. 그런 작업을 할 때에만 비교연구의 원점이 미국이나 서양이 아닌 한국이 될 수 있다. 보편적 연구가 미국에서 미국의 시각으로 시작해야 하는 법은 없다. 한국에서 출발한 보편적 비교연구도 얼마든지 가능하다. 학문적 축적 수준, 연구비 수준, 한국 학자들의 독자성 부족 등등 여러 가지 여건을 감안할 때, 이런 말이 이상적이기만 하고 비현실적으로 들릴 수도 있다. 하지만 대부분의 경우에서 미국 학문을 수입하여 사용하더라도(그것이 사실상 필요하다. 우리 현실에서 모든 걸 우리가 만들겠다는 것은 비현실적이고 불가능하며, 설사 가능하다고 하더라도 그 비용을 따지면 바람직하지도 않다.), 가끔 한두 가지쯤은 우리 토종 생산품을 세계에 내놓을 수도 있어야 한다. 전자제품이나 문화상품은 그런 것들이 많은데 정치학이라고 그런 것이 나오지 못할 까닭이 없다.

이런 논의를 하다 보면, 한국 정치문화 연구에서 글쓴이가 생각하는 아주 중요한 논점 하나가 떠오른다. 그것은 **한국의 정치문화 연구는 우리가 현실에서 상식적으로 느끼는 한국의 문화현상에서 출발하는 것이 바람직하다는** 사실이다. 그런 것들이 개인에 따라 다를 수 있지만, 많은 사람들이 흔히 지적하는 것으로는 타협의 서투름, 지나친 명분론, 연고주의, 권력 지향성, 빨리빨리 – 대충대충주의, 부패, 휩쓸림, 바람의 정치 등등이다. 이런 특징들이 한국인에게 많이 나타난다는 사실은 굳이 설명할 필요가 없다. 그런데 왜 한국의 정치문화학계는 이런 점에 별 관심을 두지 않을까? 그 이유는 누누이 설명한 바와 같다. 유교나 신명 등에 대한 강조도 일종의 상식이라고 할 수 있다. 하지만 그 가운데 유교만이 정식으로 학술적 논의 대상이 되었다. 대중 저술 차원에 머무르고 있는 신명, 신바람 얘기도 얼마든지 학술적으로 '조작' 가능하며, 국제 비교연구도 가능하다. 이런 작업을 한국의 (정치)문화론자들이 해야 한다. 그것이 한국에서 발생한 세계적인 문화 연구가 될 수 있다.

외국인이 현대 한국인의 일상문화 가운데 가장 먼저 지적하는 것이 빨리빨리 문화이다.[12] 그것은 얼마나 사실이고, 만약 사실이라면 그것은 한국 정치에서 어떻게 나타나는가? 이런 연구가 필요하다. 또 한국인이 감성적이고 정서적이라는 인식 역시 얼마나 사실인지 확인할 필요가 있고, 또 그 요소가 한국 정치에 어떤 모습으로 나타나고 한국 정치과정에 어떤 영향을 미치는지 연구할 필요가 있다.

---

12) 외국인의 눈이 우리 눈보다 이런 점에서는 더 정확할 수 있다. 대부분의 외국인들이 지적하듯이, 현대 한국인의 대표적인 문화는 더 이상 유교문화가 아니라 빨리빨리 문화일지도 모른다. 충, 효도 아니고 집단주의, 가족주의, 온정주의, 계서주의도 아닌 빨리빨리 문화를 외국인들은 한국의 문화적 특징으로 가장 많이 거론한다.

민족 정서와 사대주의가 동시에 강한 독특한 한국인의 정치문화 역시 탐구의 대상이 되어야 하며, 이것이 국제비교의 토대가 될 수도 있다. 이런 문화적 특징들에 대한 인식은 서구의 텍스트에서는 나올 수 없다. 한국 문화에 대한 관찰과 성찰에서만 나온다. 오랜 성찰일 필요도 없다. 그 연구는 계량적일 수도 있고 구조관찰적일 수도 있다. 국가 간 비교연구도 얼마든지 가능하다.

또, 정치문화 연구든 사회문화 연구든 상식에 입각한 평론류의 관찰을 좀 더 학술적으로 다듬을 필요가 있다. 예를 들어, 승자독식주의, 휩쓸림의 문화, 정서적 포퓰리즘, 이념적 보수성, 지역성, 공동체 의식과 개인주의 등등을 평론류의 책들에서 많이 지적한다(강준만 2006; 강준만 2008). 이런 글들은 매우 풍부하며, 한국의 정치문화와 정치 현상을 이해하는 데 많은 도움을 준다. 하지만 이런 평론들이 지적하는 한국의 정치문화가 과연 얼마나 정확하고 타당한 것인지, 좀 더 엄격한 학술적인 잣대로 검토할 필요가 있다.

마지막으로, 한국 현실에서 대규모 국제비교 연구를 수행하는 것이 현실적으로 어렵거나 불필요할 가능성이 있다. 만약 그렇다면 우리는 국제비교 연구를 중소 범위에서 하면 된다. 예컨대 한국과 비슷한 정치경제 상황에 있는 나라들이 어떤 신뢰 수준을 보이는지, 아니면 국내적으로 동질적인 나라와 이질적인 나라 국민들의 정치적 타협에 대한 태도가 어떻게 다른지 등을 연구하는 것이다. 이런 중소 규모의 연구는 정치문화뿐 아니라 다른 정치학 분야에서도 '한국적인' 연구를 수행하는 데에도 매우 유용한 방법이라고 할 수 있다. 이런 연구 방법을 통하여 우리 나름대로 중요하다고 생각되는 문화 요소에 주목하여 정치문화의 비교연구를 수행할 수 있고, 이렇

게 함으로써 한국발 '보편성'을 확보할 수도 있다고 본다.[13]

VIII. 결론

이 연구에서 글쓴이가 개진한 주장은 다음과 같다.

1) 한국 정치문화 연구는 지금까지 지나치게 설문조사와 통계분석 위주였다. 이러한 연구는 물론 중요하다. 그러나 그것만으로는 부족하므로, 한국 역사와 한국인의 행동에 대한 세밀한 관찰에 따른 질적인 연구가 뒷받침되어야 한다.

2) 설문조사 위주의 주류 정치문화 연구는 지나치게 미국 학계의 연구를 답습하였다. 미국 학자들이 제시한 지표를 거의 그대로 사용하거나 정작 한국 정치 현실에서 중요한 문화현상은 소홀히 다루었다. 미국 학계의 앞선 연구들을 도입하더라도 한국 현실에 대한 이해와 관찰에 입각하여 독창적인 연구도 해야 한다.

3) 지금까지의 연구는 한국의 정치적 태도나 가치관, 의식구조 등 '마음 상태'에 대한 조사에 집중하였는데, 앞으로는 실제로 그런 마음 상태가 한국 정치과정에서 어떻게 나타나는지에 더 많은 관심을 기울여야 한다.

위 세 가지 점을 염두에 두고 한국 정치문화 연구는 기존의 연구 방식을 보완하면서 새로운 연구의 지평을 열어 나가야 하리라 본다.

---

13) 실제로 이것이 얼마나 보편적일까 하는 문제는 계속 이어지는 문제다. 중소 범위 이론은 이호재가 한국적 국제정치학 정립을 위하여 이미 오래전에 제안한 방식이다. 이호재(1969).

참고문헌

강준만. 2006. 『한국인 코드』. 인물과사상사.

강준만. 2008. 『아웃사이더 콤플렉스: '노무현 현상'의 축복과 저주』. 개마고원.

길승흠. 1993. "한국인의 정치의식 구조 변화: 1963 – 1993", 『한국 정치학회보』.

김영명. 1999. "동아시아의 문화와 정치", 이승환 외, 『아시아적 가치』. 서울: 전통과 현대.

김영명. 2001. "한국 사람들의 가치관 변화와 민주주의의 전망", 『아시아 문화』 (한림대학교 아시아문화연구소), 제15호.

김영명. 2005. 『신한국론: 단일사회 한국, 그 빛과 그림자』. 서울: 인간사랑.

김영명. 2007. "단일사회 정치론 서설", 『한국 정치 연구』 16:1.

김인영. 2008. "한국 사회와 신뢰: 후쿠야마와 퍼트넘 논의의 재검토", 『세계지역연구논총』 26:1.

나카네 지에 지음, 양현혜 옮김. 1996. 『일본 사회의 인간관계』. 서울: 소화.

박동서 · 김광웅. 1987. 『한국인의 민주 정치의식』. 서울: 서울대학교출판부.

박종민. 2008. "한국 정치문화", 한국 정치학회 편. 『정치학 이해의 길잡이: 한국 정치』. 서울: 법문사.

베네딕트, 루스 지음, 김윤식, 오인석 옮김. 2002. 『국화와 칼: 일본문화의 틀』. 서울: 을유문화사.

신명순. 1993. "한국 정치와 정치문화", 한국 정치학회 편, 『한국의 정치: 쟁점과 과제』. 서울: 법문사.

안청시. 1987. "한국 정치문화의 특성과 변화", 『한국 정치연구』 1:1.

어수영. 2004. "가치변화와 민주주의 공고화: 1990 – 2001년간의 변화 비교 연구", 『한국 정치학회보』 38:1.

이승환 외. 1999. 『아시아적 가치』. 서울: 전통과 현대.

이지훈. 1982. "한국 정치문화의 기본 요인", 『한국 정치학회보』 제16집.

이호재. 1969. 『한국 외교정책의 이상과 현실: 이승만 외교와 미국』. 서울: 법문사.

알렉스 인클레스. 1999. "환태평양 지역 대중적 가치의 지속적 변화", 『동아시아 비평』(한림대학교 아시아문화연구소) 제2호.

임현진. 1999. "국가와 지배 구조: 중심 지향적 사회의 세", 김일철 외, 『한국 사회의 구조론적 이해』. 서울: 아르케.

전제국. 1999. "아시아 가치논쟁의 재평가: 민주주의와 인권 문제를 중심으로", 『동아시아 비평』(한림대학교 아시아문화연구소) 제2호.

조긍호. 2003. 『한국인 이해의 기념틀』. 서울: 나남.

최상진. 2000. 『한국인 심리학』. 서울: 중앙대학교 출판부.

최준식. 1998. 『한국인 – 문화, 종교로 읽는다 1, 2』. 서울: 사계절.

한배호. 2003. 『한국 정치문화와 민주주의』. 서울: 법문사.

한배호 · 어수영. 1987. 『한국 정치문화』. 서울: 법문사.

한준 · 이재열. 2007. "한국인의 탈물질주의", 강원택 편. 『한국인의 국가정체성과 한국 정치』. 서울: 동아시아연구원.

그레고리 헨더슨 지음, 박행웅 · 이종삼 옮김. 2000. 『소용돌이의 한국 정치』. 서울: 한울아카데미.

Bell, Daniel. 2008. *China's New Confucianism: Politics and Everyday Life in a Changing Society*. Princeton and Oxford: Princeton University Press.

Bell, Daniel, ed. 2007. *Confucian Political Ethics*. Princeton and Oxford: Princeton University Press.

Bell. Daniel et al. 1995. *Towards Illiberal Democracy in Pacific Asia*. New York: St. Martin's.

Diamond, Larry. 2008. *The Spirit of Democracy: The Struggle to Build Free Societies throughout the World*. New York: Times Books.

Fukuyama, Francis. 1995. *Trust: The Social Virtues and the Creation of Prosperity*. New York: The Free Press.

Henderson, Gregory. 1968. *Korea: The Politics of the Vortex*. Cambridge, Mass. Harvard University Press.

Inglehart, Ronald and Christian Welzel, 2005. *Modernization, Cultural Change, and Democracy*. Cambridge: Cambridge University Press.

Inkeles, Alex. 1997. "Continuity and Change in Popular Values on the Pacific Rim", Stanford: Stanford Institution on War, Revolution and Peace.

Kim, Yung – Myung. 1997. "Asian – Style Democracy: A Critique from East Asia", *Asian Survey* 37:2.

Nehr, Clark D. 1994. "Asian Style Democracy", *Asian Survey* 34:11.

Park, Chong – Min and Doh Chull Shin. 2006. "Do Asian Values Deter Popular Support for Democracy in South Korea?" *Asian Survey* 46:3.

Putnam, Robert. 1993. *Making Democracies Work: Civic Traditions in Italy*. Princeton: Princeton University Press.

Pye, Lucian with Mary W. Pye. 1985. *Asian Power and Politics: The*

Cultural Dimension of Authority. Cambridge, Mass: Harvard University Press.

Roy, Denny. 1994. "Singapore, China, and the 'Soft Authoritarian' Challenge", *Asian Survey* 34:3.

Shin, Doh C. 1999. *Mass Politics and Culture in Democratizing Korea*. Cambridge: Cambridge University Press.

Shin, Doh C. and Jaechul Lee. 2006. "The Korean Democracy Barometer Surveys: Unraveling the Cultural and Institutional Dynamics of Democratization. 1997 – 2004", *Korea Observer* 37:2.

Tan. Sor – Hoon. 2003. *Confucian Democracy: A Deweyan Construction*. Albany: SUNY Press.

Zakaria, Fareed. 1995. "Culture is Destiny: A Conversation with Lee Kuan Yew", *Foreign Affairs* 73:2.

한국적 국제정치 연구의 주요 사례와 바람직한 방향[*]

I. 서론

한국 국제정치학이 지나치게 미국 국제정치학에 의존하고 있으므로 이를 탈피하여 우리 실정에 맞는 '한국적' 또는 '자아준거적'인 연구를 해야 한다는 지적은 그동안 많이 나왔다. 1970년대 중반에 처음 시작된 이런 지적은 시간을 두고 한 번씩 나와서 우리의 반성을 촉구했다. 다른 정치학 분야보다 특히 국제정치학 분야에서 이런 일이 두드러지는데,[1] 이는 이 분야에서 한국의 특수한 지정학적 위치가 가장 뚜렷하게 드러나기 때문이리라 생각된다.

그런데 이런 많은 문제 제기에 비해 현실을 개선하려는 실제 노력은 빈약했다. 대부븐 비슷한 문제 제기가 되풀이될 뿐 실제로 문제

---

* 『글로벌 정치 연구』 제2권 2호(2009)에 실린 글이다.
1) 이 연구의 참고문헌과 하용출 편(2008) 각 논문들의 참고문헌들을 보라.

를 극복하려는 노력은 많지 않았다.2) 주로 "미국 이론과 방법론에 너무 의존한다. 한국적 현실을 이론으로 녹여 넣지 못하고 있다. 앞으로는 한국적 현실을 반영한 한국적 이론을 개발해야 한다. 이를 위해 한국 외교사 연구와 비교 외교 연구를 해야 한다." 등등의 문제 제기였다.

그동안 한국적 국제정치학을 모색하려는 실제 시도가 아주 없었던 것은 아니다. 하지만 위의 '반성론'들은 그런 실제 노력들에 대한 평가에 인색하다. 마치 그런 노력들이 존재하지 않는 것처럼 계속 원론적인 문제 제기와 간소한 대안 제시를 되풀이하는 경향을 보인다. 이는 그런 실제 노력들이 충분하지 못했기 때문이기도 하겠지만, 그런 노력의 결과물들이 국제정치학계의 주류를 차지하지 못한 사실 또한 그 이유이리라 생각한다.

이 글은 한국적 국제정치학을 수립하기 위해 지금까지 제시된 방안들과 실제로 그렇게 노력한 대표적인 성과물들을 검토해 보고, 앞으로 한국적 국제정치학을 정립하는 데 어떤 방향을 모색하는 것이 효과적일지를 고찰해 보고자 한다. 그래서 이 글은 지금까지 국내 학계에서 나타난 대부분의 탈식민성 담론과는 달리, 한국 국제정치학의 대외 의존성에 대한 지적을 되풀이하려고 하지 않는다. 오히려 지금까지 제기된 그런 반성들이 가지는 한계와 문제점을 검토하고, 실제로 제시된 한국적 국제정치학의 저작들을 평가하며, 더 나아가서 그런 노력들이 좀 더 본격화되기 위해서는 어떤 방안을 모색해야 할 것인지를 생각해 보고자 한다.3)

---

2) 정치학계에서 처음 문제 제기가 있은 지 거의 40년이 지난 지금도 대미 의존성을 지적하는 단계에 머무르고 있다. 예를 들어, 김학노(2008).

II. 한국적 국제정치학 실현을 위해 지금까지 제시된 방안들

위에서 말했듯이 한국적 국제정치학의 필요성에 대한 기존 논의들은 대부분 문제를 확인하는 차원에 머물렀고, 개선 방안을 구체적으로 내놓는 데는 미흡했다. 그렇지만 방안 제시가 없지는 않으므로, 여기서는 기존 논의 안에서 문제 제기 부분은 대체로 빼고 개선 방안 부분을 주로 검토하고자 한다. 이런 모색들은 여기저기 흩어져 있으므로, 이 연구에서 처음으로 이를 한데 모았다고 보아도 좋을 것이다.

국제정치학계에서 이상우(1978)의 글은 이런 논의의 거의 효시라고 할 수 있다.[4] 이상우 교수는 당시까지의 한국 국제정치학을 '인용의 시대'로 보고 이를 넘어서서 '창의의 시대'로 넘어갈 것을 제의했다. 그 방법으로 그는 1) 강대국 시각에서 약소국 시각으로 시각을 바꾸고, 2) 특수한 연구 대상에 대한 연구를 축적하며, 3) 한국의 특수한 지정학적 위치를 고려한 고유한 연구 방법을 개발할 것을 주문한다. 이러한 그의 제안은 한국적 국제정치학 실현을 위해 제기된 방안의 한 원형이라고 할 수 있다. 물론 그 글에서 이런 구상들이 더 구체화되지는 않았지만, 어쨌든 문제의 핵심을 잘 파악한 것으로 보인다. 문제는 그 뒤 40년이 흐른 지금까지 별다른 진전 없이 비슷한

---

3) "한국적인 것이 어떤 것인가?" "우리 것이 무엇인가?" 등의 원론적인 문제들은 논의 밖이다. 이런 논의에 치중하는 것은 큰 의미가 없고 실천 노력을 오히려 저해할 수도 있다. 또 이런 질문을 많이 하는 것 자체가 경우에 따라서는 한국적 학문의 의미를 부정하거나 노력을 하기 싫다는 뜻을 내포하기도 한다. 이에 대한 논의는 김영명(2006) 참조. 또 이 연구는 한국적 국제정치학 정립을 위한 어떤 구체적인 전략 또는 방법론을 모색하거나 특정 연구 영역에 대한 이론화를 모색하지도 않는다. 그런 일들은 이 연구 다음 단계의 작업에 해당된다. 이 연구의 대상은 이상 두 탐구 영역들의 중간에 위치한다고 할 수 있다.

4) 한국적 정치학을 주창한 논문의 효시로 꼽히는 문승익(1975)도 비슷한 시기에 나왔다.

얘기들이 반복되고 있다는 사실이다.

이런 종류의 방안 제시는 하영선(1988)에게로 이어졌다. 그는 한국 외교정책의 당면 문제를 대외자율성 제고, 남북한 분단 체제의 남북한 통일체제로의 전환(한반도 통일체제 구축), 국민적 합의 기반에 선 외교 정책(민주 외교) 추구로 정리하고, 이를 실현하기 위해 새로운 분석 틀을 정립해야 한다고 주장하였다. 그 분석 틀을 위해서는 한국 외교정책의 분석 수준과 분석 영역을 명확히 설정하고 또 이들 간의 동태적인 상호관계를 규명해야 한다고 했다. 그가 제시한 분석 수준들은 국제체제, 남북한 분단체제, 그리고 국내체제 분석 수준들이다. 그는 국제체제와 남북한 분단체제의 강한 영향 때문에 한국 외교정책을 결정하고 집행하는 국내 세력들의 중요성은 당시까지 낮았지만, 시간이 흐르면서 그 중요성이 빠르게 증가한다고 보았다(13쪽). 그는 또 한국 외교의 분석 영역을 확대하여 군사 부문에 국한할 것이 아니라 경제, 이데올로기, 정치의 영역으로 확대해야 한다고 주장했다.

이런 지적들은 당시로서 매우 적절한 문제 제기였으며, 그가 제시한 분석 틀의 방향도 옳았다고 볼 수 있다. 하지만 그 자신이 이런 기준에 따라 구체적인 분석 틀을 제시하지는 않았다. 말하자면 그의 작업은 한국적 국제정치학 분석 틀 정립을 위한 일종의 예비적 고찰이었다고 할 수 있다. 그의 말대로 실천하면 상당히 한국적인 외교 정책 연구가 될 수 있으리라 본다.

김명섭(2001)은 제국정치학과 국제정치학을 구분하고 이들의 역사적 전개를 고찰하였다. 그에 따르면, "제국정치학에 반해서 국제정치학이란 각 국가의 개별적 표준에 대한 상호인정"에 바탕을 둔다

(5쪽). 그는 미국을 통한 한국의 국제정치학 수용이 일본 중심적 제국정치학을 탈피하면서 동시에 미국 중심적 제국정치학에 함몰되는 이중적 현상을 보였다고 한다. 한국 국제정치학의 간략사를 서술한 뒤, 그는 결론에서 한국적인 국제정치학을 세우기 위해 인문학적인 방법을 사용할 것을 강조한다. 그래서 "인식의 주체가 기반하고 있는 역사적, 사상적 토대에 대한 면밀한 검토가 없이는 자국과 타국 간의 상호작용의 문제를 다루는 국제정치학이 정립될 없다."고 주장한다(36쪽). 하지만 이러한 방안 제시는 논문의 중심 내용은 아니어서 충분히 개진되지 못했다.

그뿐 아니라, 이런 주장은 얼핏 보아 아무 하자가 없어 보이지만 바로 제기될 수 있는 문제를 안고 있다. 그것은 정말로 그런 '면밀한' 검토가 있어야만 한국적인 국제정치학을 세울 수 있는가 하는 문제이다. 또 면밀해야 한다면 얼마나 면밀해야 하는가의 문제도 뒤따른다. 우리의 '역사적, 사상적 토대에 대한 면밀한 검토'가 없으면 정말로 우리는 우리 식의 국제정치학을 할 수 없을까? 그의 주장을 보면 우리가 왜 지금까지 우리 나름대로의 국제정치학을 하지 못했는가에 대한 단서를 찾을 수 있다. 그것은 많은 경우 우리가 너무 거창한, 그래서 현실적으로 불가능한 목표를 세운다는 점이다. 그는 한국적 국제정치학을 수행하기 위한 일종의 장기적이고 근본적인 방안을 제시하고 있는 듯하다. 위 이상우(1978), 하영선(1988)의 단기적이고 직접적이고 더 명백히 사회과학적인 방안과 대조된다. 필자는 전자를 '근본 접근'이라 이름 짓고 후자를 '실용 접근'이라 부르고자 한다. 지면 관계상 이에 대해 본격적으로 논의하기는 어렵고, 결론 부분에서 다시 간단히 언급하고자 한다.

전재성·박건영(2002)은 미국 중심의 기존 국제관계이론을 가치 편향적이고 주관적이라고 보며, 한국적 국제관계이론의 규범적 측면과 설명적 측면을 나누어 고찰한다. 그 '규범'적 측면은, "시간적 범위를 넓혀, 한국이 전통적으로 가져 왔던 국제정치에 대한 규범적 입장을 장기적으로 분석해 보는 방법이다."(17쪽) 이러한 한국적 국제관계 규범 이론을 만드는 접근법은 두 가지인데, 하나는 "정확하고 폭넓은 국제관계 설명 이론을 만들어 내는 것"이며(18쪽) 다른 하나는 한국 외교사 연구다. 앞의 방법이 다른 나라와 다른 지역에 대한 관심을 반영한다면, 뒤의 방법은 현재 적용 가능한 과거의 한국 규범을 살피는 방법이다. 한국적 국제관계 이론의 '설명'적 측면은, 첫째, 앞에서 본 한국 입장의 규범적·가치적 문제의식을 담고 있어야 하며, 둘째, 한국을 설명하는 이론이어야 하며, 셋째, 한국 역사에서 도출된 이론이어야 한다.

필자는 이러한 진술들에 동의한다. 하지만 이 말들은 대체로 추상적이고 원론적인 데 그치고 구체적인 방법 제시에까지는 이르지 못하고 있다. 그런 규범적·설명적 차원의 한국적 국제정치학이 다룰 문제 영역이나 구체적인 방법론들을 폭넓게 예시했더라면 더 도움이 되었을 것 같다. 그들의 주장은 치밀하기는 하지만 요점은 간단하다고 할 수 있다. 즉, 한국의 역사적 규범들을 살피고 한국의 역사와 현재를 반영하며 한국을 설명하는 이론을 만들자는 것이다.

김영명(2003)은 더 명확하고 구체적인 실천 방안을 제시한다. 그는 우선 한국적 국제정치학을 실천 안(못) 하는 까닭의 하나가 대개 서구 수준의 국제정치학을 염두에 두기 때문이라고 본다. 그는 이런 수준의 한국적 국제정치학을 당장 실현하기는 불가능하므로 그보다는 '우리 눈으로 우리 문제를 보는' 초보 단계를 먼저 거치자고 제안한다. 그에 따르면, 우리 학문을 한다는 것은 "구체적으로 1) 우리의 문제(우리 삶)를, 2) 우리의 눈(시각, 관점)으로, 3) 우리의 말과 글로 연구한다는 것을 뜻한다."(9쪽)

구체적인 실천 방안으로, 그는 한국 국제정치학 연구를 주변부 시각에서 출발하여 한국의 특수성에 대한 고찰로 심화해야 한다고 주장한다. 주변부 시각 또는 약소국 입장에서 본 국제정치란 "강대국들이 세력 다툼하는 과정에서 약소국을 압박, 침탈, 또는 지원하는 과정"이고, 또 약소국이 이에 대응하여 생존과 발전을 꾀하는 과정이다(13쪽). 더 나아가 그는 한국적 국제정치학이 다루어야 할 여러 문제 영역들을 제시하고, 각 문제들에 대한 한국적 시각을 제시한다. 그 문제 영역들은, 국제정치의 구조, 세계정치의 변화와 주변부의 위치, 주변부 국가의 생존과 소멸, 주변부의 이익 추구를 위한 전략, 보편적 영역에 대한 주변부적 시각, 한국의 특수성과 외교 전략 등이다. 그는 각 항에서 개별 쟁점들을 제시하고 이에 대한 한국적 · 주변부적 접근법을 제시한다. 예를 들어, 국제정치의 구조를 볼 때, 강대국 중심적인 '양극체제'라는 개념을 '동서 동맹 체제'로 바꾸고, 다극체제는 '다양한 협조 · 대립체제'로 다시 개념화할 것을 제안한다. 또 우리가 다루어야 할 한국의 특수한 문제로 분단 상황뿐 아니라 한미동맹의 특수성, 중화 사대주의의 역사 등을 들고 있다.

마지막으로, 그는 현실적인 목표를 가질 것을 제언하면서 다음과 같이 말한다. "서양 국제정치학에 없는 획기적인 새로운 이론이나 방법론을 찾는 것은 적어도 지금으로서는 비현실적이다. 그것은 한참 뒤의 과제다. 그보다는 주변부 · 한국의 위치와 문제의 특수성에

초점을 맞추어 일관된 세계관과 분석 틀을 갖추는 것이 현실적이고 바람직한 방법이라 할 것이다.”(22쪽)

가장 최근에 나온 하용출 외(2008)는 구체적인 실천 방안을 담고 있지 못하다. 이전까지 나온 문제 제기들을 되풀이하는 데서 크게 벗어나지 못하고, 대안을 제시하기는 하지만 짧고 또 구체적이지 못하다. 현 상황에 대한 설명과 비판이 중심 내용이다. 그것은 “한국 국제정치학은 지금까지 지나치게 미국에 기대었다. 한국 상황에 맞는 한국적인 이론을 개발하고 한국의 문제를 연구해야 한다.”는 당위론이다. 이런 당위의 진술보다는 이 책에서 예를 들어 함택영 교수가 다루고 있는 지금까지의 한국 국제정치학 연구에 대한 구체적인 평가들이 더 값진 부분이다(함택영 2008).

그래도 이 책은 한국의 대표적인 국제정치학자들의 고민을 집약한 것이어서 각자의 생각을 조금 소개할 필요가 있다. 편자인 하용출 교수는 한국 국제정치학이 양적으로 성장하기는 했지만 “이론 분야에 있어서는 한국적 위상을 합리화할 수 있는 한반도, 지역 차원 및 세계적 차원의 이론화와 개념화에는 이르지 못했고, 외교정책도 당면 과제 중심에 천착한 나머지 한국적 상황이 가질 수 있는 일반적 외교정책론으로의 발전에는 이렇다 할 진전이 없는 것으로 나타났다.”고 반성하고, “향후 한국 국제정치학의 공고화를 위해서는 … 변화된 한국의 국제적, 지역적 위상을 반영함과 동시에 변화하는 한반도 상황이 제기하는 한국적이면서 보편적 의미를 가질 수 있는 국제정치 현상을 구체적으로 적시하여 이를 개념화하고, 이러한 거시적 이론화 작업 수행을 위한 가설의 설정과 체계적인 자료의 축적, 그리고 이를 미시적으로 뒷받침할 수 있는 구체적인 과정적 분석을 수행하여야 한다."(하용출 2008, xx-xxi)고 진술한다.

함택영(2008, 64~66)에 따르면 한국적 국제정치학을 세우는 방법은 두 가지다. 하나는 보편주의에서 특수주의로 나아가는 것, 즉 외래 이론을 수용하여 주체적으로 수용하고 이를 변용하여 한국 상황에 적용하는 것이며, 다른 하나는 거꾸로 역사특수주의에서 보편주의로 나가는 것인데, 뒤의 것이 더 어려운 방법이다. 이를 위해 국제정치학과 외교사(국제관계사)의 공동 작업이 필요하고, 역사사회학적 접근과 지역연구를 통한 비교외교정책 연구 등도 수행해야 한다. 이러한 그의 말은 대체로 옳지만 미국·서구 이론을 보편적이라고 가정한 것은 옳지 않다. 실제로는 그것 역시 서구의 역사·지리·문화 특수주의에서 시작한 것이며, 높은 완성도와 학문적·정치적 힘으로 패권을 장악하여 보편인 것처럼 보일 뿐이다.[5] 또, 두 번째 방법에서 외교사 연구를 어떻게 국제정치이론과 연결시킬 것인지 구체적인 논의가 없는데, 이 부분은 그뿐 아니라 다른 사람들에게도 해당되는 말이라고 할 수 있다. 사실 국제정치학과 외교사를 어떻게 결합할 것인지는 한국뿐 아니라 미국 학계의 고민거리이기도 하다.

김기정(2008)은 한국 외교사 연구가 한국적 국제정치학 정립의 바탕이 되어야 한다고 주장하는 대표적인 학자이다. 그는 "현 단계 한국 외교사 연구나 한국 외교정책 연구는 그것을 서구의 시각에서 규정된 이론적 틀로써 재단할 것이 아니라, 오히려 한국의 충분한 사례 연구를 통해 '개념화'하는 작업이 먼저 필요하며, 그 기반 위에서 이론적 탐구를 모색해야 할 것이다. 그러므로 사적 관심은 국제정치학의 한국적 패러다임 모색의 출발이자 전제가 되어야 된다."라고

---

5) 이용희(1962), 김웅진(2001) 참조.

지적한다(160쪽).

좋은 지적이다. 그런데 다시 생각하면 따져 볼 문제들이 있다. 첫째, 외교사적 관심이 "한국적 패러다임 모색의 출발이자 전제가 되어야 한다."는 말은 옳은 말이다. 마땅히 그래야 한다. 하지만 이것이 행여 한국 외교사 연구가 먼저 되어야 그 축적의 바탕 위에서 한국적 이론을 개발할 수 있다는 말이라면 필자는 찬성할 수 없다. 그런 뜻이 아니리라 믿고 싶다.[6] 왜냐하면 무엇보다 그런 외교사 연구가 충분히 쌓이기를 언제까지나 기다릴 수 없기 때문이다. 그런 시기는 영원히 오지 않을지도 모른다. 또, 위 김명섭(2001)에 대해서도 물었던 것과 비슷하게, 이론 개발을 위해 필요한 역사 지식이 어느 정도까지 깊고 구체적이어야 할까? 한국의 지정학적 위치를 반영한 국제정치 이론을 개발하기 위해 얼마나 깊은 역사학적 연구 바탕이 있어야 할까? 필자는 사회과학자의 일반적 교양 수준이나 그 조금 이상이면 된다고 본다. 더 깊은 역사 지식이 있으면 물론 더 유리하겠지만, 그 역사 지식을 습득하는 과정에서 이론 개발을 할 여력이 오히려 사라질 가능성이 크다. 간단히 말해, 위 이상우(1978), 하영선(1988)이 제안한 방식의 분석 틀을 만들기 위해서 그렇게 깊이 있는 외교사 지식은 꼭 필요하지 않다는 말이다.

둘째, 더 일반적으로 역사 연구와 사회과학적 이론 개발의 관계를 어떻게 봐야 할 것인가? 한국적 사회과학을 세우기 위해 한국 역사를 얼마나 알아야 하며, 역사 연구와 사회과학 연구를 어떻게 연관 지을 것인가? 이는 매우 어려운 방법론 문제다. 한국적 국제정치학

---

6) 그러나 이런 종류의 진술은 그 진의가, 아무래도 역사 연구를 강조하기 때문에, 그 바탕 위에서 국제정치 이론을 개발해야 한다는 뜻이라는 의심을 불러일으킨다.

을 위해 한국 외교사를 깊이 연구해야 한다는 데 반대할 사람은 없
겠지만, 실상 그 연구를 어떻게 한국적 국제정치이론이나 분석 틀,
개념 개발에 연결 지을 것인지를 고민한 사람은 제대로 없는 것 같다.[7]

이에 대한 필자의 생각은 다음과 같다.

1) 한국 외교사 연구는 그 자체로 해야 하는 것이다. 반드시 한국
적 국제정치이론 개발을 위해서 하는 것이 아니다.

2) 한국 외교사 연구는 한국적 시각으로 할 수도 있고 거꾸로 강
대국 시각을 답습할 수도 있다. 따라서 한국 외교사 연구를 한다고
해서 그 자체가 '한국적'인 연구가 되리라는 보장은 없다. 더 일반적
으로 말해 한국을 분석 대상으로 삼는다고 해서 그것이 자동적으로
한국적 연구가 되는 것은 아니다. 한국 연구도 주체적으로 할 수 있

---

7) 외교사와 외교정책 이론의 관계에 대한 일반적 서술은, 김기정(1998) 참조. 한국적 국제정치 연
구를 위해 외교사와 국저정치학을 접목해야 한다는 주장은 적지 않으나, 둘의 관계에 대한 체계
적인 서술은 찾아보기 힘들다. 하영선·김영호·김명섭 편(2005)도 제목은 『한국 외교사와 국
제정치학』이지만, 이 둘을 어떻게 유기적으로 결합시킬 것인지에 대한 이론적인 검토는 충분하
지 않다. 외교사뿐 아니라 한국 역사나 전통 사상 등에 대한 깊이 있는 연구를 한국적 학문의
전제조건으로 보거나 그 자체를 한국적 학문으로 보는 견해('근본 접근')에는 다음과 같은 문제
가 도사리고 있다. 무엇보다, 한국사나 전통 연구 그 자체가 반드시 한국적인가 하는 문제다. 만
약 그렇다면 한국어나 한국의 자연과 같은 한국에 관한 기본적인 사실들을 연구하면 모두 한국
적이라고 해야 할 것이다. 그러나 실제로는 그렇지 않다. 소쉬르의 구조주의를 직수입하여 한국
어를 연구하는 것은 결코 한국적인 학문이라고 할 수 없다. 한국사나 전통 연구가 현대 한국에
관한 연구, 예를 들어 한국인의 투표행태에 관한 연구보다 반드시 더 한국적이라고 생각할 근거
는 무엇인가? 한국사를 연구하더라도 외국인의 시각이나 이론을 답습하면 한국적이 될 수 없
다. 식민사관으로 한국사를 연구하는 것은 결코 한국적이라고 할 수 없다. 따라서 한국적 학문
의 기준으로는 연구의 '대상'보다 연구의 '방법'이나 '시각'이 더 중요하다. 무엇을 연구할 것인
지도 중요하지만 '어떻게' 연구하는지가 더 중요하다는 말이다. 한국사나 전통에 대한 연구는
한국학의 '기초' 연구이기는 하지만(이런 점에서 기초 연구라고 할 수 없는 투표 행태 연구와
다르다.) 그것이 반드시 한국적인 연구를 보장하는 것은 아니다. **우리는 너무 자주 기초 연구와
한국적 연구를 혼동하고 있다.** 이런 종류의 근본 접근이 정말로 한국적 국제정치학의 실천에
기여하려면, 외교나 전통의 연구가 어떻게 '한국적'인 국제정치학을 이루는 데 기여할 수 있
는지에 대해, 다시 말해 그 연결 고리에 관해 세밀한 논의가 있어야 한다. 한국의 과거에 대한
기초 연구를 해야 한국적 학문을 할 수 있다는 원론적 논의만으로는 별 도움이 되지 않는다. 오
히려 경우에 따라 (실용 접근의) 실천 의지를 꺾는 해를 끼치기도 한다는 사실을 강조할 필요가
있다.

고 거꾸로 대외의존적으로 할 수도 있다. 반대로 외국 연구를 한다고 해서 한국적 연구가 될 수 없는 것도 아니다. 외국 연구를 한국인의 눈으로 한국인의 필요에 따라 한다면 그것 역시 한국적인 연구이다. 따라서 우리는 한국적인 한국 연구뿐 아니라 한국적인 미국 연구, 중국 연구, 일본 연구를 다 생각할 수 있다.

3) 한국 외교사 연구를 한국적인 시각에서 하다 보면 자연히 한국적인 국제정치 이론이나 외교정책론에 대한 관심으로 연결될 수 있다. 또 외국 외교사나 국제정치 일반에서 생각해 보지 못한 개념이나 분석 틀이 떠오를 수도 있다. 반대로 국제정치 이론을 보다가 한국 외교사의 특정 면모에 대한 관심이 생길 수도 있다. 이런 식으로 두 연구 방향은 서로에게 도움을 줄 수 있다. 그러나 어느 하나가 다른 하나의 '전제'가 되어야 하는 것은 아니다. 한 연구가 다른 연구에 선행될 것이 아니라, 이 두 연구는 동시에 진행되어야 한다.

김용구(2002가) 교수는 외교사를 한국적으로 해야 한다고 주장하면서 실제로 그렇게 한 대표적인 학자이다. 그에 의하면, 외교사는 기본적으로 외교 문서를 분석하는 학문이다. 그런데 우리는 외교 문서 보존과 정리를 제대로 하지 못하고 있다. 한국은 "어느 수준의 경제발전을 이룩하였으면서도 자신의 외교문서를 보존하지 못하고 외국의 외교문서에 관해서도 모르고 있는 국가"다. "따라서 우리는 적어도 국제정치 문제에 있어서는 정신적인 후진국이 아닐 수 없다." (김용구 2002가, 3)[8]

그는 계속 주장한다. 지금까지 나온 외교사 연구들은 모두 우리의 현실과 무관한 사실의 나열이 대부분이고, 외교사를 유럽의 팽창으

---

8) 김용구(2002나)는 이 글을 확대하고 다른 논의들도 덧붙인 글이다.

로 보는 유럽중심주의 빠져 있다. "국내외의 모든 외교사 책들은 판에 박힌 일정한 순서에 따라 열강들의 교섭사를 서술하고 있다. 1814 – 15년 빈 회의, 동방의 문제들, 크림 전쟁, 이탈리아와 독일의 통일, 비스마르크 체제, 세계 분할, 제1, 2차 세계 대전으로 서술은 이어진다. 이 순서가 바로 유럽 중심주의를 극명하게 나타내 주고 있다. 유럽 문명권의 세계적인 팽창을 교섭사의 측면에서 일방적으로 서술하고 있기 때문이다."(2002가, 2) 외교사 연구는 유럽 중심주의를 벗어나서 비교문명권의 시각에서 해야 한다. 왜냐하면, "한 행위자가 지니고 있는 다른 행위자에 대한 태도는 그들의 오랜 역사적인 구조로부터 나오게 마련"이기 때문이다(2002가, 3). 그래서 그는 정조 때(1788) 완성한 외교문서집인 『동문서고』의 전통을 이어받아 우리의 문화적인 전통을 다시 창조해야 한다고 주창한다.

그는 분명히 서술하고 있지 않지만 우리의 시각으로 우리의 문제에 입각해서 외교사 연구를 해야 한다는 주장을 하고 있는 것이다. 이를 위해 외교문서 수집, 정리, 분석이 급선무라는 문제의식이다. 그는 이런 문제의식과 대안에 입각하여 실제 한국적인 외교사 연구의 성과를 보였다(김용구 2001).

III. 한국적 학문의 접근법

한국적 학문을 실천하기 위한 접근법으로 여러 가지를 생각할 수 있는데, 필자는 이를 1) 연구대상, 2) 시각, 3) 개념, 4) 방법론, 5) 분석 틀·이론으로 나누어 본다.

첫째는 '연구 대상'을 한국인의 삶에 직결되는 것으로 삼는 것이다. 외국의 경험에 입각한 문제 설정을 한국에 적용하는 데서 벗어나서 우리 자신에게 중요한 문제에 주목하는 것이다. 예를 들어, 분단 상황의 정치적 의미라든가 강대국에 둘러싸인 신흥개발국의 외교 행태라든가 하는 것이 그런 연구 대상이 될 것이다. 하지만 앞에서 말했듯이 한국 문제를 연구한다고 하여 모두 한국적인 것이 되는 것은 아니고, 또 거꾸로 외국을 연구한다고 하여 한국적이 안 되는 것도 아니다. 문제는 그 연구를 얼마나 한국적인 '시각'으로 하느냐의 문제이다.

따라서 한국적인 연구의 둘째 접근 방법은 한국적인 '시각'을 확보하는 것이다. 예를 들어 세계화를 연구할 때에도 세계 중심 강대국의 위치에서가 아니라 주변 약소국인 한국의 위치에서 보는 것이다. 지역 연구도 마찬가지다. 일본을 연구할 때 서양인들은 주로 서양적 정신과 일본적 정신을 비교한다. 하지만 한국인의 입장에서 보면 서양인들이 말하는 일본적 정신이 동양 공통의 것인 경우가 많다. 한국인이라면 이런 연구를 하면 안 된다. 한국인은 오히려 동양적 정신 안에서 한국과 일본이 어떻게 다른가를 연구해야 할 것이다. 그것이 한국적인 연구이다.

셋째, 또 하나의 한국적인 연구 방법은 한국어로 사유하고 '한국어 개념'을 개발하는 것이다. 지금 주요 학술 용어들이 서양 말이나 그 번역어로 되어 있는데, 이를 극복하고 되도록 우리 정서와 우리 현실에 맞는 우리말을 개발하여 학문을 하는 것이다. 이런 부분은 지금 매우 뒤떨어져있다. 하지만 조금씩 부분적으로라도 해 나가면 지금보다는 발전할 수 있으리라 본다.

넷째, 한국적인 연구 '방법론'을 개발하는 것이다. 서양에서 나온 여러 방법론들, 예를 들어 계량적 방법론, 변증법적 방법론 등등은 모두 그것이 탄생한 지역의 문화적 소산이다. 우리도 우리 나름대로의 정신적·학문적 바탕에 입각한 한국적인 방법론을 생각해 볼 수 있다. 필자의 능력 부족으로 얼핏 떠오르는 것은 없다. 한국의 전통 학문이나 사상에 관심을 가진 이들이 이런 노력을 하고 있지만, 아직 구체적인 방법론으로 나온 것은 없는 것 같다.

다섯째, 위와 같은 여러 접근법들에 입각하여 우리 고유의 '분석 틀과 이론'을 개발하는 것이다.9) 이는 위 네 가지 접근 모두를 포괄할 수도 있지만 현실적으로 어려우므로 한두 가지에 입각하여 할 수도 있다. 예를 들어 한국 외교 정책 연구에서 한국적 현실을 '연구대상'으로 하여, 한국어 고유의 '개념'을 개발하거나, 아니면 미국 중심의 세계관에서 벗어나 강대국 틈바구니에서 균형 외교를 펼치는 한국적 '시각'으로, 한국에 중요한 여러 요소들의 상호관계에 주목하는 '분석 틀'을 만들 수 있는 것이다.

이런 방법들은 앞에서 본 근본-실용 접근의 구분으로 보면 대체로 실용 접근에 해당한다. 한국인에 직결된 문제를 '연구대상'으로 삼고 이를 한국적인 '시각'으로 보는 일은 대단한 철학적 사고나 사상적 바탕이 있어야 할 수 있는 일이 아니다. 마음만 먹으면 쉽게 할 수 있다.10) 이런 바탕 위에서 한국적인(또는 독창적인) '분석 틀'을 만드는 것 역시 서구 학문에서 근본적으로 벗어나기를 요구하지는

---

9) 분석 틀이 변수들 사이의 비교적 단순한 관계를 설정한 분석 도구라고 한다면, 이론은 변수들 사이의 인과관계나 상관관계가 더 정교해지고 더 구체화되고 더 일반화된 것이라고 할 수 있다.

10) 사실은 그 '마음 먹는' 것이 매우 어렵기는 하다. 서구 학문의 거대한 패권 때문이다. 김웅진(2001) 참조.

않는다. 단지 '한국어'로 학문을 한다든가 아니면 한국적인 '방법론'을 개발하는 것은, 꼭 그렇지는 않지만, 목표하기에 따라 근본적인 일이 될 수도 있다. 한국적인 철학적·역사적·심리적 전통에서 한국적인 학문이 나와야 한다는 주장이 그런 것이다.[11] 우리는 그런 것을 주장하지 않는다.

IV. 한국적 국제정치학의 성과

위와 같은 구분 기준을 이용하여 지금까지 나온 한국적 국제정치학 연구의 대표적인 성과물들을 평가하도록 한다. 각 저술들의 핵심 내용을 요약하고, 그것이 어느 정도 한국적이거나 독창적인지를 평가하고자 한다. 이 저술들은 위에서 필자가 제시한 한국적 국제정치학의 다섯 가지 방법(연구대상, 시각, 방법론, 한국어 개념, 분석 틀)들 중에서 일부에 해당되는 저술들이라고 할 수 있다. 평가의 대상은 주로 단행본이다. 학술논문들에 대한 검토가 없음을 의아하게 생각할 독자도 있을지 모르나, 실제로 자아준거적인 국제정치 연구를 '명시적'으로 추구한 학술논문을 필자는 찾지 못했다.

이용희(1962)는 한국 국제정치학의 선구적인 저작이다. 이 책은 한국 국제정치학의 초창기 대표적인 교과서라고 할 수 있다. 원래 저자는 이를 상, 하로 나누어 저술할 계획이었으나, 상권으로 그치고 말았다. 여기서 그는 국제정치학의 성격과 국제정치의 개념, 또

---

11) 사실 그런 '한국적'인 전통이 얼마나 한국적인지에 대해서도 의문을 제기할 수 있다. 대부분이 중국 것을 답습했으니까 말이다. 이는 또 다른 논쟁거리지만, 이 연구에서 다룰 대상은 아니다.

국제정치학의 역사를 추적하고 국제정치의 '권역성'과 문화의 '전수'라는 개념을 제시한다. 그 뒤 유럽 국제정치 질서가 전 세계로 팽창되는 과정을 서술한다. 그는 국제정치학이 "구미 사회의 시각으로 시작되고 자유주의적 계차를 겪어 우리 사회의 현실에 조절되지 않으면 안 되는 그런 학문"이라고 보았다(30쪽). 또 "현대의 국제정치는 19세기에서 20세에로 걸친 구미 세력의 전 지구적 팽창과 관계되어 있다. 이 까닭에 국제정치를 보는 최초의 눈은 구미적인 것이었으며 구미 세력의 세계정책적인 요인이 깊숙이 숨겨져 있다."고 비판하였다(33쪽).

그는 '국제정치권'을 유교권, 회교권, 기독교권 등으로 나누어 서술하고, 각 권역 안에서 문화와 사고방식이 중심에서 주변으로 전수되는 현상에 주목하였다. 국제정치권의 중심과 주변 구분은 왈러스타인의 중심, 주변 구분에 시기적으로 앞서는 선구적인 착안이라고 할 수 있다. 그러나 이 논의를 그의 '이론'이라고 하기에는 너무 단편적이고, 입문적이고, 짧다. 책의 핵심 부분도 아니다. 책의 대부분은 유럽 근대 국가의 역사, 외교사, 팽창사에 충당되었다. 그래서 앞부분의 국제정치학적 논술이 뒤의 역사적 서술과 부조화를 이루기도 한다. 책의 서술도 주변의 시각이 아니라 중심의 시각에서 이루어졌다. 즉, 중심 국가들의 세계적 팽창과 국제정치 권역화 과정에 대한 서술이 책의 대부분이다. 논의 전개는 주로 미국 국제정치학의 연구 성과와 유럽 근대 국가사에 의존한 것으로 보인다. 그 가운데서도 힘과 권역 등에 대한 강조는 한스 모겐소의 영향인 듯하다(Morgenthau 1973).

이 저작이 특별히 한국적이거나 독창적이라고 보이지는 않는다. 책의 2/3를 차지하는 역사적 서술 대신 앞부분에서 제시한 권역 구분, 중심－주변 관계, 전수이론 등에 할애하여 이를 더 체계화·심화시켰으면 훨씬 더 가치 있는, 또 더 한국적인 국제정치론이 나올 수 있었을 것이다. 하지만 당시의 열악한 사정을 생각할 때 이 정도의 저서가 나온 것도 대단한 일이라 아니할 수 없다. 그가 이 저작으로써 한국 국제정치학의 문을 연 공로를 인정해야 한다. 이후 이를 이어받은 연구가 나오지 않은 것이 더 문제라면 문제다. 이에 바탕을 두고 더 발전시킨 연구는 나오지 않았다. 이 저술이 나온 뒤의 한국 국제정치학은 오히려 더 명백하고 본격적으로 미국 국제정치학 도입에 열을 올리게 되었다.

이호재(1969)는 미국식 국제정치학에 의존하기를 거부하고 명시적으로 한국(본인) 고유의 분석 틀을 만들었다고 선언한 최초의 국제정치학 저서이다. 그 뒤로도 그런 목표를 분명히 밝힌 국제정치학 저서는 한두 가지 정도가 나왔을 뿐이다(이호재 외 2005, 김영명 2002). 이 책은 해방 직후 이승만 시기까지의 한국 외교 정책을 국내 정치세력들의 상호작용 과정을 통해 분석했다. 그러나 이 분석 틀 자체를 특별히 한국적이거나 아니면 거꾸로 서구적이라고 말할 수 있는 것은 아니다. 말하자면, 한국이라는 연구 대상에 국한되지 않고 다른 지역에도 사용할 수 있는 보편적인 토대를 갖춘 분석 틀이라는 말이다. 단지 한국을 연구 대상으로 했기 때문에 구체적인 설명 요소들이 한국 것들이 된 것이다.

저자는 약소국 외교정책 연구가 강대국 외교정책 연구와 달라야 함을 강조하고, 뒤이어 자기 나름대로의 약소국 외교정책론을 제시했다. 제1편 '이론적 모색'에서 이론적 논점에 대해 명백히 서술하는데, 약소국의 경우 "대외관계가 대내관계보다 우위에 놓이고 보다 큰 비중을 갖는" 특징을 보인다(26쪽). 그래서 "외세의 중화 문제[가] 약소국 일반의 가장 기본적이고 본질적인 정치·외교 문제가 된다."(26쪽) "약소국 외교의 근본문제는 주권 유지와 안전 보장에 큰 영향을 미치는 이러한 외세의 영향력을 어떻게 약화시키고 동시에 미약한 자주 역량을 어떻게 강화시키느냐에 있는 것으로 볼 수 있다."는 것이다(26쪽).

그는 약소국에 영향을 미치는 국제정치의 양상을 강대국의 수와 국내 정치력의 집중화에 따라 구분하고, 이를 토대로 '약소국 중심의 지역적 소국제정치체제' 모델을 제시했다. 이는 모턴 캐플란의 국제정치체계 모형들을 원용한 것이지만, 그 나름대로 독창적인 작업이라 할 수 있다(Kaplan 1957). 이에 따라 한국 [국제]정치체제의 8개 모형을 제시하는데, 우선 그것은 중국 일국 정치체제, 불완전 경합 세력균형 정치체제, 일본 일 제국 지배체제, 미소 양극화 체제, 4강국 체제하의 개선된 2 한국체제, 완전 경합 세력균형체제의 6개 체제로, 이는 한국이 이미 경험했거나 할 수 있는 체제다. 이 중 한국의 독립과 발전에 가장 기여할 수 있는 체제는 완전 경합 세력균형체제이다. 그러므로 한국은 국제체제를 더 완전한 세력균형체제로 유도하기 위해 인위적인 노력을 해야 한다는 것이다. 이러한 점이 한국 외교정책의 근본 기조가 되어야 한다는 뜻인 것 같다. 이에 덧붙여 그는 현실에 존재하지 않았으나 상정 가능한 2체제의 모형을 추가하였는데, 한중일 균등체제와 동북아시아 연방체제가 그것이다.

이 저술은 미국 국제정치학의 성과를 원용하면서도 이에 갇히지 않고 약소국과 한국의 특수한 외교정책론을 제시한 선구적인 업적이라고 평가할 수 있다. 단지 아쉬운 점을 지적하자면, 제1편의 이론적 모색과 제2편의 실제 분석 사이에 유기적인 연결이 약한 점이 보인다. 그는 제1편에서 한국 외교정책의 외부환경을 8개 모델로 제시했지만, 실제로 한국 외교정책 분석을 위한 분석 틀이나 모델은 제시하지 않았다. 제2편은 위 8개 모형 가운데 하나인 '미소 양극화 체제의 형성과 고착 과정(1945 - 1948)'에 대한 역사적 서술이다. 국내외 각 정치세력들 사이의 각축전에 대한 분석이다. 그 가운데서도 정말 '외교정책'이라고 부를 수 있는 것에 대한 분석은 이승만 정부의 대미 외교를 다룬 제3편이라고 할 수 있다.

그는 약소국 외교정책을 다루면서 정작 약소국의 내부 사정은 경시한 당시까지의 연구를 비판하고, 약소국 내부 사정을 상세히 다루었다. 그런 의미에서 이 연구는 '약소국적'이라고 할 수 있다. 하지만 약소국적 시각이 더 이상 심화되지는 않았고, 이론적 분석도 실제로 행해지지 않았다. 오히려 실제 연구 부분인 제2편은 1차 자료를 폭넓게 활용한 역사학적 연구에 더 가깝다. 따라서 그가 서론에서 이 책이 '지나치게 이론적'이 되어 버렸다고 한 것은 사실이 아닌 것 같다. 그러나 어쨌든 이 책이 처음 나온 해가 1969년이라는 점을 생각하면, 이 연구가 매우 선구적이고 문제의식이 뚜렷한 업적이라는 점을 부인할 수 없다.[12] 미국에서 약소국 연구는 1970년대에 성행하였는데, 그보다 시기적으로 뒤지지 않았고 미국 것을 답습하지 않은 독창적인 논리를 전개하였다.[13]

김정원(1996) 역시 이호재(1969)와 마찬가지로 한국 외교 분석에

---

12) 계속 보완하여 2002년 제6판까지 나왔다. 이 판본에서는 용어와 내용이 조금 바뀌었다. 인용문은 1986년에 나온 제5판에 의거했다.

13) Handel(1981). 한국의 약소국 연구는 박용옥(1977), 김덕(1992) 등 참조. 이 연구들은 미국 학계의 약소국 외교 연구를 정리 소개한 것이다. 약소국 외교에 대한 국내 학계의 관심은 요사이 더 약해진 것 같다.

서 한국적 특수성을 고려하여 한국적인 분석을 해야 한다고 강조하면서, 실제로 이호재 교수의 관점을 지지한다고 선언한다(28~30쪽). 저자가 미국에서 오래 활동한 학자 겸 관료임을 감안할 때 이런 문제의식이 더 소중하게 느껴진다. 그러나 그가 이룬 실제 분석은 특별히 한국적이거나 고유하다고 평가하기 어려워 보인다. 저자는 한국의 특성을 '약소국'(국력의 측면)과 '발전적 체제'(제도화의 수준과 체제 성숙도의 측면)로 규정하고, 이런 특징들이 외교정책과 외교행태에 어떻게 나타났는지를 규명한다. 이는 상당히 독창적인 기여라고 할 수 있다. 그의 말대로 "기존의 연구 중에서는 약소국의 관점에서 한국의 외교정책을 분석하거나 발전적 정치체제의 측면에서 한국의 외교정책을 분석한 것들은 쉽게 발견할 수 있으나, 아직 이 둘을 유기적으로 결합시킨 연구는 찾아보기 힘들"(21쪽)기 때문이다.

이 저술은 약소국 외교정책의 특징을 서술한 뒤(이는 미국 학계의 외교정책론에서 나온 것이다.), 한국의 경우 기왕의 연구들처럼 외부 요인만 중시할 것이 아니라 내부 요인을 균형 있게 보아야 한다고 강조한다. 구체적으로 '발전적 체제'에 대한 강조가 이 책의 독창적인 부분이라고 할 수 있고, 저자 또한 이를 강조한다. 즉, 약소국-강대국 구분이나 중심부-주변부 구분과는 또 달리, 발전된 체제와 발전 과정의 체제를 구분해야 한국 외교 정책을 제대로 연구할 수 있다는 것이다.

이 저술은 이런 분석 틀을 염두에 두고 한국 외교를 발전 초기, 발전 중기, 발전 후기로 나누어 구체적으로 분석 서술한다. 한국 외교정책사와 외교 과정을 일목요연하게 정리한 교과서적인 저술이다.

이러한 그의 분석 틀은 이는 위에서 본 하영선(1988)이 언급한 분석 틀과 같은 종류의 것이며, 실제로 이 책은 그를 자주 언급한다. 이 연구를 하영선(1988)이 이전에 제안했던 한국외교정책 연구의 방법을 몸소 실천한 것이라고 보아도 무방하다.

아쉬운 점은 그의 분석 틀이 심화되지 못했다는 사실이다. 우선, 약소국 외교의 특징과 발전도상국 외교의 특징을 일반론으로 제시하지 않았고, 그에 입각한 한국 외교의 이론적 고찰도 빈약하다. 또 한국 외교에 대한 실제 서술도 자신의 분석 틀을 명백히 사용한 분석적인 것이라 하기 어렵다. 오히려 서술적이다. 분석 틀을 더 심화시켜 약소국의 '약소함'의 정도에 따라 외교의 특징이 어떻게 변하는지, 또 같은 원리로 발전적 체제의 '발전 정도'에 따라 외교의 특징이 어떻게 변하는지에 대한 일반론적 가설을 제시하고, 그것을 한국 경우에 대입하여 한국 외교의 변화를 분석했더라면 훨씬 더 분석적인 저작이 되었으리라는 아쉬움이 있다.

이런 약점이 있기는 하나 이 책은 한국 국제정치학계에서 드물게 보는, 자신의 고유한 분석 틀을 이용하여 한국 외교의 전개 전반을 일관되게 서술한 가치 있는 저작이라고 할 수 있다. '한국적' 외교정책론에 한발 다가간 노작이다. 이 저작이 가치에 비해 학계에서 덜 주목받는 까닭은 그가 한국 정치학계에 오래 몸담은 주류 학자가 아니기 때문이 아닌가 한다. 앞으로의 과제는 이런 방식의 분석 틀을 좀 더 심화, 정교화, 체계화시켜서 실제 연구에 활용하는 것이다. 또 한국 외교의 여러 쟁점과 대상에 대해 풍부한 사례 연구들도 물론 병행되어야 할 것이다.

구영록(1995)은 한국의 국가이익이 무엇인지, 또 이를 어떻게 추구해야 하는지에 대해 미국 국제정치이론을 무작정 도입하지 않고 저자 고유의 생각을 전개한다. 그가 이 저술에서 한국적 국제정치학을 정면으로 또는 명백하게 추구하지는 않았지만, 그의 의도와 상관없이 이 책은 그것을 향한 첫걸음으로 간주될 수 있다. 이 책은 일단 미국 국제정치학에서 나온 국가이익 연구에서 출발하지만 거기에 한국의 특수성을 덧붙여 강조한다. 그는 한국 외교에서 나타나는 특수성을 특히 유교적 정서인 '의리'로 파악한다. 그는 의리를 한국 문화의 핵심으로, 또 한국인의 대인 관계와 대외 관계의 접근방식을 설명해 주는 중심 개념으로 파악한다. '서양의 이익개념이나 국가이익 개념'은 한국의 전통문화에 생소하다는 것이다(123~124쪽). 그는 이러한 의리와 보은에 대한 강조가 한일 국교 정상화, 월남전 파병, 걸프전 파병 등에서 한국 외교 정책에 반영되었다고 주장한다.

저자는 한국 외교정책에서 국가이익관이 확립되어 있지 못하다고 비판한다(316쪽). 이런 문제의식을 가지고 그는 한국 국가이익을 우선순위에 따라 외교, 국가안보, 경제적 번영, 문화, 통일의 순서로 나눈 뒤, 이들 각 분야에서 보인 한국 외교의 실상과 과제를 서술한다. 그는 장기적으로 한국의 외교·안보 정책이 더 독립적이고 자주적이어야 한다고 주장한다(329쪽). 또 그는 국제정치 연구에서 정치현실주의와 정치이상주의 모두 한계가 있다고 파악하고, 현실과 이상을 조화시키기를 주장한다.

이 저술은 한국 국가이익의 관점에서 구체적인 여러 외교 쟁점들에 대한 저자 나름의 견해를 개진한 고급 학술 에세이라고 할 수 있다. 한국 외교 정책과 그 연구에서 꼭 필요한 논의를 한국인의 관점에서 서술한 것으로 보인다. 이 저술은 미국이 지배하는 주류 학문을 굳이 벗어나지 않고, 그것을 이용하고 그 영향을 받으면서도 한국적인 특성을 강조할 수 있다는 점을 보여 준 저작이다. 외국 이론을 그대로 한국에 대입·적용하거나 약간 변형한 것보다는 더 '한국적'이라고 할 수 있다.[14] 저자는 명시적으로 한국적 국제정치학 또는 한국적 국가이익론을 제시하겠다고 하지는 않았지만, 단지 한국의 특수성을 중심에 놓아야 한다는 인식은 분명했던 것 같다.

이호재 외(2005)는 그의 이전 저작(이호재 1969)을 이은 것이라고 할 수 있다. 이전 책이 한국을 둘러싼 '국제' 체제의 모형을 제시한 반면 이 저술은 한국 '국내' 역학관계의 모형을 제시했다. 기본적으로 앞의 저술과 같은 문제의식과 방법론에 입각하고, 한국 내부의 구체적인 상황을 고려하여 고유한 분석 틀을 만들고 이에 따라 한국 국제정치의 문제들을 분석한 공동 작업이다. 엄상윤 박사가 주로 노력하였다고 한다.

저자들은 분단과 통일 연구가 아직도 이론적, 국제정치학적인 작업이 되지 못하고 역사적 서술 수준에 있다고 지적한다. 그리하여, "국제정치학의 새로운 이론과 개념들이 분단과 통일 등 한반도의 정치외교적 사건 분석에 적절히 적용, 검증되면, 우리 한국 국제정치학계도 학문적으로 세계 국제정치학의 발전에 크게 기여할 수 있을 것이다. 이러한 바람직한 학문적 시도를 '국제정치학의 토착화' 혹은 '국제정치학의 한국화'라고 흥미롭게 표현할 수 있다."(7~8)는 포부를 밝힌다. 즉, 저자들은 한국 문제의 국제정치학 이론적 접근

---

14) 여기서 '한국적임'의 정도 문제가 제기된다. 이 연구에서 다루는 각 저술들이 한국적이라면 어느 정도 그런 것이냐 하는 문제다. 이 기준에 따라 각 저술을 비교 평가할 수도 있지만, 여기서는 지나치게 복잡해질 것 같아 생략한다. 단지 이 모든 저술들이 100% 한국적이라고 말할 수는 없고 또 그런 것이 있을 수도 없다고 생각한다.

을 강조한 것이다.

하지만 이 자체로서는 이론적인 작업은 몰라도 '한국적' 국제정치학을 보장하지는 않는다. 한국적이면서 이론적일 수도 있고 아닐 수도 있으며, 마찬가지로 비한국적이면서 이론적이거나 아닐 수도 있다. 그들이 시도한 것은 굳이 한국적이라기보다는 그냥 독창적 그리고 이론적인 분석 틀이라고 할 수 있다. 그것이 한국적이 되기 위해서는 앞에서 본 바와 같이 여러 분야들 중 적어도 한두 개에서 한국적이어야 한다. 그런데 이 저술을 보면 이호재(1969)와 마찬가지로 전적으로 한국적이라고 할 수는 없을지 몰라도 적어도 '어느 정도는' 한국적임을 인정할 수 있을 것 같다. 그리고 이전 저작보다 이론적인 면에 대한 강조에서는 한 걸음 더 나아간 것 같다. 저자들은 이러한 이론적 틀을 해방 직후 한국의 외교 논쟁 사례에 구체적으로 적용하고 있다.

이 책의 저자들은 한반도 중심의 지역적 양극체제하에서 한국 정치세력들이 선택 가능했던 통일·외교 노선들을 5가지로 분류했다. 즉, 친소반미 외세의존형, 친미반소 외세의존형, 친소반미 내세의존형, 친미반소 내세의존형, 친미친소 내외세 절충형으로 나누고, 이들의 전략, 행동, 역학관계의 변화를 추적한다. 이는 일개 약소국을 중심으로 한 지역적 소국제정치이론(이호재 1969)의 연장선상에 있다.

이 저술은 한국의 상황을 '지역적 양극체제'로 규정하고, 가능한 통일 형태 및 외교·통일 노선의 유형을 '자주성의 정도'와 '진영 편중의 정도' 두 변수로 유형 분류하였다. 그 다음 양극체제가 이완기, 전환기, 경화기의 3단계로 전개되면서 각 세력의 역학 구조에 일어나는 변화를 설명하였다. 그들은 국제정치학의 토착화를 위해서는 전 지구를 다루거나 다른 지역 일반에 통용될 수 있는 일반 이론보다는 소중범위 이론 개발에 1차 목표를 두어야 한다고 했다. 필자는 이에 동의한다. 예컨대, 남미에서 나온 관료적 권위주의나 종속이론 등도 남미의 현실에 입각한 소중범위 이론으로서, 남미의 학문적 독창성을 고취하고 더 나아가 미국 주류 학계에도 영향을 준 '토착적 학문'의 좋은 사례들이다. 한국적 정치학도 이런 것을 지향해야 한다.

실제로 이 책의 분석 틀은 딱히 한국적 또는 외래적이라고 말하기 힘들지만, 새로운 독창적·이론적 시도로 간주된다. 한국적 학문 그 자체라기보다는 그 선행단계, 또는 원초적 형태로 인정된다. 동시에 한국적 분석 틀 개발을 가장 의식하고 쓴 실제 연구물로서 큰 가치를 지닌다. 각 세력들의 역학관계에 대한 분석은 그전에도 많이 있었지만 사회과학적 개념화와 유형분류, 분석 틀 작성에 애쓴 성과가 있어, 역사학적인 분석과는 다른 면모를 보인다.

김용구(2001)는 지금까지 유럽 외교사를 세계 외교사로 간주해 온 관행을 비판하고, 대안으로서 외교사를 '문명권 충돌'의 과정으로 보고, 이에 대한 한국 고유의 시각을 제시한다. 제1장 "세계 외교사와 한국 외교사를 어떻게 볼 것인가?"에서 제시한 14개의 핵심 주장 또는 명제 가운데 "14. 한말 외교사는 사대 질서와 공법 질서 충돌의 여러 특징들이 잘 나타난 역사이다."와 "15. 한말 외교사를 문명권의 충돌이라는 입장에서 조망할 때 '개국'이니 '쇄국'이니 하는 낱말은 적당하지 않다."에서 우리 목적(한국적 시각과 연구 문제 제시)과 관련된 그의 생각이 가장 뚜렷이 드러나는 것 같다.

각 장의 제목들에서도 이런 문제 인식이 분명히 드러난다. 제2장 약탈 제국주의와 19세기 조선, 제3장 교린 질서와 국제법 질서의 충돌(Ⅰ): 교린 질서의 해체, 제4장 교린 질서와 국제법 질서의 충돌 (Ⅱ): 조선의 대응과 열강, 제5장 사대 질서와 국제법 질서의 충돌 (Ⅰ): 조선의 대응, 제6장 사대 질서와 국제법 질서 충돌(Ⅱ): 중국과 열강 등이다. 그는 문제 제기에 그치지 않고 한국적인 외교사 연구를 본격적으로 실천했다는 점에서 특출하다. 외교사 분석 내용 자체는 이 연구의 대상 밖이라 거론하지 않겠다.

김영명(2002)은 세계화와 민족주의에 관한 한국적 시각을 체계적으로 제시한다. 이 저작의 핵심 주장은 다음과 같다. 즉, 당시까지 지배적이었던 강대국 중심의 시각을 벗어나 세계화를 약소국의 시각에서 보아야 한다. 그렇게 하기 위해서는 세계화를 세계 구조의 현상으로, 즉 지구 단위로 보기보다는 국가 간, 행위자 간의 관계로 보아야 한다. 그래야 각 국가들 사이에서 행동하는 약소국의 시각이 뚜렷하게 드러난다. 즉, 세계화 현상 속에서 강대국이 약소국에 어떤 영향을 미치며 약소국은 어떻게 대응해야 하는가? 비국가 행위자들과 약소국의 관계는 어떻게 규정되며, 또 강대국 출신의 비국가 행위자와 약소국 출신 비국가 행위자들의 관계와 행동 양태는 어떻게 규정되는가? 등의 문제에 초점을 맞추어야 약소국적 시각이 된다. 지금까지 우리는 대체로 강대국적 시각을 답습하여 세계화를 지구의 축소라는 체계 전체 수준에서 보는 시각을 가졌다. 그래서 우리의 처지를 충분히 반영 못 했다.

민족주의에 대해서도 역시 강대국과 약소국의 시각이 달라야 한다고 이 저술은 주장한다.[15] (서구)강대국은 통일, 자주, 독립을 이미

---

15) 저자는, 세계의 국가들을 강대국과 약소국으로 양분할 수 있는가, 또 한국이 약소국인가 하는, 가능한 문제 제기에 대한 대답도 제시한다(15 - 17쪽). 이에 대한 필자의 생각은 다음과 같다. 곧, 한국은 국력으로만 보면 중간국으로 볼 수 있고 지향점은 중간국 또는 강소국 등으로 볼

이루었기 때문에, 민족주의의 국가적·민족적 과제를 이미 해결하였다. 하지만 약소국(약소민족)에는 통합, 자주 독립, 정체성 확립이 아직도 긴요한 문제다. 따라서 약소국 민족주의를 공격하는 것은 강대국이 지배하는 지금의 세계 질서를 유지·강화하고자 하는 강대국적 시각의 발로일 가능성이 크다.

물론 민족주의에는 대외적 폐쇄성과 배타성 그리고 민족 간, 국가 간 갈등 야기라는 본질적인 문제가 존재한다. 하지만 그렇다고 민족주의 자체를 부정할 것이 아니라, 이런 문제들을 극복하면서 동시에 민족주의의 통합과 자주, 정체성이라는 과제를 달성해야 하는 것이 한국 민족주의의 당면 과제다. 한국 민족주의는 정서는 강하나 이념과 정책으로서는 매우 빈약하다. 따라서 한국인이 지나치게 민족주의적이라는 일부 자유주의자들의 비판은 잘못되었다. 이런 과제를 달성하는 것이 열린 민족주의인데, 그것은 주체성과 다양성이라는 두 가지 요소의 결합 또는 조화로 이루어진다. 이러한 주장들에 이어서 이 저술은 그러한 주체성과 다양성의 구체적인 면모들을 제시한다.

이 책은 강대국 시각을 고발하는 문제 제기나 비판에 그치지 않고, 약소국민인 한국인의 시각으로 본 세계화와 민족주의의 문제를 구체적인 쟁점들을 제시하면서 논의했다. 이 책이 제시하는 구체적인 내용이나 주장들에 대해서는 찬반 논의가 있을 수 있지만, 강대

수 있지만, 지정학적인 위치나 주요 국제관계가 모두 강대국과 직결되기 때문에, 국제체제에서 약소국 행위자의 시각을 가지지 않을 수 없다. 여기서 중요한 것은 객관적인 '국력'이 아니라 강대국과의 '관계'인 것이다. 어쨌든 약소국이든 중간국이든 강소국이든, 강대국과는 국제정치를 보는 시각이 달라야 하는 점은 마찬가지이므로, 이 논점은 이 연구에서 중요한 사항이 아니다.

국적 시각을 탈피하고 약소국적 시각에서 한국의 세계화와 민족주의 문제를 정면으로 다룬 연구라는 점을 부인할 수 없다. 이런 점에서 이는 약소국적이면서 동시에 한국적인 연구로 간주할 수 있다.

이상의 저술들은 앞 절에서 필자가 제시한 한국적 국제정치학을 수립하기 위한 다섯 가지 방법들 가운데 적어도 일부에 해당된다고 할 수 있다. 간단히 말하자면, 이용희(1962)는 독자적인 시각, 개념, 분석 틀이 돋보인다. 이호재(1969)와 이호재 외(2005), 그리고 김정원(1996)은 독자적인 시각과 분석 틀에 주로 관심을 가졌고, 구영록(1995)은 시각, 개념, 방법론에서 독창성이 보인다. 김용구(2001)는 시각과 방법론의 한국화를 주창하였고, 김영명(2002)은 우리 시각의 강조에 덧붙여 새로운 개념 규정에 관심을 보였다. 이에 자세한 논의는 지면 관계상 생략한다.

V. 결론

지금까지 나온 한국적 국제정치학 담론의 특징을 요약하면 다음과 같다. 1) 주로 현 상황에 대한 원론적인 비판과 문제 제기에 그쳤다. 2) 개선 방안들도 안 나온 것은 아니나 별로 구체적이지 못했다. 3) 현실을 개선하려는 실제 연구 노력이 미흡했다. 4) 한국적 국제정치학의 실제 성과물이 없지 않았으나, 이에 대한 평가가 제대로 이루어지지 않았다. 5) 그래서 한국 국제정치학의 대외 의존성이 제대로 개선되지 않았다.

이제 앞에서 제시한 한국적 학문을 위한 '근본 접근'과 '실용 접근'

에 대해 간단히 평가하고 이 연구를 마치고자 한다. 근본 접근은 세계관이나 방법론 등에서 한국의 전통이나 외교사에 대한 천착을 강조한다. 또는 주류 학문과 매우 다른 새로운 학문체계를 상정한다. 이런 방법이 실현되면 그야말로 외국과는 다른 매우 한국적이고 독자적인 학문체계를 구축할 수 있을 것이다. 문제는 그 실현 가능성이 크지 않다는 점이다. 위에서 본 글들 중에서는 김기정, 김명섭, 전제성·박건영 등의 경우가 대체로 이에 해당한다고 할 수 있다.[16]

이에 비해 주류 학문과 동떨어진 독자적인 것을 구상하기보다는 이를 받아들이면서 또는 그것과 조화를 이루면서, 또는 그 안에서 한국적인 부분을 강조하는 방법은 실용적 또는 굳이 말하자면 '부분적'인 접근이라고 할 수 있다. 한국의 고유한 사유방식이나 정신적 전통, 또는 한국 외교사에 지나치게 신경 쓰지 말고 실제 존재하는 한국적 상황을 한국인의 입장에서 관찰하고 이를 설명하기 위해 고유한 분석 틀과 이론을 만들자는 것이다. 이는 부분적인 만큼 더 실용 가능한 것이다. 이런 노력들이 실제 성과를 이룰 수 있으면 이것이 쌓여서 한국적 국제정치학의 터를 넓힐 수 있다. 그러나 다시 말하지만 그렇다고 하여 그런 한국적 국제정치학이 예컨대 미국 국제정치학과 소통할 수 없거나 한 것은 아닐 것이다. 다시 말해, 이호재 등이 추구한 중소 범위 이론은 한국적이면서도 동시에 보편성을 지닐 수 있는 것이다. 마치 남미에서 나온 종속 이론이나 관료적 권위주의론이 그랬던 것처럼.[17] 위에서 살펴본 방안 제시들 중에서는 이

---

16) 물론 이들도 그렇게 근본적인 것을 지향한다고는 생각되지 않지만, 그래도 실용 접근보다는 근본 접근에 가까워 보인다.

17) 여기서 말하는 보편성은 이론 '적용'의 보편성을 말하는 것이 아니라 '방법론적' 보편성을 말한다. 다시 말해 종속 이론이 남미 바깥의 지역에 그대로 적용될 수 없다고 하더라도(그럴 수

상우(1978), 하영선(1988), 김영명(2002)의 것이 이에 속한다.

필자는 실현 가능성이 희박한 근본 접근보다는 미흡하다고 생각될지 모르나 실현 가능성이 더 높은 실용 방법이 더 나은 방법이라고 생각한다. 실제로 지금껏 이루어진 한국적 국제정치학의 실제 연구 성과는, 아무리 미흡했더라도, 모두 실용 방법을 통해서 일어났다. 제4절에서 우리가 논평한 실제 연구 성과물들은 모두 이런 방법을 사용하였다.[18) 이에 비해 근본 방법을 제안하는 글들은 추상적인 담론에 그치고 말았을 뿐 과연 어떤 것을 한국적 국제정치학이라고 생각하는지도 구체적으로 제시하지 못했다. "외교사 연구를 해야 한다. 한국적 전통과 사상에 기초해야 한다."는 등의 원론적인 말을 넘지 못하고 있다. 이런 상황이니 이 담론이 한국적 국제정치학의 실제 연구 성과로 연결되지 못하는 것은 어쩌면 당연한지도 모른다. 앞으로도 그런 방법에 따른 한국적 국제정치학이 나오기는 어려울 것 같다.

한국적 국제정치학을 만들기 위해서는 추상적 담론에 몰두하기보다 보다 실제로 실천하기 위한 노력에 좀 더 관심을 기울여야 한다. 단번에 새로운 이론이나 방법론을 만들려고 하지 말고 벽돌을 하나하나 쌓아 나가는 방식으로 작업을 해야 한다. 부분적이고 점진적인 방법이다. 그리고 실용적인 방법이다. 한국적 국제정치학은 미국 국제정치학을 대체하려는 것이 아니다. 미국 국제정치학의 앞선 부분을 받아들이면서도, 그것을 원용하기도 하고 비판하기도 하면서 한

도 있고 아닐 수도 있다.), 그 이론이 가진 방법이나 개념, 뼈대 등은 남미 바깥을 설명하기 위한 이론에 보편적으로 사용될 수 있다는 말이다.

18) 김용구 교수의 외교사 연구 성과는 엄밀한 의미에서 국제정치학 저술이 아니므로 이런 평가와 무관하다. 외교사 연구와 국제정치학 연구의 관계에 대해서도 근본 접근과 실용 접근이 대비될 수 있다. 이에 대해서는 본문에서 어느 정도 논의하였다. 여기서 깊이 다룰 수 없는 또 다른 연구 주제이다.

국의 문제를 한국적 시각에서 한국적인 분석 틀을 사용하여 연구하려는 것이다. 쉬운 예를 들어 보자. 미국은 세계전략의 차원에서 국제정치와 외교를 연구한다. 세계 경찰국, 초강대국의 위치에서이다. 그 반면 한국은 한미동맹의 하위 행위자로서, 약소국으로서, 또 신흥공업국으로서 세계무대에서 활동한다. 따라서 한국에 필요한 국제정치론이나 외교론은 미국의 것과 달라야 한다. 쉽게 말해서 하위동맹국 이론, 약소국 외교론, 신흥공업국 국제정치론 같은 것들을 우리가 해야 한다는 말이다. 이런 것들이 미국식 국제정치론과 단절되어야 하는 것은 아니다. 오히려 그것을 적극적으로 이용해야 한다.

이런 식으로 부분적, 점진적, 실용적으로 접근하는 방법이 충분하지 않다고 느낄 사람도 있을지 모르나, 거창한 목표를 가지고 아무런 실천을 하지 못하는 것보다는 조금씩 벽돌을 쌓아 나가는 것이 더 필요한 일이라 생각한다. 한국적 국제정치학의 모색은 그런 방향으로 실천해야 한다. 추상적 담론에서 한 걸음 더 나아가 비록 거칠더라도 자기 나름대로의 새로운 분석 틀이나 시각을 세우는 것이 우선 필요한 일이다.

구영록. 1995. 『한국의 국가이익: 외교 정치의 현실과 이상』. 서울: 법문사.

김기정, 2008. "한국 외교정책 연구의 과제", 하용출 편(2008).

김기정. 1998. "외교정책 이론과 외교사 연구", 김달중 편. 『외교정책의 이론과 이해』. 서울: 오름.

김덕. 1992. 『약소국 외교론』. 서울: 탐구당.

김명섭. 2001. "제국정치학과 국제정치학: 한국적 국제정치학을 위한 모색", 『세계정치연구』. 제1집 1호.

김영명. 2002. 『우리 눈으로 본 세계화와 민족주의』. 서울: 오름.

김영명. 2003. "우리 정치학 실천의 방안: 문제와 국제정치학의 예", 『정신문화연구』. 제26집 1호.

김영명. 2006. 『우리 정치학 어떻게 하나』. 서울: 오름.

하영선·김영호·김명섭 편. 2005. 『한국 외교사와 국제정치학』. 서울: 성신여자대학교 출판부.

김용구. 2001. 『세계관 충돌과 한말 외교사, 1866-1882』. 서울: 문학과 지성사.

김용구. 2002가. "새로운 외교사 연구를 위하여", 『한국 정치학회 회원 소식』. 104호.

김용구. 2002나. 『외교사란 무엇인가』. 서울: 도서출판 원.

김웅진. 2001. 『신화와 성화: 과학 방법론의 패권 정치』. 서울: 전예원.

김웅진. 2002. "과학적 패권과 연구방법론: '우리 방법론'의 모색", 『21세기 정치학회보』. 제12집 1호.

김정원. 1996. 『한국 외교발전론』. 서울: 집문당.

김학노. 2008. "국제정치(경제)학의 미국 의존성 문제", 『국제정치논총』. 제48집 1호.

문승익. 1975. "자아준거적 정치학: 그 모색을 위한 제언", 『국제정치논총』. 제13-14집.

박용옥. 1977. "강대국 정치 속에서의 약소국 정치: 약소국의 적응 행태를 중심으로", 『국제정치논총』.

이상우. 1978. "한국 국제정치학의 정립을 위하여: 소망스러운 발전 방향과 과제의 확인", 『한국 정치학회보』. 제12집.

이용희. 1962. 『일반 국제정치학(상)』. 서울: 박영사.

이용재·이철순. "한국 정치학의 탈식민성 담론에 대한 서지적 고찰", 『한국 도서

관·정보학회지』. 제37집 1호.

이호재. 1969. 『한국 외교정책의 이상과 현실: 이승만 외교와 미국』. 서울: 법문사.

이호재 외. 2005. 『한국적 국제정치 이론의 모색』. 서울: 화평사.

전재성·박건영. "국제관계이론의 한국적 수용과 대안적 접근", 『국제정치논총』. 제42집 2호.

하영선. 1988. "한국 외교정책 분석 틀의 모색", 『국제정치논총』. 제28집 2호.

하영선·김영호·김명섭 편. 2005. 『한국 외교사와 국제정치학』. 서울: 성신여자대학교 출판부. 하용출. 2008. "머리말", 하용출 편(2008).

하용출 편. 2008. 『한국 국제정치학의 발전과 전망』. 서울: 서울대학교 출판부.

함택영. "한국 국제정치 이론의 발전과 반성: 이론과 역사의 만남", 하용출 편 (2008).

Handel, Michael. 1981. *Weak States in the International System*. Totowa, NJ., Frank Cass, 1981.

Kaplan, Morton A. 1957. *System and Process in International Politics*. New York: John Wiley and Sons.

Morgenthau, Hans J. 1973. *Politics Among Nations* 5th ed. New York: Alfred A. Knopf.

패권과학의 반발

내 책 『신한국론: 단일사회 한국, 그 빛과 그림자』에 대하여 강준만 교수는 다음과 같이 과한 칭찬을 해 주었다(강준만 2006, 6).

> 나는 이 책이 '한극적 사회과학'의 모범을 보여 주었다는 평가를 내리고 싶다. 어떤 진보 지식인은 사석에서 나의 이런 평가에 강한 이의를 제기했는데, 놀랄 일은 아니다. 나는 그분이 평소 '지식 수입'에 너무 치중하는 걸 안타깝게 여겨 왔기 때문이다.

그러나 그 책은 학자는 물론 일반인들의 관심도 끌지 못하고 묻혀 버렸다. 아마도 '한국적' 사회과학이어서 그렇지 않았나 싶다. 위 진보 지식인이 제기한 '강한 이의'는 곳곳에서 발견된다. 사회과학에서 한국적인 무엇을 찾아보려고 하는 노력들은 주로 무관심에, 그리고 때로는 노골적인 적대적 대응에 마주치게 된다. 이는 진보 보수 할 것 없이 한국의 지식인들이 보이는 한국적 학문에 대한 거부감을 나타낸다. 그만큼 그들이 서양발 주류 사회과학에 파묻혀 있기 때문이다.

서양 이론을 따르는 한국의 사회과학자들은 그와 다른 어떤 것이 (아주 가끔) 나오면 낯설어하고 불편해하며, 결국은 왕따를 시키기에 이른다. 자기가 지금껏 배우고 해 온 것과 다른 것이고, 또 힘이 없어 보이기 때문이다. 낯설고 이상한 존재에 대해 거부감을 느끼고 더구나 그것이 약한 존재일 때 집단 괴롭힘을 가하는 현상은 초등학생이나 어른 학자들이나 다를 바가 없어 보인다.

한국적 정치학에 대한 기성학계의 반발은 사실 글로 나타난 것은 찾기가 쉽지 않다. 그럴 필요를 느끼지 않을 정도로 그 세력이 약하기 때문이다. 대부분이 토론장이나 일반대화에서 나타나는데, 그 내용은 쉽게 예측할 수 있는 정도이다. 즉, 학문의 보편성을 위배한다, 과학성 내지 엄밀성이 부족하다, 학계의 다른 흐름들과의 연결이 부족하다 등등의 비판들이다. 이런 비판들 가운데에는 수긍할 수 있는 것도 있지만 수긍할 수 없는 것도 많다.

한국적 정치학 주장에 대한 반응은 크게 몇 가지로 나눌 수 있다. 하나는 아예 무관심한 경우인데, 이는 논의의 대상이 되기 어렵다. 다음은 이에 동의하면서도 막상 자신은 이를 위해 노력할 마음이 없는 경우이다. 그 다음은 아예 그 필요성을 부인하거나 심지어 적대감을 보이는 경우이다. 숫자로 보면, 한국적 학문에 별 관심이 없거나 적대적인 사람이 다수이고, 관심은 있되 참여는 안(못) 하는 사람들이 그 다음으로 많고, 실제로 열심히 문제 제기를 하거나 상황을 개선하기 위해 노력하는 사람은 소수라고 할 수 있다. 어느 쪽이든 한국적 사회과학에 대한 거부감 내지 망설임은 크게 두 가지 원인에서 나온다고 할 수 있다. 하나는 패권과학의 기득권 수호 의지이며,

다른 하나는 한국적 사회과학이 학문의 수준을 저해한다는 인식이다. 차례대로 살펴보자.

1. 기득권 수호

한국적 정치학에 대한 거부감은 상당 부분 오해에서 비롯되기도 한다. 오해란 '한국적 정치학'론이 기존의 주류 서양 정치학을 통째로 부정하고 순수하게 자생적인 정치학을 만들자고 주장하는 것으로 잘못 생각하는 것을 말한다. 이 책에서 누누이 말하지만 그런 것은 거의 불가능하고, 따라서 그런 시도는 반드시 바람직하지도 않다. 오해가 아니라고 하더라도, 학문의 '보편성'을 중시하는 입장에서 보면 한국적이라든가 자아준거적이라는 말들이 폐쇄적이고 근시안적으로 보일 수도 있다. 그래서 비판의 목소리를 내는 것은 있을 수 있다고 본다.

그러나 주류학계의 거부감에는 더 중요한 이유가 존재한다. 무엇보다 한국적 정치학 주장을 자신의 기성 학문세계에 대한 도전으로 간주하기 때문이다. 궁극적으로는 패권과학의 기득권 보호라는 권력현상이 그 뒤에 숨어 있다. 그래서 열린 마음으로 논점을 찬찬히 생각하기보다 감정적인 반응을 보이는 경우들이 종종 일어난다.

대표적인 한 경우를 보자. 국제정치학의 한국적 정체성을 찾기 위한 소수의 '실제' 노력들에 대한 필자의 비평 논문을 한 심사자가 다음과 같이 비판하였다(그 논문은 이 책의 제2장을 이룬다.).

…기존의 한국적 국제정치학의 담론에서 잘못된 부분들이 무엇인가에 대한 구체적인 논의가 체계적으로 이루어진 것이 아니라 몇몇 논문이나 저작들을 요약하고 그 문제점들을 몇 문단으로 나열하는 수준에 그치고 있다. 지난 반세기에 걸친 한국적 국제정치학의 담론이 이상우, 김명섭, 하영선, 김영명, 하용출, 함택영, 김기정, 김용구 등에 국한된 것은 아니며, 훨씬 더 폭넓고 뿌리 깊은 논의들이 산재해 있는데, 이에 대한 심층적이고 체계적인 비교 없이 몇 개의 대표적인 저작만을 가지고 기존의 한국적 국제정치학에 대한 고민들이 큰 한계에 봉착한 듯이 이야기하는 데 대해 국제정치학을 공부하는 학자의 한 사람으로서 심한 거부감을 느끼게 만들고 있다. 공감할 수 없는 부분이다.

"지난 반세기에 걸친 한국적 국제정치학의 담론이 …… 훨씬 더 폭넓고 뿌리 깊은 논의들이 산재해 있는데"라는 말은 사실과 다르다. 그 논문에서 제시한 연구 업적들이 충분히 대표성이 있다고 본다. 믿기지 않으면 이용재 · 이철순(2006)과 하용출(2008)을 보기 바란다. 이 두 비평논문들은 한국적 (국제)정치학 담론에 대한 종합적인 평가를 하고 있다. 이 두 논문에서 다룬 담론들을 물론 내 책에서 다 언급하지는 않았지만, 반드시 그럴 필요도 없다. 내 나름대로 충분히 기존 저작들을 인지하고 선별하여 비평 대상을 정하였다. 내가 심사자보다 국제정치학 일반에는 덜 정통할지 모르나, '한국적 국제정치학 담론' 분야에서는 결코 그렇지 않으리라 생각한다. 도대체 "지난 반세기에 걸친 한국적 국제정치학의 담론 …… 훨씬 더 폭넓고 뿌리 깊은 논의들"이 어디에 산재해 있다는 말인가? 물론 내가 모든 담론들을 다 다룬 것은 아니고, 그렇게 할 수 없는 것은 당연하다. 그러면 내가 빠뜨린 담론 가운데 '반드시' 들어가야 했을 것은 어떤 것일까? 물론 보기에 따라 있을 수도 있다. 하지만 그것을 빠뜨렸기 때문에 내 논문에서 어떤 논의가 빠졌는지는 내가 아니라 그

심사자가 밝혀야 할 것이다. 사실, 그런 논문 내지 평론들은 모두 내용이 비슷비슷하여 꼭 들어가야 하거나 안 들어가야 할 것을 구별하기도 쉽지 않다. '훨씬 더 폭넓고 뿌리 깊은 논의들'이 있으면 구체적으로 제목과 저자를 알려 주기 바란다. 그것을 보고 판단할 일이다.

더 중요하게, 그 논문의 비평 대상은 한국적 국제정치학의 담론이 아니라 '실제 연구 성과'였다. 이용희(1962)에서 시작하여 이호재(1969), 구영록(1995)을 거쳐 최근의 몇몇 저작들이 한국적 국제정치학의 실제 성과이고, 그것을 비평한 논문이었다. 담론들은 한국적 국제정치학을 이루기 위한 접근법을 모색하기 위한 한 방편으로 훑어본 것이었다. 정치학 분야에서, 담론이 아니라 실제 한국적 연구에 대한 문헌비평은 필자가 알기에는 이 연구가 처음이다(사회과학 전체에서도 그렇지 않은지 모르겠다.). 논문의 핵심이 바로 여기에 있는데, 그것을 알지 못한 심사자는 이 연구가 한국적 국제정치학의 담론을 되풀이하는 것으로 잘못 알고, 엉뚱한 비판을 늘어놓았다. 비판이 제대로 된 비판이 되려면 이러한 실제 연구 성과 비평이 잘 되었는지 잘못되었는지에 대한 비평이 되어야 할 것이다. 그리고 여기서 '지난 반세기에 걸친 한국적 국제정치학' 실제 연구 성과의 '훨씬 더 폭넓고 뿌리 깊은 논의들'이 있다면 그 점을 지적했어야 할 것이다. 이 연구에서 다루지 않은 그런 실제 연구 성과는 거의 없다. 만약 그렇지 않다면 왜 "한국적인 국제정치학을 해야 한다."는 담론은 끊이지 않고 나오는 반면 실제 한국적인 연구 사례에 대한 언급은 그렇게 없겠는가?

논문에서 다루지 않은 업적 중에서 주목할 만한 것이 있기는 하다. 하영선·남궁곤(2007)인데, 이 작업은 기존의 서양 중심적 국제정치관을 탈피하여 한국적인 국제정치학을 시도한 업적이다. 저자들의 말대로 '번역의 국제정치학'에서 '창작의 국제정치학 시대'를 열기 위한 전초 작업이라고 할 수 있다. 여전히 구미 국제정치학의 여러 이론들을 폭넓게 수용하고 있지만, 적어도 한국 국제정치학이 처한 지금 단계에서는 피할 수 없는 일이라 본다. 이는 이 책에서 일관되게 제안하는, 한국적 정치학을 하기 위한 '실용 접근'에 해당한다. 이 저작의 장점은 국제정치에 대한 구미의 시각을 그대로 옮기지 않고, 한국을 중심에 두고 그것을 둘러싼 세계질서의 성격과 그 변화를 분석한다는 점이다. 따라서 한국적 정치학의 여러 측면들(제2장 참조) 중에서 주로 '시각'에 초점을 맞추었다고 할 수 있다. 필자들은 이 저작을 "미완성이기는 하나 창작의 한국 국제정치학을 위한 중간 연구 결과 보고'로 간주한다. 이러한 목표를 잘 수행했다고 본다. 아쉬운 것은 기존에 나온 다른 '창작의 한국 국제정치학" 시도들을 참고하여 그 책에서 강조하는 지식의 '다보탑'을 쌓는 데 활용했더라면 더 좋았으리라는 점이다. 어쨌든 이 저작은 실제로 한국적 정치학을 시도한 한 출발점이라는 점에서 평가받을 만하다.

그러나 문제의 비평논문에서 위 저작을 언급하지 않은 것이 심사자가 비판하는 바 "수많은 저작들에 대한 무시 내지는 간과"에 해당하지는 않는다. 이 역시 내가 다루지 않았다고 비판받은 학술지 논문이 아니라 그가 가치를 별로 인정하지 않는 '대표적 단행본'에 해당하기 때문이다. 그것도 국제정치학 '교과서'이다. 심사자가 염두에 둔, 마땅히 다루어야 했을 연구 업적은 무엇을 말하는 것일까? 구체적으로 제시해 주면 좋겠다.[1]

---

1) 내 전공 분야인 한국의 정치 변동 분야도 마찬가지이고(김영명 2008), 정당 연구도 마찬가지다

또 심사자는 "기존의 한국적 국제정치학에 대한 고민들이 큰 한계에 봉착한 듯이 이야기하는 데 대해 국제정치학을 공부하는 학자의 한 사람으로서 심한 거부감을 느끼게 만들고 있다. 공감할 수 없는 부분이다."라고 말했다. 나는 그 논문에서 '큰 한계에 봉착한 듯이 이야기'하지 않았다. 다만, 담론이 담론으로 그치고 실제 연구로 이어지지 않은 점을 비판하였고, 그렇게 하기 위해서는 근본 접근이 아니라 실용 접근을 취할 것을 제안하였다. 담론이 담론으로 그치고 마는 것을 큰 한계라고 본다면 그렇게 볼 수 있다. 그런 점에서는 사실 큰 한계에 봉착해 있다고 본다. 심사자가 이에 동의하지 않을 수도 있다. 그렇다면 그는 그가 신봉하는 듯이 보이는 수입 국제정치학이 아니라 '한국적' 국제정치학의 발전도 한계에 봉착하지 않고 그의 말대로 "폭넓고 뿌리 깊은 논의들이 산재해" 있다고 보는 것일까? 그렇게 생각한다면 크게 잘못 생각하는 것이고, 다시 말하지만 그 근거를 제시해야 할 것이다.

또 심사자는 그 논문에 대하여

'한국적 학문의 실천방법'이라는 거창한 소주제와는 달리 이 주제는 단지 두 쪽에 걸쳐 연구대상, 시각, 개념, 방법론, 분석 틀과 이론에 대한 당위론을 나열하는 데 그치고 있다. 사실상 전체 논문의 논지를 살리는 데 있어 이 챕터가 가장 중요한데도 불구하고, 논문의 필자는 단지 5가지 항목에 대하여 "…하는 것이 필요하다."는 당위론을 펼치고 있는데, 그 당위론이라는 것이 과연 '실천론'인지 의문이 든다. 이 글의 필자가 제시하는 당위론에 대해서는 이미 기존의 한국적

(김용호 2008, 강원택 2009). 민주주의론도 마찬가지다. 한국적인 연구 성과가 의미 있을 정도로 존재하는 정치학 분야(사회과학 분야)는 아직 없다. 다른 의견을 가진 사람은 실제 연구 성과를 제시해 주기 바란다. 내가 틀렸다는 사실을 기쁜 마음으로 인정하고 싶다.

국제정치학 논의에서 수없이 반복된 것일진대, 이 글의 필자는 그것을 비판하면서도 자신조차도 동일한 주장을 반복하고 있어서 심사자의 입장에서 "도대체 이 글의 필자가 제시하는 정말 새로운 '실천방법'이란 것이 무엇인가?" 의문을 가지지 않을 수 없다. 진정한 실용 접근, 즉 국제정치를 연구하는 접근방법에 대한 깊이 있는 천착이 아쉽다.

라고 비판했다. 한마디로 '실천의 구체적인 방법'을 내놓으라는 것인데, 세 가지 이유로 수긍할 수 없다. 첫째, 그 장은 논문의 가장 중요한 부분이 아니었다. 오히려 없어도 큰 지장이 없는 부분이었다. 그 논문의 목적은 '한국적 국제정치학의 실제 사례에 대한 비평과 그것을 통해 본 실현 방안'을 찾는 것에 있었다. 그래서 근본 접근과 실용 접근의 차이를 설명하고 실용 접근이 더 효과적인 방법임을 서술하였다. 심사자는 그보다 더 구체적인 방법을 요구한다. 바로 둘째 이유와 연결되는 점인데, 나는 그런 더 구체적인 방법을 이런 논문에서 왜 내놓아야 하는지 의문이고, 그런 구체적인 방법은 연구 주제를 실제로 연구하면서 만들어 가야 하는 것이지 일반론으로 만들기는 어렵다고 본다. 이에 대해서는 의견이 다를 수 있으므로 이쯤 해 둘 수도 있으나, 이를테면 '한국적 국제정치학을 수행하기 위한 구체적인 방법론'이라는 식의 논문을 과연 쓸 가치가 있는지에 대해서는 계속 의문을 가지게 된다. 그런 여력이 있으면 실제 연구를 하는 것이 더 낫다고 생각한다. 구체적인 방법론 자체도 실제 연구를 해 보아야 더 잘 나오게 된다. 셋째로, 근본 접근과 실용 접근의 구별은 이 연구가 처음 제시한 것이고, 지금까지는 이런 '방법론'의 구별은 없었다. 그 구분이 가치가 없다고 보는 것은 주관적인 생각이다. 나는 '주관적으로' 그 구분이 중요하다고 생각하는데, 그 이유를 굳이 설명하자면, 지금까지의 담론들이 주로 근본 접근을 염두에 두었기 때문에 실천으로 이어지지 않았고, 따라서 더 실현 가능한 실용 접근을 채택하는 것이 더 나은 방법이라고 생각하기 때문이다. 이러한 진술이 실천론이 아니고 '당위론일 뿐'이란 말인가? "무엇 무엇을 하자" 또는 "해야 한다"고 말하면 모두 당위론일 뿐인가? 당위론이 안 되려면 어디까지 세세하게 얘기해야 하는지 의문이다.

심사평을 계속 보자.

> 이 글의 필자는 단지 '한국적인가?' 그리고 '독창적인가?'라는 기준에 따라 이러한 다양한 분야의 저작들을 일괄적으로 평가하고 있다. 바람직스럽지 않은 평가방법이다. 분야별 구분뿐만 아니라 대표적인 연구논문들도 포함시킬 필요가 있는데, 이에 대한 각고의 수집노력 없이 대표적인 단행본 중심의 리뷰만으로 한국적 국제정치학을 평한다는 것 자체가 무리이다. 심사자의 입장에서 보면, 이 글의 필자가 다룬(대부분 심사를 거치지 않은) '대표적 단행본'들보다는 오히려 한국 정치학회보나 국제정치논총 등 학술저널에 발표된 글에서 훨씬 더 고민과 노력을 엿볼 수 있다. 이에 대한 천착이 요구된다.

이 연구는 한국적 국제정치학의 실제 성과에 대한 비평이기 때문에 평가 기준은 당연히 '한국성'과 '독창성'에 맞추어져야 한다. 물론 이에 덧붙여 완성도, 엄밀성 등을 덧붙일 수 있다. 그러나 이 연구의 관심이 '한국적' 저작에 있음을 이 시점에서 또다시 강조해야 하겠는가? 완성도, 엄밀성, 과학성, 보편성 등등의 잣대를 내밀어 싹이 트려는 자아준거적 노력들을 짓밟아 버리면 안 된다. 그렇다고 이 연구에서 다룬 저작들이 완성도가 떨어진다는 말은 아니다. 위 말은 논문의 핵심을 이해하지 못한 비판이다.

또, '심사도 거치지 않은' 대표적 단행본이 아니라 "오히려 한국정치학회보나 국제정치논총 등 주요 학술지 학술저널에 발표된 글에서 훨씬 더 고민과 노력을 엿볼 수 있다."고 하였는데, 구체적인 예를 들어 주어야 한다. 내가 알기로는 그렇지 않다. 거기에 물론 많은 고민과 노력이 있고 성과도 있었겠지만, 그 고민과 노력이 정말 '한국적' 국제정치학을 향한 고민과 노력이라고는 생각되지 않는다. 이 말을 반박하려면 구체적인 증거를 제시하기 바란다. 그 비평논문(이 책의 제2장)의 참고문헌에서 찾아볼 수 없는 논의가 들어 있는 논문들 말이다. 논문을 다루지 않고 단행본만 다룬 것은 일종의 하자라고 볼 수 있을지도 모른다. 그래서 다른 전문가에게도 문의해 보았다. 그러나 그 전문가도 적절한 논문을 제시하지는 못했다. 심사자는 또 다른 전문가이니 그가 제시해 주면 좋겠다.

한마디로, 이 심사자는 한국적 국제정치학에 대해 관심이 없고, 있다면 거부감이나 적대감이 있을 뿐인 사람이다. 기존 미국 국제정치학의 세례를 한껏 받고 그 높은 이론적 수준을 향유한 사람으로 보인다. 한국적 국제정치학이란 말 자체에 거부감을 느끼고 불편해하는 사람으로 보인다. 그의 심사평을 읽어 보면, 그는 한국적 (국제)정치학에 대한 담론이 어느 단계에 와 있는지도 잘 모르는 것 같다. 그래서 이 연구가 지금까지 나온 담론들과 어떻게 다른지 이해하지 못하고, 지금까지 나온 당위론을 되풀이하고 있다고 강변한다. 자아준거적 정치학을 해야 한다는 당위론과 실제 작업 사례에 대한 비평도 구분하지 못할 정도로, 그는 이 분야에 대해 무지하다. 다시 말하거니와, 이 연구는 지금까지 나온 담론들과는 달리, 한국적 국제정치 연구의 **실제 사례를 평가하고 바람직한 방향, 즉 실용방법을 제안**

한 논문이었다. 이 두 가지 모두 새로운 논의이다. 그래서 이 연구에 대한 평가는 이 두 논의가 얼마나 타당한지에 초점이 맞추어져야 하는데, 위 심사자의 심사평은 초점을 크게 빗나가 있다.

내가 보기에는, 그가 보인 것은 패권과학, 즉 기성학계의 원초적인 거부감이다. 그는 "국제정치학을 공부하는 학자의 한 사람으로서 심한 거부감을 느끼게 만들고 있다."고 말했다. 진실은 바로 여기에 있다. 어떤 글이든 거부감이라는 선입감을 가지고 글을 대하면 모든 것이 부정적으로 보이게 마련이다. 그러면 그는 왜 그렇게 심한 거부감을 느끼는 것일까?

이에 대한 대답을 한국적 국제정치학을 정립하기 위해 노력하고 있는 어느 정치학자의 말을 빌려서 해 보자.[2]

리뷰 논문도 리뷰 논문 나름이라고 생각합니다. 선생님의 논문은 단순한 리뷰 논문이 아니라는 것입니다. 한국 정치학회나 한국국제정치학회의 존재 이유와 직결된 리뷰 논문이기 때문에 다른 어떤 논문보다 우선해서 한국 정치학회보에 게재되어야 할 논문이라고 생각합니다. 또한, 이전에도 이런 리뷰 논문들이, 사실 선생님 논문에 비하면 형편없는 논문들이 이따금 게재된 경우도 있습니다. 저는 오히려 심사자의 양식을 의심하지 않을 수 없다고 생각합니다.
제가 보기에, 한국 정치학회보나 국제정치논총에 게재된 논문들 중 적어도 2/3는 학술적 가치를 인정하기 어렵습니다. 더욱이 '한국적 정체성'이 구현된 논문들은 좀처럼 찾아볼 수 없습니다. 단순히 한국의 사례를 분석한다고 해서 '한국적'이라고 말할 수는 없기 때문입니다.
두 가지 면에서 강한 거부감이 투영되어 있다고 생각합니다. 첫째는 '한국적 국제정치학'의 모색 자체가 시기상조라고 생각하는 학계의 풍토, 사실 이러한 풍토가 한국 정치학계를 지배하고 있고 또 헤게모니를 장악하고 있는 것이 부인할 수 없는 현실입니다. 한편, 학문의 역사성과 사회성을 무시하고 서구 이론만이 보편적이라는 생각을 가진 사람들도 있습니다. 이런 경우 '한국적 국제정치학'

---

2) 전자편지를 통한 대화임.

모색 그 자체에 대해 원초적 거부감을 가지고 있습니다. 물론 서구 이론의 '선교사'에 충실한 자신의 이해 추구 및 입지 강화와도 밀접한 연관성이 있다고 생각합니다.

둘째, 자신의 '일천한' 노력이 있었는데 … 그것을 인정받지 못했다는 데서 오는 서운함에서 비롯된 거부감도 있을 수 있습니다. 자신의 저작이 칭찬보다는 비판을 크게 받았다면 더욱더 거부감이 강하겠지요. 또한, 선생님이 비판하신 저작의 저자가 자기 은사일 경우에도 강한 거부감을 가질 수 있습니다.

여하튼, '심사자의 익명성'에 기대어 이런 심사평을 내놓는다는 것 자체가 우리 학계의 암울한 현실이라고 생각합니다. 심사자에게 그렇게 '훌륭한', 아니 이 주제와 관련된 자신의 저작이 있다면 공개적으로 제시하고 한번 평가를 받아 볼 용기는 없는지 되묻고 싶은 심정입니다. 연구자의 입장에서, 그것도 짧은 논문에서 수십 년 동안 다양한 형태로 발표된 논문을 모두 찾아서 평가하기는 현실적으로 대단히 어렵다고 생각합니다.

괜히 제가 흥분해서 두서없이 이야기가 길어졌습니다. 요청 사항에 대해 답변을 드리자면 … 저도 일일이 검토를 해 보지 않아서 잘은 모르겠습니다. 그러나 적어도 분석 틀과 이론 수준에서 주목할 만한 논문은 거의 발견하지 못했습니다. '동태적 대상관계'라는 새로운 분석 틀로 한국전쟁의 기원과 전개과정에 대한 설명을 시도한 박명림의 논문 정도는 리뷰해 볼 가치가 있다고 생각합니다.

이러한 원초적 거부감은 기존 주류 서양 학문 즉 '패권과학'(김웅진 2009)의 패권이 표현되는 한 방식으로 볼 수 있다. 앞에서도 말했지만 기존 정치학의 기득권에 대한 조그만 도전도 용납하지 않고 그 패권을 지키려는 욕망을 말한다. 이런 까닭으로 새로운 과학을 지향하는 어떤 학술논문도 패권 학술지 벽을 뚫기는 매우 어렵다.[3] 이런 까닭으로 독창적인 저술들이 학술논문보다는 저서의 형태로 나타나고는 한다. 위 심사자는 저서가 '심사를 거치지 않아서' 더 만

---

3) 이에 비해 '자아준거적 정치학을 하자'는 정도의 일반론은 패권과학에서도 받아 준다. 그래서 그런지 이런 담론들은 기성학계의 학술지에 심심치 않게 실렸다. 내 논문은 거기서 한 걸음 더 나아가 구체적인 저작들에 대한 비평이고 또 실천 방안의 제시였다. 한 발짝 더 들어오는 것은 참아 주지 않겠다는 것일까, 아니면 다른 이유 때문일까?

들기 쉬운 것이라고 생각하는 모양이지만 결코 그렇지 않다. 한국적 국제정치학을 향한 실제 노력들이 논문보다는 저서의 형태로 나타난 것 자체가 바로 패권과학의 폐쇄성과 기득권 수호 노력을 증명해 주는 것이 아닐까? 재미있는 사실은 이 연구를 한국적 정치학에 호의적인 학자에게 보여 주었더니 아주 높이 평가했다는 사실이다. 원초적 거부감을 가진 사람과 호의를 가진 사람이 같은 글을 두고 극단적으로 다른 평가를 하는 것은 결국 패권과학을 둘러싼 힘겨룸을 보여 주는 것이라 할 수 있다.

II. 학문의 수준?

한국적 정치학에 대한 거부감의 두 번째 원인은 학문적 '수준'과 독자성·독창성 사이의 우선순위에 관련된다. 그런데 여기에는 역시 궁극적으로는 패권과학의 기득권 보호라는 권력 현상이 그 뒤에 숨어 있다. 과학패권자들이 말하는 학문의 수준이란 주로 '완성도'를 말한다. 그러나 학문의 수준에는 다른 기준들도 있을 수 있다. 그중 (위 심사자가 나를 비판한 빌미가 되었던) '독창성'은 완성도 못지않게 중요하다. 그러나 기성학계는 독창성보다는 완성도를 더 선호한다. 기존 학문체계 안에서 좁고 꼼꼼하게 논문 작성하는 것을 새로운 쟁점이나 이론을 제시하는 것보다 더 선호한다는 말이다. 이 역시 패권과학의 패권이 표현되는 한 방식이라 볼 수 있다. 이에 대해서는 다른 곳에서 이미 자세히 다루었으므로 그것을 참고해 주기 바란다(김영명 2006). 여기서는 간단하게만 언급하고자 한다.

위 심사자는 이어서 다음과 같이 말했다.

<blockquote>
한 가지 도움이 될 만한 정보를 소개하자면, 국제정치이론에 국한된 경우이기는 하지만 Kenneth Waltz의 *Theory of International Politics*(1979)와 Alexander Wendt의 *Social Theory International Politics*(1999) 앞부분에 언급된 이론적, 인식론적, 방법론적 고민들을 한번 참조하기 바란다. 오늘날 국제정치학이 미국 중심의 학문이라고 신랄하게 비판을 하고 있지만, 그러한 비판의 선봉에 서 있는 우리나라의 학자들이 과연 Waltz나 Wendt처럼 (미국 중심의 대가들이) 존재론적, 인식론적 고민들을 충분히 곱씹은 상태에서 어떤 연구작업들을 진행해 왔는지 한번 되새겨 볼 일이다. 미국 중심의 학문이 그동안 세계를 지배해 온 데에는 나름의 이유가 있을 것이다. 그러한 이유가 무엇인지 제대로 파악하지 못한 채 그저 '우리의 것'만을 외치는 것은 결코 학문세계에서의 승리를 보장하지 못한다. 지난 반세기의 한국 국제정치학 역사가 이를 반증[4]해 준다.
</blockquote>

글투는 무척 의기양양하나, 이런 생각이야말로 한국적 정치학을 실현하기 위해 가장 먼저 극복해야 할 생각이다. 웬트나 월츠와 같은 이론을 내놓지 못할 바에는 한국적 정치학을 거론하지 말라는 생각 말이다. 이 문단이야말로 그 심사자가 한국적 정치학에 원초적인 거부감을 갖고 있다는 증거가 될 수 있다. 이런 사람에게 심사를 맡긴 편집 책임자 역시 같은 부류의 학자라는 사실도 쉽게 유추할 수 있다. 마르크스주의 논문 심사를 신자유주의자에게 맡기는 것과 같은 이런 행위가 옳은 것일까? 그것이 특정 학파 소유의 학술지가 아니라 정치학계 전체를 대표하는 학술지인데 말이다.

이런 생각을 따른다면, 종속이론이나 관료적 권위주의론, 일본의 동질사회론 등등은 모두 시도할 가치가 없는 것들이다. 그러나 학문의 발전은 언제 어디서나 모두 초기 단계 또는 개척 단계를 거쳐야

---

4) '반증'은 반대임을 증명한다는 뜻이니 잘못 선택한 용어이다. '증명'이 옳은 말이다.

한다. 위와 같은 생각에 빠져 있으면 한국은 언제나 지식수입국을 벗어날 수 없고, 한국 학자들은 지금과 같은 지식 수입상을 벗어날 수 없다. 미국의 사회과학이 유럽 학문의 영향을 받으면서 동시에 이를 극복하고 독자적인 세계를 구축할 때도 그런 초기 단계를 거쳤다(로스 2008). 반드시 거쳐야 할 단계이니 그럴 수밖에 없다. 이와 밀접히 관련된 문제가 학문의 보편성 문제인데, 이에 대해서는 이 책의 다른 장에서 다룬다.

이렇게 패권과학의 철옹성이 견고하기 때문에 한국적 정치학에 호의적인 학자들도 자기 나름대로의 독창적인(반드시 한국적이 아니더라도) 작업에 선뜻 나서기를 꺼리는 경우가 많다. 한국 사회과학의 대외 의존을 반성 또는 비판하는 학자들도 자신이 직접 나서서 상황을 개선하려고 하는 경우는 드물다. 그것 역시 무엇보다도 주류 학계의 패권과 거부감 때문이다. 한국적 정치학을 추구하면 기성학계에서 인정받기 어렵고 취직이나 승진도 어려운 현실적 손해가 있다. 학술적인 면만 보아도, 독창적인 학술 작업은 그 자체가 어려운데, 주류 학계에서 공격당하거나 무시당할 위험을 무릅쓰고 독자적 학문체계를 시도하기는 더욱 어려운 것이다.

이런 여러 가지 까닭 때문에 한국적 정치학의 정립은 아직도 담론 단계를 크게 벗어나지 못하고, 실제 연구 성과를 축적시키지 못하고 있다. 이런 상황을 한시바삐 탈피해야 하는데, 이는 결국 문제의식을 가진 학자들이 서로 연합하고 단결하여 하나의 학파를 형성해 나가는 수밖에 없다. 특히 대학에서의 승진이나 재임용의 질곡에서 벗어난 중견 학자 이상 경력의 학자들이 좀 더 관심을 가지고 적극적인 실천 작업에 나설 것을 기대한다. 이를 위해서는 대학교수의 연구업적 평가기준이나 주요 학술지들의 평가기준이 좀 더 다양화되고 '열린 사회과학'(김웅진 2009)을 지향해야 할 필요가 있는데, 이는 학술 연구 자체의 범위를 벗어나는 일이라 여기서는 논의를 생략하기로 한다. 하지만 무엇보다 문제의식을 가진 개개인들이 좀 더 실천 의지를 가지고 협력해 나갈 필요가 있다는 점을 강조한다.

III. 결론

문제가 된 내 논문의 초록은 다음과 같다.

한국적 또는 자아준거적 국제정치학의 필요성에 대해서는 지금까지 많은 논의들이 나왔으나, 그것들은 다음과 같은 한계를 보였다. 1) 주로 현 상황에 대한 원론적인 비판과 문제 제기에 그쳤다. 2) 개선 방안들도 안 나온 것은 아니나 별로 구체적이지 못했다. 3) 현실을 개선하려는 실제 연구 노력이 미흡했다. 4) 한국적 국제정치학의 실제 성과물이 없지 않았으나, 이에 대한 평가가 제대로 이루어지지 않았다. 5) 그래서 한국 국제정치학의 대외 의존성이 제대로 개선되지 않았다.

한국적 국제정치학 연구를 위해서는 세계관의 근본적인 변화나 역사, 전통의 심도 있는 연구가 선행될 것을 염두에 두는 근본 접근보다는 한국의 국제정치 현실에 입각한 독자적인 시각이나 분석 틀 확립에 중점을 두는 '실용 접근'이 더 유리하다.

지금까지 한국적 국제정치학을 시도한 소수의 저술들은 모두 이러한 실용 접근을 채택하였다. 그것이 더 쉽고 가능한 방법이기 때문이다. 이는 미국 국제정치학과의 단절을 의미하지 않고, 그 성과를 이용하되 한국의 처지에 맞는 개념과 분석 틀을 개발할 것을 목표로 삼는다. 이런 방법을 통해 점진적이고 부분적으로 국제정치학의 한국화를 진행시키는 것이 바람직하고 가능한 방법이다.

그런데 문제의 심사자는 다음과 같이 그 논문을 비판하였다. 1) 지금까지 한국적 국제정치학을 위한 담론이 매우 풍부하고 깊은데, 이를 제대로 살펴보지 않았다. 2) 논의가 추상적 담론을 되풀이하는 데 그치고, 한국적 국제정치학을 위한 구체적인 방법론을 내놓지 않았다. 3) 단행본만을 평가 대상으로 삼고 수많은 학술논문은 보지 않았다. 4) 미국 국제정치학의 정교함에 필적하지도 못하면서 '우리 것'만 외치는 것은 부질없는 짓이다.

논문 초록과 비교해 보면 알겠지만, 이 비판들은 내 논문의 핵심 내용을 비껴나 있다. 한마디로 빗나간 비판이라는 말이다. 어쨌든 그 점은 차치하고라도, 비판의 내용 또한 나로서는 '전혀' 수긍할 수 없는 내용이다. 그 이유는 다음과 같다. 1) 그 논문이 빠뜨린 한국적 국제정치학의 담론은 없다고 생각한다. 게다가 논문의 핵심 주제는 담론이 아니라 실제 연구 성과에 있었다. 2) 그 논문은 '한국적 국제정치학을 하자'는 추상적 담론을 되풀이한 것이 아니라, 오히려 그러한 되풀이를 비판하면서 실제 연구 성과들을 평가한 것이었다. 더구나 한국적 국제정치학을 위해 근본 접근이 아니라 실용 접근(즉 방법론)을 취할 것을 제안하였다. 3) 국제정치 현상에 대한 한국적인 분석을 의식적으로 시도한 학술논문은 내가 알기로는 없다. 혹시 있을지도 모르나, 그것은 심사자가 제시할 몫이다. 또 설사 존재하는 소수의 논문을 빠뜨렸다고 가정하더라도, 그것이 중대한 흠결은 될 수 없다고 생각한다. 4) 미국 국제정치학의 '존재론적, 인식론적 고민'에 필적하는 우리 것을 내놓아야 하며, '미국 중심의 학문이 그동안 세계를 지배해 온 데에는 나름의 이유가 있을 것'이라는 생각이야말로 우리가 한국적 국제정치학을 이루기 위해서 반드시 극복해야 할 학문적 태도이다.

나는 문제의 심사평이 그 심사자 한 사람의 견해가 아니라 한국 국제정치학계의 기본 정신을 대변한다고 본다. 그것은 미국 중심 패권과학의 우위와 지배를 신봉하면서 그 패권에 대한 작은 비판이라도 용납하지 않으려는 학문 권력 현상이다. 이를 극복하려는 현실적인 노력이 한국적 학문을 실제로 만들어 나가는 학문적 작업과 병행되어야 하리라 본다.

참고문헌

강원택. 2009. "한국 정당 연구에 대한 비판적 검토", 『한국정당학회보』 제8집 2호, 119－141.

김영명. 2006. 『우리 정치학 어떻게 하나?』. 서울: 오름.

김영명. 2008. "한국의 정치 변동과 민주화", 한국 정치학회 편, 『정치학 이해의 길잡이』 제7권 『한국 정치』. 서울: 법문사.

김용호. 2008. "한국 정당 연구의 학문적 정체성 확립을 위한 성찰", 『한국정당학회보』 제7집 2호, 65－81.

김웅진. 2009. 『과학패권과 과학 민주주의』. 서울: 서강대학교 출판부.

로스, 도로시 저. 2008. 백창재·정병기 공역. 『미국 사회과학의 기원 1』. 서울: 나남.

하영선·남궁곤 편저. 2007. 『변환의 세계 정치』. 서울: 을유문화사.

한국적 정치학의 주요 쟁점과 실현 방안[*]

　지금까지 한국 정치학의 정체성 문제는 많은 논의의 대상이 되었
다(이용재·이철순 2006; 김영명 2006a; 하용출 편, 2008). 그 주요
내용은 한국의 정치학이 외국 특히 미국 정치학에 너무 의존하고 있
어서 이를 탈피하고 한국 정치학의 독자적인 정체성을 확립해야 한
다는 것이었다. 그러나 그런 담론은 비교적 풍성하였지만 두 가지
점에서 한계를 보였다. 하나는 그 담론들 안에서 구체적인 쟁점들에
대한 담론자들 사이의 상호 토의가 부족했다는 점이고, 다른 하나는
그 담론에 입각한 실제 연구 사례들이 드물었다는 사실이다. 말하자
면 비슷한 내용의 담론들이 간간이 제시되는 가운데, 담론 자체가
더 구체화되지 못했고, 담론과 실제 연구가 유기적 관계를 맺지 못
했다는 말이다. 한국적 정치학을 의도한 실제 연구들이 없었던 것은

---

[*] 이 글은 『한국정치연구』 제19집 1호(2010)에 실렸던 것이다.

아니지만, 그것들은 한국적 정치학의 담론 내용과는 비교적 무관하게 이루어졌다고 할 수 있다.

이 연구에서는 이러한 문제들에 대해 토의하고 한국적 정치학을 실제로 수행하기 위해 바람직한 방향을 제시해 보고자 한다. 그런데 먼저 말해 두고 싶은 것은 한국적 정치학의 담론에 관련되는 가능한 문제들을 모두 토의할 수는 없다는 사실이다. 그런 토론은 아직 무르익지 않았기 때문에 초기단계에서 중요하다고 생각되는 비교적 근본적인 문제들을 먼저 토의하고, 그 다음에 실천의 중요성을 고려하여 한국적 정치학을 이루기 위해 가능한 접근법들에 대해 토의하고자 한다.[1] 그 문제들은 한국적 학문의 성격 및 범위와 그 주체에 관련되는 것들이다.

I. 한국적 정치학의 성격과 범위

1. 한국적 정치학의 성격과 적용 범위

한국적 학문에 대한 가장 기본적인 질문은 그것이 과연 무엇을 의미하는가 하는 질문일 것이다. 이를 이해하기 위해서 우선 한국적 학문과 비슷하게 사용되는 용어들을 돌아볼 필요가 있다. '자아준거적 학문'이나 '자생적 학문' 같은 말들이다.

우선, 많이 쓰이고 있는 자아준거적 학문이라는 말을 보자(문승익 1975; 정윤재 1999a). 자아준거적이라는 것은 어떤 문제를 파악하고

---

1) 이 연구의 논의들은 정치학에 초점을 맞추었지만, 사실 다른 사회과학 분야, 때로는 인문학 분야에도 대체로 적용된다고 할 수 있다. 따라서 정치학, 사회과학, 학문 등의 용어가 경우에 따라 교차된다.

분석하는 데 남을 기준으로 삼지 말고 자기 자신을 기준으로 삼는 태도와 행동을 말한다. 다시 말해 한국 사람이면 한국의 문제를 한국인의 눈으로 보고 한국 실정에 맞는 해결책을 강구하는 것을 말하고, 여성이면 여성으로서 가지는 특유한 문제를 여성의 눈으로 관찰하고 분석하며 이에 맞는 해결책을 찾는 것을 말한다. 그것과 반대되는 타자 준거적인 행동은 남이 만들어 놓은 문제를 남의 눈을 빌려서 보고 해석하는 것을 말한다. 한국의 학문이 지금껏 대체로 남이 설정한 문제를 남의 눈과 분석 도구, 이론을 빌려서 연구해 왔다는 점은 지금까지 많이 지적되어 왔기 때문에, 여기서는 되풀이하지 않는다. 문제는 이를 해결하기 위해서 어떻게 할 것인가에 모아진다.

자아준거적인 학문은 대개 그 자아, 즉 '나'가 속해 있는 집단이나 사회 속에서 나올 수 있다. 다시 말해 한국의 고유한 문제를 연구하는 학문은 한국 안에서 나오는 것이 자연스럽고 미국이나 독일에서 나오기는 매우 어렵다. 그래서 '자생적'인 학문이 문제가 된다. 그렇다고 해서 자아준거적인 학문이 모두 자생적이거나 그래야 한다는 의미는 아니다. 실제로 한국 안에서 고유하게 나타났다는 의미에서 한국의 자생적인 학문을 찾거나 수립하는 것은 매우 어렵다. 한국 역사에서 한국의 자생적 학문이 언제 있었을까? 잘 생각나지 않는다. 한국에서 내세울 만한 고유한 학문이 있었다면 그것은 앞선 외국 학문을 받아들여서 그것에 한국적인 독특성을 가미한, 선진 외국 학문의 한국적인 '토착화' 정도가 아니었을까? 우리의 학문 환경으로 볼 때 지금 단계에서 자생적 학문을 기대하는 것은 어려울 것 같다. 그렇지만 외국 학문을 이용하여 이에 한국적인 면모를 '많이' 가미하여 독창적인 이론이나 연구 결과를 내놓았다면, 그것을 느슨한 의미에서 자생적 학문이라고 할 수도 있을지 모른다.

그런데 자생적이지 않더라도 한국적인 학문을 세울 수 있다. 곧, 외국 학문에서 제대로 다루지 않는 문제 중에서 한국에 중요한 문제를, 외국인의 시각과 이론에 입각하지 않고 연구자 나름대로의 고유한 분석 틀을 사용하여 비교적 독창적인 연구를 하면 그것이 한국적인 연구가 될 수 있다. 여기서 '많이'라든가 '비교적'이라는 말이 문제가 될 수 있다. 독창성이 어느 정도면 비교적 독창적이라고 말할 수 있는가 하는 점이다. 이에 대한 고정된 답은 있을 수 없다. 생각하는 사람에 따라 다를 것이고, 추구하는 목표에 따라 다를 것이기 때문이다. 그렇지만 어쨌든 그런 비교적 독창적인 연구가 된다면 비교적 한국적인 연구로 규정될 수 있으리라 본다.

한국적인 연구는 기본적으로 자아준거적인 연구이다. 곧 자기를 기준으로 하여 자기의 문제를 연구하고 자기에게 맞는 평가를 내리고 해결책을 강구하는 것이다. 남이 아니라 자기가 기준이 된다는 말이다. 그런데 한국적인 연구는 이에 하나 덧붙여 한국의 '말과 글'로 연구하는 것을 말한다. 되도록 한국어 개념을 개발하여 사용하는 것을 말한다. 이렇게 보면, 한국적인 정치학은 '정치 현상을 한국인의 눈으로 보고 한국인의 말로 연구하는 것'을 말한다. 더 자세하게 말하면, **한국인에게 중요한 문제에 대하여 한국인의 시각을 확립하고 한국어로 된 개념을 개발하며 더 나아가서는 한국학계 고유의 이론이나 방법론을 수립하여 연구하는 것**이다. 이 모두 매우 어려운 일이기 때문에 한꺼번에 다 이룰 수는 없다. 어느 하나든 먼저 착수하거나 모두를 조금씩 추구하거나, 어떤 방법을 사용하든지 점진적으로 단계를 밟아 나갈 수밖에 없다.

그러면 한국적인 정치학은 한국 정치만을 다루는 것인가? 그렇지는 않다. 국제 관계나 외국 정치, 기타 정치학 대부분의 분야를 한국적으로 연구할 수 있다. 그럴 경우에도 역시 국제관계, 여성 정치, 환경 정치, 일본 정치 기타 등등에서 한국인에게 중요한 문제가 무엇인지를 포착하고 이에 대해 고유한 개념, 분석 틀, 이론을 수립하면 이것이 바로 한국적인 국제관계론, 한국적인 여성 정치론, 한국적인 일본 정치론이 될 수 있다. 국제정치 연구 분야에서 이런 문제의식이 많이 제기되었는데, 이는 강대국과 달리 한국이 처한 독특한 국제정치적인 위상 때문일 것이다(하용출 편 2008; 김영명 2009).

정도는 덜하나 다른 분야에서도 얼마든지 비슷한 경우를 볼 수 있다. 한 보기로, 미국 학자들이 일본의 유교문화와 집단주의를 일본 경제성장의 중요한 요인으로 보고 미국의 개인주의 문화와 비교한다면, 우리는 한국의 유교문화와 일본의 유교문화가 어떻게 다른지, 한국의 집단주의와 일본의 집단주의가 어떻게 다른지, 또 그런 차이점들이 두 나라의 정치와 경제에 어떤 작용을 하는지에 관심을 기울일 필요가 있다. 이런 것이 바로 한국적인 일본 연구라고 할 수 있다. 여성 정치에 관해서도 마찬가지이다. 미국 여성의 사회경제적 처지와 한국 여성의 사회경제적 처지가 다를 것이고 또 가정에서의 지위와 역할도 서로 다를 것이다. 이런 다른 점들이 어떻게 두 나라의 여성 정치에 영향을 주는가를 연구한다면, 그 또한 한국적인 여성 정치 연구가 될 것이다.

이렇게 보면 한국적인 정치학은 정치학의 거의 모든 분야에 적용될 수 있다. 그렇지만 그것이 가장 중요한 분야는 아무래도 한국 정치 분야가 아닌가 한다. 한국인으로서 한국의 정치 현상에 관심을

가질 수밖에 없고, 외국 학계에서 한국 정치 연구를 활발히 하기를
기대하기는 어렵기 때문이다. 한국 정치 연구는 아무래도 한국 정치
학계에서 주도할 수밖에 없는바, 그것을 자아준거적으로 하는 것이
중요하다. 실제로 요즘 들어 한국 정당 연구를 자아준거적으로 해야
한다는 주장(김용호 2008; 강원택 2009)을 비롯하여, 이에 대한 자각
뿐 아니라 실제 노력이 일어나고 있음은 고무적인 일이다.

2. 본질주의 논란

우리 것, 우리 학문, 이런 말을 하다 보면 으레 부딪히는 질문이,
'우리'가 과연 누구인가 하는 질문이다. 이에 대한 대답은 다음과 같
다. 즉, 여기서 말하는 우리란 한국 사람을 말하고 우리 문제란 한국
인에게 중요한 문제를 말한다. 우리 눈이란 한국인의 눈을 말하고,
우리 역사란 조선－한국의 역사를 말한다. 더 깊은 인류학적이거나
문화적이거나 철학적인 논의까지 들어갈 필요는 없어 보인다. 여성,
장애인, 동아시아인, 심지어 인류(!) 등등 다른 '우리'가 다양하게 있
을 수 있고, 이에 따라 각각 다른 '우리' 학문을 생각할 수 있다. 그
러나 여기서는 첫째 이 연구의 관심사가 한국적인 정치학이고, 둘째
주류 이론에 대하여 특히 독자성이 문제시되는 분야가 민족국가 단
위로 갈라지는 분야이기 때문에, 여기서 말하는 우리 학문은 바로
한국의 학문, 또 한국적인 학문을 말한다.[2]

그런데 이런 생각에 대한 반대도 만만치 않다. 가장 강력한 반대
는 학문의 '보편성'을 주장하여 한국적 학문 자체를 부정하는 경우이

---

2) 더 자세한 논의는 김영명(2006a).

지만, 학문이나 문화의 대외의존을 비판하는 쪽에서도 반대는 나온다. 앞의 경우는 나중으로 돌리고, 여기서는 우선 뒤의 것부터 보기로 한다.

그 반대론은 한국 사회과학의 '식민성'은 비판하지만 각 문화실체들의 명확한 구분은 거부하는, 이른바 '본질주의' 반대론이다. 예를 들어 홍성민(2007, 402)은 "지금까지 우리는 외국과 한국이라는 이분법적 도식 속에서 '우리만의 것'이 우리 학문의 자생성을 충족시키는 진리라고 간주하는 오류를 범해 왔다."고 하면서 "서양과는 다른 차원에서 존재하는 우리만의 이론이라는 것이 가능한지를 다시 한번 생각해 보아야 할 것이다."(홍성민 2007, 403)라고 주장한다. 그의 주장은 한편으로는 공감을 일으킨다. 이 연구의 핵심 주장 중 하나도 한국적 정치학이 외국 정치학과 단절하기는 어렵다는 점이다. 이런 견해는 아래에서 볼 한국적 학문에 대한 '실용적' 접근에 주로 해당한다.

그러나 그의 주장은 좀 더 중요한 논란을 일으킨다. 그의 말대로 '외국과 한국이라는 이분법적 도식'을 부정한다면, 무엇에 근거하여 한국적 학문을 이룩할 수 있단 말일까? 그가 강조하는 것은 문화적 실체를 한국이나 미국 또는 프랑스 등으로 고정된 것으로 구분하는 것이 문제가 있다는 점일 것이다. 문화는 서로 소통하고 변화하는 것인데 이렇게 구분하여 학문을 접근하는 것이 문제가 있지 않은가 하는 의문이다. 또 한민족이나 한국의 고정된 실체를 정립할 수 있느냐 하는 문제 제기일 것이다. 탈식민 담론에서 흔히 쓰는 말로 나와 '타자'를 그렇게 구분할 수 있는가 하는 의문이다. 홍성민도 그래서 "……탈식민화의 작업 또한 나와 너라는 도식적인 구분을 넘어서는 더욱 총체적 문화 운동의 양상으로 전개될 수밖에 없을 것이다."라고 주장한다(홍성민 2007, 404).

뒤의 문장들을 읽어 보아도 마찬가지인데, 결국 그는 식민 문화와 피식민 문화의 일종의 '혼합'에서 길을 찾아야 하지 않느냐는 주장을 하고 있다. 그런데 극단적인 근본주의자가 아니라면 이런 주장에 반대할 사람은 없을 것이다. 완전히 고립된 사회가 아니라면 주변부가 중심부 문화를 완전히 벗어나는 일이 불가능하다는 사실을 부인하지 못할 것이다. 이렇게 보면, 탈식민론에서 흔히 제기하는 본질주의 비판은 어떻게 보면 방향을 잘못 잡았다고 할 수도 있다. 문제는 결국 어떤 형태의, 어떤 종류의, 어떤 비율의, 또 어떤 방식의 혼합일 때 우리는 그것을 한국적 또는 일본적 아니면 독자적 또는 종속적 학문이라고 분류할 수 있느냐 하는 점이다. 그런 점에 대한 논의가 아닌 이상 위 홍성민의 말이나 더 일반적으로 제3세계 탈식민 담론들은, 적어도 우리의 목적상으로는, 별 의미가 없을 것이다.[3]

더 철학적인 면에서 보자면, 탈식민론자들은 어떤 실체의 본질을 상정하는 것을 반대한다. 그러나 본질이든 아니든 어떤 실체가 존재하고 그것의 특정한 성격 역시 존재한다는 사실 자체를 부인하는 것은 문제가 있다. 존재하지 않는 것은 '변하지 않는' 실체이지 실체 그 자체가 아니다. 실체의 내용이 아무리 바뀌어도 일정 시점, 한순간에서의 특정 실체는 여전히 존재한다. 모든 다른 현상과 마찬가지로 한국 정치의 여러 모습들 역시 어느 정도든 변하고 있다. 그 변하

---

3) 한국의 탈식민 담론 자체가 서양의 탈식민 담론을 직수입한 것이라는 사실은 의미심장한 역설이다. 에드워드 사이드, 호미 바바 등 서양 탈식민 담론 주도자들이 원래 제3세계 출신이라는 사실을 감안해도 그렇다. Said(1978), 바바(2002). 탈식민주의의 쟁점들에 관한 논의는 무어 - 길버트(2001) 참조.

는 모습 또한 한국 정치의 한 부분이다. 그렇다고 하여 한국 정치의 특징이나 성격을 포착하지 못할 리는 없고, 그것에 대한 '한국적' 접근을 하지 못하라는 법도 없다. 우리가 한국이라는 실체를 상정하고 거기서 출발하지 않으면 한국적 학문을 얘기할 수 없고, 대한민국의 국익을 얘기할 수 없으며, 한국과 일본의 관계에 대해 논의할 수 없음은 자명하다.[4] 한국적 학문이 완전한 토착 학문이 아니라 외국 학문과 섞이는 것이라고 하더라도, 그 섞인 한국적 학문을 수행하는 당사자는 여전히 외국인과 구분되는 한국인이라는 실체이다. 더 나아가 그렇게 섞인 '한국적 학문' 역시 '외국 학문'과 '도식적으로 구분'될 수 있다. 이 역시 실체 대 실체의 대비이고, 본질 대 본질의 대비로 볼 수 있다. 지나친 본질주의는 바람직하지 않지만, 그 반대로 어떤 실체의 고유한 존재 자체를 부정하는 것 또한 또 다른 극단이다.

이렇게 보면 진정한 문제는 한국(학문)과 외국(학문)의 단절이나 구분 여부가 아니라 둘 사이의 구체적인 관계와 탈식민성 또는 한국성의 '정도' 문제라고 할 수 있다. 정치학이든 다른 문화 현상이든 어느 정도 한국적이면 이를 한국적이라고 평가할 수 있는가 하는 문제다. 그리고 한국적인 것과 비한국적인 것의 경계, 또 그 차이는 무엇인가 하는 문제이다. 이 문제는 한국적이든 아니든 얼마나 독창적

---

4) 이런 점에서 불교의 중관사상을 참고할 필요가 있다. 불교에서는 만물이 무상하다고 한다. 다시 말해 변하지 않는 실체는 없으므로 구름 같은 그 무상한 존재에 집착하지 말고 마음을 비움으로써 해탈할 것을 가르친다. 그러나 동시에 사람들이 본질이라고 '착각'하는 어떤 존재가 실제로 있음도 인정한다. 그런 존재마저 없다면 사람들이 "모든 것은 헛것이다. 이것도 없고 저것도 없다."고 하면서 허무주의에 빠져들 것이니, 이를 막기 위해 현상으로서의 존재를 인정하는 것이다. 실제로 초기 불교 시대에는 이런 허무주의에 빠져 자살하는 사람들이 많았다고 한다. 이런 배경 아래 나가르주나(용수)는 중관사상을 창시하였다. 실체가 없다는 것은 제1의제 또는 승의제라고 하고, 현상의 존재가 있다고 하는 것은 세속제라고 한다. 이 둘이 모순되는 것이 아니라, 둘은 하나의 다른 측면이다. 이것이 바로 중관사상이다.

이면 그 연구를 독창적이라고 평가할 수 있는가 하는 문제와 동일하다. 두 문제 다 정해진 답은 없다. 주관성이 매우 크게 작용할 수 있다. 물론 '순수하게' 한국적인 것은 없다. 있어 본 적도 없고 앞으로도 없을 것이다. 하지만 이런 말은 이 현상계의 모든 것에 적용되는 말이라 사실은 아무런 의미가 없는 말이다. 한국적인 것과 그렇지 않는 것의 경계가 모호하다고 하여 그 둘의 차이를 인식하지 못하라는 법은 없다. 한국적 정치학이 어느 정도 '한국적'인지에 대한 판단은 각각의 실제 연구 사례들을 보고 판단할 문제이며, 그 기준은 평가자 개인에 따라 달라질 수밖에 없다. 이 연구를 읽어 가면 그 나름대로의 기준을 발견할 수 있을 것이다.[5]

II. 주류 정치학과의 관계

이 절에서는 한국적 정치학이 '패권과학'(김웅진 2009)으로서의 주류 정치학과 어떤 관계에 있는지를 탐구하고, 한국적 학문을 논할 때 으레 제기되는 학문의 보편성과 특수성에 대하여 살펴보기로 한다.

1. 단절보다는 겹침

한국적 정치학과 아닌 것의 경계가 모호하다는 말은 한국적 정치학이 서양 주류 학문을 통째로 거부하는 것이 아니라는 말로 이어진다. 그런 단절을 시도할 수는 있겠지만, 실현 가능성이 커 보이지는

---

5) 사실 이런 사변적인 논의는 한국적 학문을 실천하는 데 별 도움이 되지 않는다는 것이 글쓴이의 생각이다. 오히려 실제로 한국적인 연구를 수행하는 데 노력을 기울이는 것이 더 중요하다. 그래도 이 문제는 한국적 학문을 얘기하다 보면 늘 부딪히는 질문이라 굳이 거론하게 되었다.

않는다. 그러면 이 둘은 어떤 관계에 있을까? 그 관계는 여러 가지가 있을 수 있다. 즉, 빠짐(매몰)에서 섞임, 겹침(절충, 혼합), 끊기(단절), 무관계까지이다. 이 가운데 한국적 학문은 외래 학문과의 섞임에서 무관계까지를 말한다. 하지만 앞에서도 말했듯이, 기존 주류 학문과의 단절은 현실적으로 어렵다. 따라서 현재 실현 가능한 범위를 잡아야 한다. 위의 용어로 보면 섞임과 겹침이다.

둘 사이의 지적 단절이 비현실적인 이유로는 무엇보다 지적 작업에는 보편성이 존재한다는 점을 들 수 있다. 예를 들어, 중국 사람들이 중국 정치를 연구하는 것과 미국 정치학이 미국 정치를 연구하는 것에는 보편성이 존재한다. 그 경향과 사용하는 개념과 철학적 기반이 아무리 다르다고 해도, 특정 사건의 현상을 관찰하고 그 원인과 결과의 관계를 분석하고, 대책을 마련하는 일련의 지적 작업은 공통된 것이다. 북한의 사회과학이 아무리 남한의 사회과학과 달라도 정치제도를 살피고 정치인의 사상과 행태를 연구하고 그 둘의 관계를 설정하고 하는 일련의 '정치학' 작업이 다를 리는 없다. 그런 학문의 보편성은 기본이고, 그 기본의 바탕 위에 다름과 특수성들이 존재하는 것이다. 여기서 기본적 공통성과 다름의 특수성 가운데 어느 것이 더 비중이 큰지를 일률적으로 따질 수는 없다. 마치 남자와 여자가 같은 사람인데, 이 둘이 사람으로서의 같음이 더 중요한지 성별 차이가 더 중요한지를 일반론으로 따질 수 없는 것과 같다. 문제 되는 사안에 따라 다를 수밖에 없다.

한국적 학문과 서양 주류 학문의 관계도 마찬가지다. 한국 정치와 외국 정치의 보편적인 부분에 대해서는 서양 주류 정치학에서 발달한 이론과 방법론을 받아들이고 이용하면 된다. 이것으로 안 되는 한국의 특이한 상황에 대해서는 자아준거적인 접근과 새로운 분석 틀이나 이론이 필요한데, 이 경우에도 주류 정치학과의 단절이, 그럴 경우도 있을 수 있으나, 반드시 필요한 것은 아니다. 한국적 특수성을 연구하기 위해서도 외국의 '보편적' 이론들을 활용해야 할 경우가 있을 것이다. 즉, 한국 정치의 특이한 현상에 주목하여 고유한 분석 틀을 시도하는 학자라도 미국 정치학의 선진이론들을 활용해야 할 경우들이 있을 것이다.

이러한 상황, 즉 앞선 외래 이론과의 단절보다는 일종의 겹침을 통하여 자아준거적인 이론을 창출하는 경우는 외국의 사례를 통해서도 입증된다. 그 사례들로는 남미의 종속이론, 관료적 권위주의론, 해방신학, 일본 천황제론, 독일 국가학, 미국 사회과학 등등을 들 수 있다. 이들은 모두 연구자들이 자기가 처한 현실을 이해하고 설명하고 개선하기 위해, 외국 이론에 의존하지 않고 자신의 고유한 이론이나 학풍을 만든 경우들이다. 하지만 동시에 선진 외래 이론들과 완전히 단절했다기보다는 어느 정도(어느 정도냐가 문제가 되기는 한다.) 관계를 맺거나 공통점이 있다고 할 수 있다.

예를 들어 종속이론은 남미의 불평등한 사회경제적 현실을 이해하기 위해 미국의 근대화론을 비판하면서 나온 것이지만, 그것이 거꾸로 미국 학계에 수출되었다. 그 방법론은 역사구조적인 방법인데 당시 미국 학계를 풍미하던 계량적 방법과는 다르지만, 그 역사구조적 방법론이 남미에서 나왔다고 할 수는 없고 유럽이나 미국에도 이전부터 있던 한 연구 방법이라고 할 수 있다. 종속이론과 같은 종류의 한국적인 정치학 이론을 만들어 보자는 것이 이 연구에서 주장하는 핵심이다.

2. 사회과학의 보편성과 특수성

그런데 그렇다고 하더라도 자아준거적인 사회과학들은 외래 이론의 보편성을 신봉하기보다는 그 자아가 처한 특수성에 주목함으로써 이루어졌다. 종속이론이나 관료적 권위주의론은 물론이거니와, 우리가 사회과학의 토대로 삼고 있는 미국 사회과학도 사실은 유럽과는 다른 미국의 특수한 사회적 환경에서 이를 설명하고 개선하기 위해 나타난 것이었다. 그 과정을 집대성 연구한 로스에 따르면, 미국 사회과학의 역사는 '예외주의 국가 이데올로기'에 입각하고 그에 대한 도전에 대처하면서 새로운 방향을 모색해 온 역사이다(로스 2008).[6] 미국이 만약 자신의 고유한 사회적·국제적 환경에 둔감하여 유럽 구대륙의 학문을 그대로 이어받았더라면 과연 지금과 같은 독자적이면서 동시에 세련된 사회과학을 일굴 수 있었을까? 미국의 국제정치학과 지역학이 미국의 세계 제패를 위한 학문적 필요에서 나왔고(김명섭 2001), 토머스 홉스의 '만인에 대한 만인의 투쟁' 이론이 내전에 휩싸인 당시 영국 정치체제를 구하기 위해 고안된 이론이라는 사실은 잘 알려져 있다.

그런데 이렇게 특정 문화나 지역의 특수한 현실과 특수한 경험에서 나온 특수한 이론이나 방법론이 지적인 헤게모니를 장악하게 되면 마치 보편적인 것처럼 보이게 된다. 왜냐하면 그것이 다수인 주류 학자들이 채택하고 사용하고 인식하는 것이기 때문이다. 미국에 연원을 둔 신자유주의 경제학이 개인주의와 자유주의 문화를 반영

---

6) 로스 자신은 이런 예외주의 국가 이데올로기에 비판적이다. 미국의 독특성에 대한 강조도 과장되었다고 본다. 그러나 과장되었을지라도 유럽과 미국의 차이점은 분명히 존재한다. 그런 차이에 대한 미국인들의(과장된?) 인식이 미국 사회과학의 바탕이 되었다는 점이 로스 연구의 핵심을 이룬다.

한 특수한 것인데도, 전 세계에 퍼져 지적·정치적 권력을 행사함으로써 마치 그것이 보편적 진리인 것처럼 행세했던 것이 좋은 보기가 될 것이다. 이렇게 보면 사회과학의 보편성을 들어 한국적 정치학의 존재 이유를 부정하기는 어려워 보인다.

학문의 보편성을 주장하는 학자들은 미국의 사회과학이 보편적인 것처럼 말하지만 그렇지 않다는 사실은 위 로스의 말이 잘 전해 준다. 『미국 사회과학의 기원』이라는 책 본문의 바로 첫 문장이다(로스 2008, 21).

> 미국 사회과학은 미국적 기원이라는 뚜렷한 특징을 지니고 있다. 실용주의나 프로테스탄트 근본주의 또는 추상적 표현주의와 마찬가지로, 미국 사회과학은 근대 미국 문화의 독특한 산물인 것이다. 미국 사회과학이 지닌 자유주의적 가치라든가 실용주의적 경향, 희박한 역사적 상상력, 기술주의에 대한 확신 등은 바로 20세기 미국의 두드러진 특징들인 것이다.

그럴 수밖에 없다. 사회과학이 자신이 탄생한 지역과 문화에 구속되는 것은 지극히 당연하다. 그러면 학문이나 지식의 보편성은 없다는 말인가? 그렇지는 않다. 그것은 분명히 존재한다. 인간의 보편적인 모습, 즉 사는 모습, 즐기는 모습, 슬퍼하는 모습, 죽는 모습들은 언제 어디에나 있다. 이런 모습들에 대한 사회과학 이론은 보편적 이론이 될 수 있다. 그런데 그것이 구체적으로 나타나는 모습은 문화에 따라 지역에 따라 시대에 따라 다르다. 그런 다른 모습들의 다른 만큼이 특수성을 구성한다.

그러면 보편성과 특수성은 서로 대립되는 인간 모습의 두 측면인가? 그렇지 않다. 보편성과 특수성은 대립되지 않고 서로 밀접하게 상호 작용하며, 연구자에게는 서로 보완적인 관계를 이룬다. 우선, 각 지역이나 문화의 특수성에 관한 연구를 모으면 거기서 일종의 보편성을 찾아낼 수 있다. 다시 말해 특수성이 쌓이면 거기서 보편성을 뽑아낼 수 있게 된다. 그렇게 해서 보편성의 덜 보편적인 면모를 더 정교하게 만들 수 있다. 다시 말해, 특수성에 대한 관심에서 보편성을 추출할 수 있다는 말이다. 예를 들어, 일본 사회를 동질사회 또는 수직 사회라고 규정한 분석이 이전에 많은 관심을 끌었는데, 그것은 분명히 일본 특수성에 관한 연구이다(나카네 1996). 그러나 그것은 동시에 사회구조와 문화 연구에 관한 비교연구의 비옥한 토양을 제공함으로써 학문 보편성을 수립할 수 있게 해 준다. 다시 말해, 일본은 수직적인데 인도는 수평적이라고 한 나카네의 주장에서 한 걸음 더 나아가면, 수직 사회와 수평 사회의 사회구조와 구성원의 행태에 관한 일반 법칙을 추출해 낼 수 있다. 그렇게 되면 사회구조와 인간 행동에 관한 보편 이론을 만들 수 있다. 물론 이것은 이론적으로 그렇다는 말이고, 실제로 이런 일반 법칙을 만드는 것은 매우 어렵다. 그러나 그것은 사회과학이라는 학문 자체에 내재한 어려움이지 특수성에 관한 연구에서 출발했기 때문에 생기는 어려움은 아니다.

한 사회를 이해하는 데에는 보편성 못지않게 특수성이 중요할 수 있다. 그 반대의 경우도 물론 많이 있다.[7] 미국 사회과학의 경우처

---

7) 여기서 특정 정치 현상의 '특수성'과 '중요성'을 구분할 필요가 생긴다. 특수하면서 중요한 문제도 있고 중요하지 않은 문제도 있을 것이다. 또 보편적이면서 중요한 문제도 있고 그렇지 않은 문제도 있을 것이다. 여기서 특수성에 주목해야 한다는 말은 물론 특수하면서도 중요한 문제의 경우를 말한다. 한국 정치의 경우, 분단, 압축 성장, 고유한 정치문화, 특이한 지역주의 등을 들 수 있으리라 본다.

럼, 자아준거적인 한국 정치학을 수행하는 효과적인 한 방법이 바로 이런 특수성에 주목하는 것이다. 한국 정치 현상에도 보편적인 것이 특수한 것보다 더 많을지 모르지만, 한국적인 정치학은 그중 보편적 면모보다는 특수성에 입각한 연구를 수행함으로써, 그 독자적 정체성을 더 잘 살릴 수 있다. '보편적' 정치학 연구는 미국 학자들이 풍부하고 정교하게 하고 있기 때문에 이를 이용하면 되지만, 한국의 특이한 현상들에 대해서는 한국 학자들 스스로 이론 개발을 할 수밖에 없다. 그러나 현실은 그렇지 못하다. 정당이나 선거 또는 정치경제에 관한 '보편적' 이론들을 통해 한국 정치 연구가 매우 풍부하게 이루어지고 있지만, 그 서양 이론들이 탄생한 배경과 다른 한국 정치의 특수한 면모들은 제대로 포착되거나 연구되지 못하고 있다. 예컨대, 한국 정당정치에 서구 이론들이 과도하게 적용되어 현실을 제대로 반영하지 못하며(김용호 2008; 강원택 2009), 한국에 특수한 조건인 분단 상황이라든가 압축 성장이 정치과정에 미치는 영향이 본격적으로 다루어지지 않고 있다.[8]

III. 한국적 정치학의 실현 방안들

지금까지 한국적 정치학에 관한 기본 쟁점 몇 가지를 논의하였다. 이제 한국적 정치학을 실제로 이루기 위해서 어떤 노력을 해야 하는지를 알아보자. 이를 위해 우선 한국적 정치학을 향한 그동안의 노력들을 간단히 소개한다.

---

8) 한국 정치의 특수성에 관한 지식인들의 관심은 일상 대화나 평론집 같은 곳에서나 볼 수 있을 뿐이다(강준만 2006). 그것은 학문적 연구에 비해 쉽기 때문이다.

1. 한국적 정치학을 향한 지금까지의 노력들

지금까지 나타난 한국적 정치학에 대한 문제 제기와 시도는 몇 가지로 나누어 생각해 볼 수 있다. 이에 대해서는 다른 곳에서 비교적 자세히 다루고 있으므로(김영명 2006a; 이용재·이철순 2006), 여기서는 요점만 간단히 소개한다.

우선, 문제 제기나 예비작업에 해당하는 작업을 들 수 있는데, 이런 작업들이 지금까지 대부분을 차지한다. 문승익(1975), 하영선 (1988) 등이 초기의 보기이고, 최근에는 정당론에서 김용호(2008), 강원택(2009) 등이 더 구체화되고 세련된 논의를 내놓았다. 그 밖에도 비슷한 내용의 논문들이 많이 발표되었다(이용재·이철순 2006). 이들은 모두 이 연구에서처럼 한국의 실제 정치 현실에 입각한 독자적인 분석체계를 만들어야 함을 강조한다. 이는 한국적 정치학의 실제 연구를 수행하기 위한 일종의 예비적인 작업들이라 할 수 있다.

두 번째로는 (과학)철학적이거나 방법론적인 논의를 들 수 있다. 서구중심주의를 비판하거나 과학패권의 지배와 폐쇄성을 지적하고 새로운 독자적인 방법론을 만들어야 함을 역설한다. 김웅진(2009)은 서구 사회과학의 보편성 신화를 비판하고 과학패권을 탈피하여 과학민주주의를 이룰 것을 역설한다. 강정인(2004)은 한국뿐 아니라 세계 전체에 만연한 인식체계의 서구중심주의를 비판하고 이에서 탈피할 것을 주장한다. 홍성민(2007)도 비슷한 주장을 펼친다. 이런 작업들은 한국적 정치학 또는 한국적 학문 일반을 실제로 수행하기 위한 사상적·철학적 기초를 제공한다고 할 수 있다.

세 번째, 이러한 지적 바탕 위에서 실제로 한국적인 연구를 하기 위해 노력하는 경우이다. 이 경우는 그리 많지 않으나 처음 나타난 지는 사실 꽤 되었다. 국제정치학(이호재 1969; 이호재 외 2005), 한국 정치(김영명 2006b) 등의 분야에서 간간이 보인다. 이 저작들은 한국의 대내외적 정치현실에 입각하여 이를 설명하기 위한 저자들 나름대로의 분석 틀을 개발하여 적용하였다. 외교사 연구에서 한국인의 독자적인 시각을 강조한 김용구(2001)도 이에 속한다. 정치학 바깥에서도 "우리 눈으로 보는 서양사"(강철구 2009) 등의 의미 있는 연구가 나타났다. 이 둘은 공통되게 서양 중심적 역사 편찬과 해석을 비판하고, 한국인 또는 더 넓게는 비서구인의 시각에서 외교사나 서양사를 다시 써야 함을 강조하고 실제로 그렇게 하였다.

위 세 가지 가운데 앞 두 종류의 작업이 한국적 학문을 향한 지금까지 작업들의 대부분을 이루었다고 할 수 있다. 말하자면 그 기초 작업들이 비교적 풍부하게 나타났고, 실제 한국적인 정치학 연구는 아직 일천하다고 할 수 있는 것이다. 따라서 한국적 정치학이 자리를 잡으려면 그 기초 작업들뿐 아니라 실제 연구 업적들이 앞으로 많이 나와야 하리라 본다.

그러면 지금까지 나타난 실제 연구들은 어떤 접근법을 사용하였으며, 또 앞으로 어떻게 하는 것이 바람직할까?

2. 한국적 정치학의 여러 측면

이 연구에서는 한국적 정치학을 수행하기 위한 접근법을 두 가지 차원으로 나누어 검토하기로 한다. 하나는 한국적 학문을 어느 '측면'에서 접근하는가에 관련되며, 다른 하나는 어느 '정도'로 한국적인 접근을 할 것인지에 관련된다. 이 항에서는 먼저 한국적 학문의 여러 측면에 대해 알아본다. 한국적 학문은 이 모든 측면들을 동시에 시도할 수도 있고 그중 일부만 시도할 수도 있다.[9]

첫째는 '연구 대상'을 한국인의 삶에 직결되는 것으로 삼는 것이다. 예를 들어, 분단 상황의 정치적 의미라든가 강대국에 둘러싸인 신흥개발국의 외교 행태라든가 하는 것이 그런 연구 대상이 될 것이다. 한때 성행했던 한국의 지역주의에 대한 연구도 이런 범주에 속한다고 할 수 있다. 물론 한국 정치학이 한국 정치 현상을 풍부하게 연구하고 있기 때문에, 이런 점에서는 한국적 정치학이 이미 성립되어 있다고 할 수 있을지도 모른다. 그러나 한국을 대상으로 삼는다고 하여 한국적인 정치학이라 하기는 어려울 것이다. 그것이 어떤 시각과 문제 설정과 방법론을 동원하느냐에 따라 달라질 것이다. 아래에서 나오는 다른 요건들을 갖추거나 외래 이론이 품지 못하는 한국 정치 현상에 착안하고 연구할 때, 비로소 이를 한국적인 정치학 연구라고 할 수 있으리라 본다.

둘째는 한국적인 '시각'을 확보하는 것이다. 예를 들어 세계화를 연구할 때 세계 중심 강대국의 위치에서가 아니라 주변 약소국인 한국의 위치에서 보는 것이다. 지역 연구도 마찬가지다. 일본을 연구할 때 서양인들은 주로 서양적 정신과 일본적 정신을 비교한다. 서양적인 연구이다. 그러나 한국과 일본이 공통의 동양 정신 속에서 어떻게 다른가를 연구하면, 그것은 한국적인 연구가 된다. 이런 시각의 연구는 정치학계에서 아직 부족해 보인다. 서양 학계의 시각

---

9) 이 부분은 앞의 제1절 '한국적 정치학의 성격과 범위'를 좀 더 자세히 설명하는 것이라고도 볼 수 있다.

(서구중심주의)을 알게 모르게 추종하는 경우가 대부분이다.

셋째, 또 하나의 한국적인 연구 방법은 한국어로 사유하고 '한국어 개념'을 개발하는 것이다. 지금 주요 학술 용어들이 서양 말이나 그 번역어로 되어 있는데, 이를 극복하고 되도록 우리 정서와 우리 현실에 맞는 우리말을 개발하여 학문을 하는 것이다. 고유한 한국어 개념 개발이라는 측면에서 보면, 이런 형태의 한국적 학문도 아직 저발전 단계에 있다고 할 수 있다. 철학계 일각에서 '우리말로 학문하기'에 힘을 기울이고 있으나, 아직 뚜렷한 성과는 없는 것 같다.

넷째, 한국적인 연구 '방법론'을 개발하는 것이다. 서양에서 나온 여러 방법론들, 예를 들어 계량적 방법론, 실증주의 방법론 등등은 모두 그것이 탄생한 지역의 문화적 조건을 어느 정도든 반영한다. 우리도 우리 나름대로의 정신적·학문적 바탕에 입각한 한국적인 방법론을 생각해 볼 수 있다. 필자의 능력 부족으로 얼핏 떠오르는 것은 없다. 한국의 전통 학문이나 사상에 관심을 가진 이들이 이런 노력을 하고 있지만, 아직 구체적인 방법론으로 나온 것은 없는 것 같다.

다섯째, 위와 같은 여러 접근법들에 입각하여 우리 고유의 '분석 틀과 이론'을 개발하는 것이다.[10] 지금까지 나온 소수의 한국적 정치학 사례들은 대부분 이런 접근법을 사용했다고 할 수 있다. 고유한 분석 틀 개발은 위 네 가지 접근 모두를 포괄할 수도 있지만, 실제로 그렇게 하기는 어려우므로 그중 한두 가지에 입각하여 할 수도 있다. 한국 정치과정 연구에서 '3김정치'라는 독특한 현상을 '연구대상'으로 하여 이에 관한 한국어 고유의 '개념'을 개발하거나, 아니

---

10) 분석 틀이 변수들 사이의 비교적 단순한 관계를 설정한 분석 도구라고 한다면, 이론은 변수들 사이의 인과관계나 상관관계가 더 정교해지고 더 구체화되고 더 일반화된 것이라고 할 수 있다.

면 한국 외교정책 결정 과정에서 문화적 요소가 얼마나 작용하는지에 대한 분석 틀을 만드는 것 등의 예를 들 수 있다. 이 보기들을 든 것은 순수하게 이론적인 고려에 따른 것이므로, 현실적 적실성 여부는 각 분야 전공자들이 판단할 문제라고 할 수 있다.

3. 근본 접근과 실용 접근

그런데 위 측면들 가운데 어느 것에 초점을 맞추든 간에, 한국적인 정치학을 '어느 정도'(또는 어느 정도 근본적으로) 추구할 것인지를 둘러싸고 접근법이 달라질 수 있다. 이 연구에서는 이를 근본 접근과 실용 접근으로 구분한다. 이 두 접근은 모두 한국 정치학이 대외의존을 극복하고 자아준거적이 되기를 희망한다. 그러나 그 방법에서 한쪽은 좀 더 근본적인 접근을 택하고, 다른 쪽은 부분적인 접근을 택하는 차이를 보인다. 한쪽이 좀 더 큰 목표를 가지면서 당장 실현하기가 더 어렵다면, 다른 한쪽은 목표가 작은 만큼 실행 가능성이 좀 더 크다고 할 수 있다. 그러나 논의를 시작하기 전에 미리 강조할 점은, 이 둘이 반드시 배타적인 것이 아니라 서로 연속선상에 있는 것이어서, 그 차이는 정도의 차이라는 점이다. 앞에서 본 용어로 볼 때, 근본 접근은 '단절' 방식에 가깝다고 볼 수 있으나, 그 또한 주류 정치학과의 완전한 단절을 상정하는 것으로는 보이지 않는다.

1) 근본 접근

여기서 근본 접근이라고 하는 접근법, 또는 그 이념형은 서양 주류 정치학과는 본질적으로 다른 인식체계와 전통에 입각한 독자적인 학문체계를 수립하는 것을 목표로 삼는 접근법을 말한다. 세계관과 방법론의 일종의 혁신을 꾀하는 것이라고 볼 수 있다. 그리하여 근본 접근은 세계관이나 방법론 등에서 한국의 전통이나 역사에 대한 천착을 강조한다. 또는 주류 학문과 매우 다른 새로운 학문체계를 상정한다. 예를 들어 김기정(2008)은 한국 외교사 연구가 밑바탕이 되어야 한다고 보며, 김명섭(2001, 36) 역시 "인식의 주체가 기반하고 있는 역사적, 사상적 토대에 대한 면밀한 검토"가 선행되어야 한다고 본다. 전제성·박건영 (2002, 18)도 비슷하게 "한국이 전통적으로 가져 왔던 국제정치에 대한 규범적 입장을 장기적으로 분석"할 것을 제안한다. 이런 논의들은 위 항에서 분류한 것들 가운데 '문제 제기와 예비 작업'에 해당한다. 그 지적들은 모두 옳은 지적들이다. 이런 기초 작업들을 통해 외국과는 다른 한국적이고 독자적인 학문체계를 구축하는 것은 중요하다.

그러나 이런 접근이 한국적 '정치학'의 수립으로 이어지려면 그러한 작업이 외교사나 전통 사상 연구 그 자체와 어떻게 구별되는지에 대한 구체적인 해명이 있어야 한다. 달리 말하자면, 근본 접근이 실현성을 높이려면 역사나 전통에 대한 전통적인 연구가 현대 사회과학에 응용될 수 있는 구체적인 방법을 모색해야 한다는 말이다. 아쉽게도 위 담론들은 아직은 그런 단계에 오지 않았고, 역사와 전통 연구의 중요성 또는 그에 입각한 시각 확립을 강조하는 단계에 머물러 있는 것 같다.

그렇지 않으면 역사나 사상 연구에 치중하는 그 자체를, 얼마 전까지 일본의 정치학계가 그랬던 것처럼, 한국 정치학의 독특한 학풍이 되어야 한다고 주장할 수도 있을 것이다. 이런 의미에서는 이미 한국적 정치학이 부족하나마 상당히 구축되었다고 볼 수 있다. 한국 정치사, 외교사, 한국 정치사상사들이 이미 한국 정치학의 한 분과들로 존재하고 있기 때문이다. 그러나 그들의 주장이 그런 것은 아닌 것 같다. 그리고 만약 위와 같은 주장이라면, 여전히 정치사, 사상사 등의 연구가 역사학에 머무르지 않고 정치학과 어떻게 연결될지에 대한 명확한 해명과 방향 설정이 있어야 할 것이다. 예컨대 한국사 연구가 어떻게 한국적 정치학으로 이어질지에 대한 별개의 담론이 나와야 한다는 말이다.[11]

어쨌든 역사와 전통에 대한 연구에 '입각하여' 독자적인 정치학 연구를 수행하는 것은 앞으로도 상당히 시간이 걸릴 것이다. 역사와 전통 자체가 언제나 더 많은 연구를 요구하기 때문이다. 이상과 같은 몇 가지 어려움 때문인지 몰라도, 근본 접근을 지향하는 논의들은 아직 추상적인 담론에 머물러 있고, 그래서 실제로 거기서 상정하는 한국적 정치학이 구체적으로 어떤 모습을 띨지를 알기 어렵다.

글쓴이 나름대로 그 방법을 한번 생각해 보자면 다음과 같이 말할 수 있을 것 같다. 예컨대, 조선시대의 (정치)철학이나 그 이후의 정치사상에 대한 연구들을 현대 한국 정치 연구에 어떻게 활용할 것인지 그 방법을 깊이 있게 모색할 필요가 있다. 멀리는 조선왕조실록에 나타난 조선조의 정치 과정에서부터 다산 정약용의 정치사상, 그리고 가까이 해방 후 정치지도자들의 정치사상들이 현대 한국 정치를 '한국적'으로 연구하는 데 어떤 기여를 할 것인지 모색할 필요가

---

11) 이 문제는 이른바 '국학'이 한국적 학문과 어떤 관계에 있는가 하는 문제로 이어진다. 한국사, 한국어 연구는 그 자체로 한국적 연구인가? 반드시 그렇지는 않으리라 본다. 이에 대한 관련 연구자들의 토의를 기대한다. 하영선·김영호(2005)도 제목과는 달리 외교사 연구와 국제정치학의 관계를 본격적으로 탐구하지는 않는다. 한림대학교 한림과학원에서 김용구 원장의 주도로 활발하게 수행하고 있는 개념사 연구도 한국적 사회과학을 위한 예비작업 또는 기초작업으로 볼 수 있으나, 그 자체를 한국적 사회과학이라고 하기는 어려울 것 같다.

있다. 예를 들면 조선왕조실록에 나타난 당쟁이 현대의 당파 싸움과 어떤 공통점과 차이점이 있는지를 탐구하거나, 안재홍의 다사리 정치이념이 지금의 여야 정쟁에 어떤 교훈을 줄지를 모색할 수도 있다 (정윤재 1999b).

또 한국의 정당 발전을 한국 역사 속에서 찾으면서, 그것들의 유형과 정치사회적 조건의 상관관계를 추적한다면, 한국 정당에 관한 한국적인 연구를 이룰 수 있으며, 더 나아가서는 정당의 일반 이론에 한 논점을 추가할 수 있을지도 모른다. 더 일반적으로는 조선조 이후 정치사의 흐름이 현대 한국 정치에까지 어떻게 이어져 오고 있는지 아니면 어떻게 변하였는지를 탐구함으로써, 한국 정치 분석의 출발점을 외래 이론이 아니라 한국 역사에서 찾을 수도 있다. 이렇게 되면 이는 이미 근본 접근에서 실용 접근으로 '접근'하고 있는 것이라 볼 수 있다.

한국의 전통이나 역사에 대한 연구는 이런 방법들을 통하여 한국적 정치학 수립에 기여할 수 있을 것이다. 단지 전통과 역사 연구 그 자체만으로는 되지 않고, 그것이 가지는 현대 정치학과 한국 정치에 대한 함의를 심도 있게 고려해야 한다. 그렇게 함으로써 그것이 서양 정치학과 구분되는 동시에 역사·철학의 인문학 연구와도 구별될 수 있을 것이다.

2) 실용 접근

위와 같은 근본 접근에 비해 실용 접근은 주류 서양 학문과 결별하여 독자적인 것을 구상하기보다는 이를 받아들이고 그것과 조화를 이루면서, 또는 그 안에서 한국적인 부분을 강조하는 방법을 말한다(이상우 1978; 하영선 1988). 한국의 고유한 사유방식이나 정신적 전통 또는 한국 역사에 치중하기보다는, 실제 존재하는 한국적 상황을 한국인의 입장에서 관찰하고 이를 설명하기 위해 고유한 분석 틀과 이론을 만들려는 방법이다.

물론 이 두 접근법을 완전히 분리할 수는 없다. 근본 접근이라고 하여 현대 사회과학의 접근법을 모두 부인하지는 않을 것이고, 실용 접근이라고 하여 한국의 역사나 인식체계에 기초를 두어야 한다는 점을 부인하지도 않는다. 앞서도 말했지만 이는 정도 문제이고, 또 각 연구자에 따라 각자의 위치가 연속선상의 어디인가에 자리할 것이다. 다만 실용 접근은 전자(고유한 인식체계와 역사전통)의 필요성을 전제로 하되 후자(사회과학적 개념이나 분석 틀 개발)에 더 치중하자는 것이다. 이는 근본 접근에 비해 부분적인 방법이고, 그래서 그만큼 실행 가능성이 더 크다. 이런 노력들이 실제 성과를 이룰 수 있으면 이것이 쌓여서 한국적 정치학의 터를 넓힐 수 있다. 이렇게 하면, 남미에서 나온 종속 이론이나 관료적 권위주의론이 그랬던 것처럼, 한국적(자아준거적)이면서도 동시에 보편성을 지닌 정치학 연구를 수행할 수 있으리라 본다.[12] 실제로 지금껏 이루어진 한국적 정치학의 실제 연구 성과는, 아무리 미흡했더라도, 거의 다 실용 방법을 통해서 일어났다.

실용적 한국 정치학의 예는 다음과 같은 것들이다. 이를테면, 한국 민주주의 연구에서, 국가론, 계급론, 민주주의론 등 외국 이론들

---

12) 종속이론, 관료적 권위주의론의 보편성은 이론 '적용'의 보편성을 말하는 것이 아니라 '방법론적' 보편성을 말한다. 다시 말해, 이 이론들이 남미 바깥의 지역에 그대로 적용될 수 없다고 하더라도(그럴 수도 있고 아닐 수도 있다.), 그 이론이 가진 방법이나 개념, 뼈대 등은 남미 바깥을 설명하기 위해 보편적으로 사용될 수 있다는 말이다.

을 활용하되, 여기에 없는 요소들, 즉 분단이라든가 한국 고유의 정치문화 같은 변수들을 감안하여 새로운 분석 틀을 만드는 것이다. 국제정치학에서도 미국 학계의 앞선 연구들을 받아들이더라도 미국과 다른 한국의 국제정치적 위상을 반영한 새로운 이론을 개발하는 것이다. 예를 들어 패권 안정론, 세력균형론 같은 것들이 세계를 경영하는 미국 국제정치학계의 필요성에서 나온다면, 한국의 국제정치학은 거기에 없으면서 한국에 중요한 이론들, 이를테면 하위동맹국 이론, 약소국 또는 중간국 외교론, 신흥공업국 국제정치론 같은 것들을 개발해야 할 것이다. 그 구체적인 방법에 대해서는 여기서 서술하지 못하고(각각의 연구주제에 따라 다를 것이다.), 그동안 나온 '실용적'인 한국적 정치학의 실제 연구 성과들을 몇 가지 소개하는 것으로 대신하고자 한다.

이호재(1969)는 약소국에 영향을 미치는 국제정치의 양상을 강대국의 수와 국내 정치력의 집중화에 따라 구분하고, 이를 토대로 '약소국 중심의 지역적 소국제정치체제' 모델을 제시했다. 그러면서 한국적 정치학을 위해서는 국제정치의 대규모 이론은 강대국에게 양보하고 한국을 중심으로 한 중소규모 이론을 일굴 것을 권한다. 이를 한반도 국제정치론에 수정 적용한 이호재 외(2005)는 한반도 중심의 지역적 양극체제하에서 한국 정치세력들이 선택 가능했던 통일·외교 노선들을 5가지로 분류했다. 즉, 친소반미 외세의존형, 친미반소 외세의존형, 친소반미 내세의존형, 친미반소 내세의존형, 친미친소 내외세절충형으로 나누고, 이들의 전략, 행동, 역학관계의 변화를 추적한다. 김영명(2006b)은 한국의 정치 변동을 한국에 고유한 분단 상황과 보편적이면서도 한국적 특수성이 동시에 있는 산업화

및 힘겨룸의 세 요인들이 상호 작용하는 과정으로 분석한다. 이 경우들은 모두 기존 정치학의 범위를 크게 넘지 않으면서 자신의 고유한 분석 틀을 창조한 경우들이다. 특히 앞의 경우들은 한국적 정치학의 업적이 후속 연구로 이어진 드문 사례에 속한다.

이와는 조금 달리 구영록(1998)의 한국 국가이익 연구는 일단 미국 학계의 연구들에서 출발하지만 거기에 한국의 특수성을 덧붙여 강조한다. 그는 한국 외교에서 나타나는 특수성을 특히 유교적 정서인 '의리'로 파악한다. 이 경우는 기존 국제정치학의 국가이익 개념의 구성요소에 한국적인 요소를 추가하여 이를 한국화한 경우라 할 수 있다. 이 밖에도 한국적 정치학 연구의 몇몇 사례들이 존재한다(김용구 2002; 김정원 1996). 이런 노력들은 모두 본격적으로 또는 '근본적으로' 한국적인 연구들은 아닐지 모르나 최소한 부분적으로는 한국적인 연구들이다. 위에서 말한 외래 이론과의 '섞임' 또는 '겹침'에 해당한다.

아쉬운 점은 이런 한국적인 연구들이 후속 연구 없이 개별적으로 나타났다가 사라진다는 사실이다. 특정 연구를 처음 수행한 연구자 본인도 노력해야 하겠지만, 개인이 후속 연구를 계속하는 것이 쉽지만은 않으므로 학계의 동료나 후학들이 이를 이어가야 하는데, 그것이 잘 안 되고 있다. 이런 연구들은 학계에서 어느 정도 인정을 받기도 하지만 여전히 주류에서 비껴나 있기 때문에 한국 정치학계에서 하나의 흐름이나 학풍을 형성하지 못하고 있다. 미국 정치학의 패권 속에서 이러한 실용적 '한국 정치학'이 제자리를 찾기가 매우 어려운 것이다.

이렇게 보면 이미 존재하는 소수의 한국적 정치학을 계승 발전시켜 나가는 것이 실용 접근의 한 갈래라고 할 수도 있을 것이다. 연구자 각자가 모두 자기 고유의 것을 만들려는 어려운 작업에 매달리기보다(물론 그것도 해야 하지만), 이미 있는 것을 더 발전시켜 나가는 것이 더 실용적인 방법인지도 모른다. 이것이 현실화되면 한국적 정치학이 한국 정치학계의 한 모퉁이를 차지하는 것도 불가능한 일만은 아니게 될 것이다.

IV. 결론

지금까지 이 연구는 한국 정치학의 정체성을 세우기 위한 노력에서 제기되는 몇 가지 기본적인 쟁점들을 토의하고, 그 구체적인 실천 방안을 모색해 보았다. 한국적 정치학에 도달하는 방법은 여러 가지가 있을 수 있으나, 이 연구에서는 그중에서 특히 한국인에게 중요한 문제를 한국인의 시각으로 보고 이를 설명하기 위한 고유한 분석 틀을 개발하는, 실용적 접근법을 제안했다. 그것은 학문의 보편성을 위배하지 않으면서 동시에 한국의 대내외적 특수성에 주목한다. 이는 더 근본적인 인식체계의 전환과 역사 · 전통의 바탕을 강조하는 근본적 접근과 대비된다.

이러한 노력들은 사실 기존 주류 정치학, 즉 패권과학의 무관심이나 공격에 직면해 있으나, 그것은 학문 발달 단계에서 언제나 나타나는, 극복해 나가야 할 현상이다. 한국적 정치학을 세우기 위해서는 주류 정치학과 단절하려고 하기보다는 이를 적절히 활용하면서 독창성을 가미하여 부분적 · 점진적으로 토대를 쌓아 나가는 노력이 필요하다. 이런 노력들이 지금까지 없었던 것은 아니었지만, 소수에 불과하고 그마저 축적되지 않고 단편적으로 존재할 뿐이다. 외래이론이 제대로 포착하지 못하면서 한국에 중요한 국내외적 문제들이 분명히 존재한다. 이런 문제들이 한국적 정치학의 개입을 기다리고 있으므로, 한국의 정치학자들은 그 필요성에 대한 담론에 머무르지 말고 실제 연구에 좀 더 적극적으로 나설 필요가 있다. 앞으로 한국 정치학의 독자적 정체성을 살릴 수 있는 실제 연구 작업들이 많이 진행되기를 기대한다.

참고문헌

강원택. 2009. "한국 정당 연구에 대한 비판적 검토", 『한국정당학회보』 제8집 2호, 119 - 141.

강정인. 2004. 『서구 중심주의를 넘어서』. 서울: 아카넷.

강철구. 2009. 『우리 눈으로 보는 세계사 1』. 서울: 용의 숲.

구영록. 1995. 『한국의 국가이익: 외교 정치의 현실과 이상』. 서울: 법문사.

김기정. 2005. "21세기 한국 외교의 좌표와 과제: 동북아 균형자론의 국제정치학적 의미를 중심으로", 『국가전략』. 제11집 4호, 149 - 174.

김기정. 2008. "한국 외교정책 연구의 과제", 하용출 편, 『한국 국제정치학의 발전과 전망』. 서울: 서울대학교 출판부.

김명섭. 2001. "제국정치학과 국제정치학: 한국적 국제정치학을 위한 모색", 『세계정치연구』 제1권 1호, 3 - 38.

김석근. 1997. "주변부 지식인의 허위의식과 자기 정체성", 한국 정치학회 편, 『한국의 정치학: 현황과 전망』. 서울: 법문사.

김영명. 2006a. 『우리 정치학 어떻게 하나?』. 서울: 오름.

김영명. 2006b. 『한국의 정치 변동』. 서울: 을유문화사.

김영명. 2009. "한국적 국제정치학의 실제사례와 바람직한 방향", 『글로벌정치연구』 제3집 1호, 2 - 30.

김용구. 2001. 『세계관 충돌과 한말 외교사, 1866 - 1882』. 서울: 문학과 지성사.

김용구. 2002. 『외교사란 무엇인가』. 서울: 도서출판 원.

김용호. 2008. "한국 정당 연구의 학문적 정체성 확립을 위한 성찰", 『한국정당학회보』 제7집 2호, 65 - 81.

김웅진. 2001. 『신화와 성화: 과학 방법론의 패권 정치』. 서울: 전예원.

김웅진. 2009. 『과학패권과 과학 민주주의』. 서울: 서강대학교 출판부.

김정원. 1996. 『한국 외교발전론』. 서울: 집문당.

김학노. 2008. "국제정치(경제)학의 미국 의존성 문제", 『국제정치논총』. 제48집 1호.

나카네, 지에 지음, 양현혜 옮김. 『일본 사회의 인간관계』. 서울: 소화, 1996.

로스, 도로시 저. 백창재·정병기 공역. 2008. 『미국 사회과학의 기원 1』. 서울: 나남.

무어-길버트, 바트 지음, 이경원 옮김. 『탈식민주의: 저항에서 유희로』. 서울: 한길사.

문승익. 1975. "자아준거적 정치학: 그 모색을 위한 제언", 『국제정치논총』. 제 13 - 14집, 111 - 118.

문승익. 1999. 『자아준거적 정치학의 모색』. 서울: 오름.

바바, 호미 K. 『문화의 위치: 탈식민주의 문화이론』. 서울: 소명 2002.

백창제 · 정병기. 2007. "로스의 논의를 통해 본 한국 사회과학의 정체성 모색", 『한국 정치연구』. 제16집 2호.

이상우. 1978. "한국 국제정치학의 정립을 위하여: 소망스러운 발전 방향과 과 제의 확인", 『한국 정치학회보』. 제12집, 137 - 148.

이용재 · 이철순. 2006. "한국 정치학의 탈식민성 담론에 대한 서지적 고찰", 『한국 도서관 · 정보학회지』 제37집 1호, 83 - 107.

이용희. 1962. 『일반 국제정치학(상)』. 서울: 박영사.

이호재. 1969. 『한국 외교정책의 이상과 현실: 이승만 외교와 미국』. 서울: 법문사.

이호재 외. 2005. 『한국적 국제정치이론의 모색』. 서울: 화평사.

전재성 · 박건영. 2002. "국제관계이론의 한국적 수용과 대안적 접근", 『국제정치 논총』. 제42집 2호, 7 - 26.

정윤재. 1999a. "'자아준거적 정치학'과 한국 정치사상 연구: 문제 해결의 접근 적 탐색", 정윤재 외, 『한국 정치사상의 비교연구』. 성남: 한국정신문화 연구원.

정윤재. 1999b. 『다사리국가론: 민세 안재홍의 사상과 행동 연구』. 서울: 백산서당.

하영선. 1988. "한국 외교정책 분석 틀의 모색", 『국제정치논총』. 제28집 2호, 3 - 15.

하영선 · 김영호 편. 2005. 『한국 외교사와 국제정치학』. 서울: 성신여자대학교 출판부.

하용출 편. 2008. 『한국 국제정치학의 발전과 전망』. 서울: 서울대학교 출판부.

홍성민. 2007. "한국 정치학의 정체성과 탈식민주의: 한국 학문의 언어 구조와 욕 망의 정치학", 홍성민 편, 『지식과 국제정치』. 서울: 한울.

Said, Edward W. 1978. *Orientalism.* Vintage Books, 1978.

제2부

실천의 모색

단일사회 정치론 서설[*]

Ⅰ. 머리말

지금까지 한국 정치에 대한 연구는 주로 서양, 그 가운데서도 주로 미국 정치학의 분석 방법과 이론에 입각하여 연구되어 왔다. 보편성을 전제한 그런 분석들은 한국 정치를 이해하고 설명하는 데 매우 필요하다. 그러나 서양 이론으로 설명되기 어려운 특수한 부분들이 존재하는 것도 사실인지라 그런 부분을 이해하기 위해서는 한국의 특수 상황을 살펴보아야 한다.

지금까지 그러한 특수 상황에 대한 연구가 없었던 것은 아니다. 그런 연구는 주로 정치문화론 분야에서 나타났다. 설문조사를 통해 한국인들의 정치문화의 특징을 추적하는 연구들이 많이 나왔고 지금도 성행하고 있다. 이런 연구는 방법론상으로는 이른바 '한국적'이라고 할 수 없으나, 다른 나라와 구별되는 한국 정치문화의 존재를

---

* 이 글은 『한국 정치연구』 제16집 1호(2007)에 실렸던 것이다.

확인하려고 노력한 점은 높이 살 만하다. 그중에서도 특히 권위주의
나 가부장주의 등 유교적 전통을 부각시킨 연구들이 많았는데, 시간
이 지나면서 민주적 가치관, 탈물질적 가치관 등을 확인하기도 한다
(어수영 1997; Shin 1994).

정치문화 분야가 아닌 쪽에서 나타난 한국의 독특한 정치적 현실
에 대한 관심은 주로 분단 상황에 대한 관심이라고 할 수 있으나, 그
것이 한국 정치에 미친 영향을 전면에 내세워 본격적으로 탐구한 연
구는 많지 않다고 할 수 있다(김영명 2006).

이 연구에서 글쓴이는 위 연구들에서 포착하지 못한 한국의 독특
한 현실에 착안하여 그것이 한국의 정치 상황에 어떤 영향을 미치고
있는지를 탐구해 보고자 한다. 그러한 특수한 상황을 '단일사회'라는
조건으로 파악하고, 이것이 구체적으로 한국 정치에 어떤 특징을 부
여하는지를 밝히고자 한다. 한국이 처한 단일사회적 조건은 많은 사
람들이 일상 대화 차원에서 거론하지만 그것이 구체적으로 한국 사
회와 정치에 어떤 영향을 주는지에 대한 연구는 존재하지 않는다.
글쓴이의 생각으로는 유교 전통이나 분단 상황 못지않게 이 조건이
한국 정치를 형성하는 데 많은 영향을 준다. 이 요인이 중요한 또 하
나의 까닭은 앞의 요인들과는 달리 이것은 어느 한 시대에 국한되지
않고 과거에서 지금까지 그리고 앞으로도 지속될 한국적 특수성이
기 때문이다. 물론 개별적인 영향의 성격과 그 발현 분야는 각 요인에
따라 다를 것이기 때문에 이 요인들 가운데 어떤 요인이 한국 정치의
형성에 더 중요한지를 따지는 것은 의미가 없는 일일 수도 있다.

이러한 글쓴이의 관심과 비슷한 연구가 지금까지 없었던 것은 아
니다. 오랫동안 주한 미 대사관의 문정관을 지낸 바 있는 그레고리

헨더슨은 1960년대에 이미 한국에 대한 '소용돌이 정치'론을 전개하여 우리의 관점과 비슷한 관심을 보였다(헨더슨 2000). 이 책은 지금까지 오랫동안 한국 정치 연구의 한 고전으로 자리 잡고 있는데, 이 연구를 이어받거나 아니면 이를 활발히 비판하는 움직임이 없었다는 것은 오히려 기이하다. 아마 그가 본격적인 학자가 아니었기 때문에 그렇지 않았나 싶다. 사회학자 임현진은 헨더슨의 분석에서 힌트를 얻어 한국 사회를 '중심지향적 사회'로 보고 '단극성', '작은 사회' 등의 표현을 사용하여 단일사회와 비슷한 착안을 하였지만, 이에 대해서 본격적으로 논의하지는 않았다(임현진 1999).

단일성과 비슷한 개념으로 지금까지 학계나 평론계에서 '동질성'이라는 말을 많이 썼지만, 이것이 가지는 사회정치적 영향에 대해서 학술적이든 비학술적이든 체계 있게 언급한 적은 없다. 동질사회와 이질사회의 정치사회적 차이에 대한 연구가 우리에게는 중요하고 흥미롭지만 이에 대한 연구는 아직 찾아볼 수 없다. 이런 주제는 대부분의 다른 나라 사람들에게도 관심 밖이다. 왜냐하면 한국처럼 사회 구성원 사이의 동질성이 두드러지는 나라가 매우 적기 때문이다.

그런 나라 중 하나가 일본이다. 아니, 실제로 일본은 동질성 개념을 적용하여 연구한 유일한 나라라고 할 수 있다. 일본인들과 일본에 관심 있는 서양인들은 일본을 서양 사회와는 다른 동질사회로 파악하고 일본인의 특성을 구명하려는 '일본인론'에 주력하였다. 그 결과 나온 것이 위계질서를 강조하는 종적 사회 개념(나카네 1996)과 대외적인 폐쇄성에 대한 강조였다(볼페렌 1991). 일본인과 그 역사의 동질성이 일본 안의 수직 질서나 밖으로의 폐쇄성을 만들었다는 주장들이다.[1] 위 두 연구는 각각 그 당시 일종의 베스트셀러가 되어 일본학 연구에 불을 지폈다. 이에 대응되는 사회과학에서의 한국학 연구가 활발하지 않은 것은 매우 아쉬운 일이다.

그런데 위에서 말한 일본의 특징들은 상당 부분 한국에 그대로 적용되기도 한다. 그만큼 한국의 정치·사회 문화와 일본의 그것은 다른 점도 많지만 비슷한 점도 많다. 그런데 우리의 관심은 위 연구들과는 달리 종적 사회도 폐쇄성도 아니다. 아래에서 보겠지만, 우리가 해명하려는 단일사회의 정치사회적 특성은 다른 것들이다.

이 연구에서 우리가 말하는 단일성은 동질성과 비슷하나 좀 더 강한 표현이라고 할 수 있다. '단일민족' '동질사회' 등은 서로 교차하여 쓸 수 있는 말이지만, 여기서는 단일사회로 통일한다. 특히 흔히 사용되는 단일민족 개념과의 일관성을 생각할 때 이 용어가 더 적합한 것 같다.

II. 한국 사회의 단일성과 그 정치적 의미

그러면 한국이 단일사회라고 하는 것은 무엇을 의미하는가? 한국의 모든 사람들이 다 똑같지 않다는 사실은 새삼 말할 필요도 없다. 그러면 여기서는 왜 한국이 단일사회라고 규정하는가? 한국이 단일사회라고 하는 말은 한국이 다른 나라 또는 다른 사회에 비해 동질성 또는 단일성이 두드러진다는 말로 이해하면 된다. 그중에서도 한

---

1) 동질사회가 대외적으로 폐쇄적이라는 점은 쉽게 이해되지만, 그것이 종적 사회라는 점은 좀 더 이론적인 설명이 필요하다. 같은 부류의 사람들끼리이니 그 동질사회 안에서 위계질서를 만드는 것은 이해할 수 있다. 복합 사회, 다원사회에서는 위계질서가, 개별 집단 안에서 어떨지 몰라도 사회 전체에 만연하기는 어려울 것이다. 어쨌든 이 부분에 대해서는 종적 사회론자인 나카네조차도 분명히 설명하지 않았다.

국을 단일사회로 만드는 가장 큰 요소는 무엇보다 우리가 단일민족이라는 사실이다. 게다가 한국은 문화적, 지리적으로도 다양하지 않고 단일한 모습을 지니고 있다. 그 모습을 간단히 보자.

우선, 다른 민족이 1%도 없고 하나의 민족으로 국가가 구성된 나라는 한민족으로 구성된 대한민국과 조선인민민주공화국 외에 거의 없다. 동질성의 신화를 내세우는 일본도 한국인 중국인 등 외국인과 아이누, 오키나와 종족이 섞여 소수민족이 2~3%는 존재한다.

한국 민족이 단일민족이라는 명제에 대한 반발이 요즘 와서 많아진 것 같은데, 그것은 민족 개념에 대한 이해가 부족하기 때문인 것으로 보인다. 단일민족성을 부인하는 사람들은 그 근거로 한국인에 여러 인종이 섞였다거나 우리 조상들이 예전에 단일민족이 아니었기 때문에 우리가 단일민족이 된 역사가 짧다거나 한국에 지금 외국인이 많이 거주하고 있다거나 하는 사실 또는 주장들을 펼치지만, 이 모든 주장들은 이 시론의 본질과는 어긋난 것들이다. 왜냐하면 과거에 우리가 단일민족이 아니었다고 하더라도 그것이 지금 한민족이 단일민족인 사실에는 아무런 영향을 미치지 않으며, 외국인이 아무리 많이 거주하더라도(실제로 인구 비율상 별로 많지도 않지만) 그들이 하나의 또는 여러 사회 '집단'으로서 한국인의 행동 양식과 의식 구조에 영향을 줄 만한 정치사회적 의미를 지니지 않기 때문이다.[2]

물론 한민족도 다른 민족과 마찬가지로 북방계, 남방계 등 몇 개

---

2) 좀 더 구체적으로, '단일사회'론이라는 말에서 바로 '단일민족 이데올로기'를 떠올리고 그런 관점에서 이를 비판하려는 경향이 있다. 나는 단일민족 이데올로기를 찬성하지 않는다. 박정희가 단일민족 이데올로기를 독재에 이용했다는 점도 모를 리 없다. 하지만 그렇다고 해서 한민족이 단일민족이라는 사실 자체가 없어지는가? 또 한국이 하나의 민족 집단으로 구성된 사실 자체가 없어지는가? 한민족이 단일민족이라고 하면 그 사람은 바로 국수주의 이데올로기가 되는가? 아니리라 본다.

의 인종이 섞여서 형성되었을 것이다. 그러나 오래전에 인종이 섞였다고 하여 지금의 한민족이 단일민족이 아니라고 할 수는 없다. 한국 민족이 단일민족이 아니라고 하는 주장은 생물학적 인종과 사회문화적 민족을 혼동하였거나, 아니면 단일민족 이데올로기의 배타적이고 폐쇄적인 측면을 비판하려는 의도에서 나온 과도한 주장이다. 우리가 단일민족 이데올로기를 고수할 필요는 없지만, 생물학적 혼성을 이유로(그 혼성이 얼마나 큰지도 확실하지 않지만) 한민족이 단일민족이 아니라고 주장하는 것은 올바르지 않다. 설사 역사적으로 여러 종족이 섞였다고 하더라도 한민족에게 똑같이 섞인 것이므로 민족적 단일성이라는 점에서는 달라질 것이 없다. 민족은 오랜 기간에 걸쳐 공통의 역사를 지니고 같은 문화를 공유한 사회·문화적 공동체다. 한민족이 단일민족으로 구성된 것은 늦어도 신라의 삼국 통일 이후부터라는 것이 역사학계의 정설로 되어 있다.

그런데 한민족이 단일민족이라는 사실 자체가 곧바로 한국 사회가 단일사회라는 것을 뜻하지는 않는다. 그러면 단일사회는 무엇을 말하는가? 단일사회는 한마디로, 사회 구성원 가운데 민족, 인종, 언어, 종교 가운데 어느 하나라도 서로 다른 '사회정치적 집단'이 존재하지 않고 하나의 사회정치적 집단으로 구성된 사회를 가리킨다.[3] 더 간단하게 말하면 여러 민족으로 구성되거나 카스트 같은 넘을 수 없는 계급 구획이 존재하지 않는 사회라는 뜻이다.

그런데 한국 사회는 민족적 단일성뿐 아니라 문화적 단일성도 두드러진다. 한국 사람들은 적어도 천 년 이상 하나의 민족으로 하나

---

3) 종교의 경우는 특이하다. 한국에는 비슷한 세력의 종교가 복수로 존재하지만 이들은 사회정치 집단으로서의 의미를 지니지 않는다. 따라서 종교에 따른 사회정치적 갈등이 존재하는 다른 다종교 국가. 이를테면 레바논 같은 경우와는 다르다.

의 역사를 공유하여 왔으며, 민족사의 영토도 그다지 크게 달라지지 않았기 때문에, 한국은 문화와 언어, 관습, 전통에서 단일한 문화권을 형성했다.

게다가 한국은 땅덩이가 좁을 뿐 아니라 자연조건이 다양하지 않고 단일하다. 어디를 가나 뒷동산과 앞 냇물로 이루어져 있는 같은 모습이다. 아름다운 풍경이기는 하나 산수의 다양성이 없다. 백두산 부근을 제외하고는 높은 산이라고 해야 높이가 2,000미터가 채 되지 않으며, 거대한 강이나 평원이나 사막도 없다. 땅의 모습이 단일할 뿐 아니라 기후 또한 단일하다. 한반도가 남북으로 길게 뻗어 있어 가장 남쪽과 북쪽의 기온 차가 상당히 나기는 하나 제주도를 제외하면 그렇게 다른 기후 조건이라고 할 수 없다. 네 계절의 구분이 뚜렷하여 연교차가 큰 편이지만, 이런 기온 조건이 한반도 전역에서 동일하다. 따라서 다른 기후나 풍토에 따른 사람들의 심성 차이는 없다고 할 수 있다. 이런 점에서도 한국과 한국 사람들은 단일하다.

이렇게 보았듯이, 한국과 북한의 단일성은 세계에서 유례를 찾기 어려울 정도로 매우 희귀하다. 그러한 독특성이 한국 정치에 어떤 영향이든 주지 않으리라 생각하기는 어렵다. 그러면 이러한 한국의 단일사회적 조건이 한국 정치에 어떤 영향을 주는가? 이 연구의 핵심 가설이자 주장은 그러한 단일성이 한국 정치에 획일성, 집중성, 응집성, 안정성을 부여한다는 것이다. 이러한 한국 정치의 속성들을 자세히 논의하기에 앞서, 이 두 쌍 요인들 사이의 관계를 간단히 요약해 보자.

우선, 한국인들은 단일민족으로서 오랫동안 동질성과 단일성을 유지해 왔기 때문에 가치관, 사고방식, 행동 양식이 다양하지 않고 획일적이다. 사회구조도 획일적이다. 이런 모습은 국가 전체의 구조뿐 아니라 나라 안의 여러 하부 구조에서도 비슷한 양상으로 나타난다. 그런데 이런 획일성은 다른 한편으로 정치사회적 응집성으로 나타나기도 한다. 국가 위기 시에 보인 한민족의 단결심과 응집성은 임진왜란 때의 민중 거사나 최근의 월드컵 열풍 등에서와 같이 역사적으로 두드러지는 특성이라고 할 수 있다.

또 한국에서는 사회·문화 구조가 단일하고 따라서 다원적인 경쟁이나 갈등 또는 견제의 요소가 적기 때문에 경쟁과 갈등은 힘 센 한쪽으로 집중되는 경향이 있다. 다시 말해, 단일성의 결과로 사회의 권력과 지위가 한쪽으로 치우치는 집중성이 두드러진다. 한국 국민은 단일민족이기 때문에 민족적, 인종적 갈등이 없다. 그 대신 단일민족 내부의 지역 갈등이 존재하지만 이는 균열 사회의 민족적 – 인종적 – 지역적 갈등보다 훨씬 정도가 덜하다. 그래서 중앙 집중이 더 잘된다. 이런 점은 조선 시대부터 지금까지 내려오는 한국 사회의 일관된 특징이다.

한편 한국 사회와 정치는 다른 나라에 비해 비교적 안정된 모습을 보여 왔다. 치안이 비교적 잘되고 있을 뿐 아니라, 정치도 격동을 주기는 하였으나 이질적 요소들로 구성된 균열 사회, 예컨대 아프리카나 동남아의 여러 사회에 비해 상당히 안정된 편이다. 이러한 안정성 역시 한국인의 본질적인 동질성 또는 단일성에 힘입은 바 크다고 할 수 있다.

이러한 특징들에는 물론 다른 요소들도 작용하였다고 볼 수 있다. 예들 들어 분단 상황은 정치적, 이념적 획일성을 야기하였으며, 급속한 산업화는 사회경제적 집중성을 심화시켰다고 할 수 있다. 이러한

변수들과 단일성들 사이에 존재하는 상관관계를 뚜렷하게 밝히는 것
도 흥미로운 작업이 될 수 있으나, 이는 이 연구의 범위 밖이다.

어쨌든 한국 사회의 단일성이라는 조건이 야기한 획일성, 집중성,
안정성, 응집성의 정치적 속성들은 한국 정치에서 권위주의와 민주
주의 변화 과정을 거치면서 계속 나타나는 현상이라고 할 수 있다.
이제부터는 이러한 속성들이 한국 정치에서 구체적으로 어떻게 나
타나며 또 앞으로의 한국 정치 발전에 어떤 의미를 지니는지를 고찰
하고자 한다.

III. 단일사회 정치의 특징

1. 획일성과 당파 싸움

이 항목의 제목을 획일성으로만 하지 않고 '획일성과 당파 싸움'으
로 한 것은 그만한 까닭이 있다. 한국 정치 지형의 획일성이 정치 싸
움을 좁은 당파 싸움에 국한시킨다는 뜻이다. 먼저 한국 정치의 획
일성이 어떤 것을 말하는지 간단히 살펴보자. 우선, 원초적 갈등의
토양이 없다는 점을 들 수 있다 민족, 인종, 종교, 언어의 차이에서
오는 원초적 갈등이 한국에는 없다. 한국은 분열사회, 다원사회 또
는 복합사회가 아니라 단일사회다. 이런 점에서 한국 정치세력들의
경쟁은 다원화되어 있지 않고 첨예하게 쪼개져 있지도 않다.

게다가 한국 정치를 형성하는 이념과 가치관도 다양하지 않다. 노
무현 정부 출범 이후 이념 갈등이 고조되었다고 하나 사실 이는 이
념 갈등이라고 하기 어려운 '성분 갈등'에 가깝다. 그리고 더 직접적

으로 권력과 지배를 향한 당파 싸움이 핵심이다(김영명 2006, 제13
장). 한국의 이념 갈등은 해방 직후와 1980년대 중후반에 두드러졌
다. 그 기간에서조차 좌파가 집권할 확률은 영에 가까웠다. 이념뿐
만 아니라 더 넓은 의미에서의 '정치적 가치관'에서조차 한국 정치세
력들 사이의 거리는 그렇게 크지 않다. 한국에서 사회주의를 공개적
으로 표방하는 세력은 찾아볼 수 없고, 종교 이념을 내세우는 정치
세력도 없다. 신자유주의 세계화의 이념과 가치관이 지배하고 이에
대한 반대 세력은 미약하다. 세계에서 가장 그런 편에 속한다.

지금 진보파가 득세하여 이념 갈등이 심하다고 하지만 그 이념의
차이는 크지 않다. 한나라당뿐 아니라 노무현 정권도 신자유주의 노
선을 취하고 있다. 그 정권의 사회경제 정책은 좌파이기는커녕 전형
적인 우파 정책이다 주요 정파들 사이의 이념 차이가 있다면 경제사
회적인 면에서가 아니라 과거사, 북한 문제 등 역사나 정치적인 면
에서 존재한다. 더구나 그 차이도 온건 진보와 보수의 차이이기 때
문에 그 거리는 그렇게 크다고 볼 수 없다. 그러나 한국 국민들은 워
낙 이념적 획일성에 물들어 있기 때문에 조그만 차이도 과장해서 느
끼는 경향이 있다.

제도권 정당 중 가장 진보적 또는 좌파적이라고 할 수 있는 민주
노동당의 강령도 자본주의 체제의 원리를 준수하고 있으며, 단지 그
안에서 노동자들의 권리를 좀 더 강조하고 부자들에 대한 세금 부담
을 좀 더 늘리겠다는 정도다. 물론 그 안에 좀 더 급진적인 분파도
있기는 하지만 이 정도면 대체로 프랑스의 사회당이나 독일의 사회
민주당 정도의 노선에 해당하는 것인데, 우리나라에서는 극좌의 자
리를 차지한다. 프랑스나 독일에서 집권한 주류 다수 정당과 비슷한

이념의 정당이 우리나라에서는 국민 10% 정도의 지지를 얻는 주변 정당일 뿐이다. 이들이 한국에서 극좌의 자리를 차지하는 것은 역시 우리 이념의 폭이 좁다는 점을 보여 줄 뿐이다.

한국의 이념적 획일성은 반공 이념에서만 나타나는 것이 아니다. 자본주의를 맹신하고 그에 대한 대안이 빈약하다는 점에서도 우리는 매우 획일적이다. 다시 말해, 우리나라의 모든 주류 가치가 결국 자본주의 물신 숭배로 귀착된다는 점에서 한국의 이념은 획일적이다. 세계의 패권국인 미국에서 유래한 신자유주의 세계화를 맹목적이라 할 정도로 추종한다. 생명이나 인권, 환경 또는 연대를 중시하는 이른바 반세계화의 가치나 운동이 산업화된 나라들 중에서 가장 미약한 편이다.

이러한 이념적 획일성은 직접적으로는 분단과 냉전이라는 민족적 상황과 미국의 실질적인 위성이라는 지정학적, 국제정치적 상황의 결과이다. 그러나 여기에는 동시에 더 깊은 문화적 뿌리가 역사적으로 작용해 왔다고 할 수 있다. 시대에 따라 구체적인 이유는 다를 수 있지만, 근본적으로 한쪽으로 쏠리기 쉬운 한국 사회의 단일성이 한국의 이념적 획일성에 한몫하는 것으로 보인다.[4] 분단 상황과 관련 없는 이념적 획일성의 대표적인 보기를 조선조의 성리학 지배에서 볼 수 있으며, 지금 보이는 이념적 다양성의 결핍도 그 연장선상에 있다고 할 수 있다. 옛날 성리학의 경우처럼 주류와 다른 것을 허용하지 않는, 민족적 단일성과 작은 나라의 집중화된 구조가 크게 작

---

4) 이 '쏠림'과 아래에 나올 '휩쓸림'은 한국 사회와 정치에 두드러진 특징이다. 쏠림은 한쪽으로 기우는 '경향이나 그 상태'를 말하고 휩쓸림은 한쪽으로 몰리는 '행동 양태'를 말한다. 어쩌면 이 연구에서 제시하는 속성들 중 획일성, 집중성, 응집성의 세 가지를 이 두 표현으로 압축할 수도 있을 것 같다. 이에 대해서는 천천히 생각해 보려고 한다.

용한다는 말이다.

그러한 이념적 획일성 때문에 정치 경쟁이 이념이나 노선 경쟁이 되지 못하고 당파 이익 싸움으로 귀결된다. 정책 경쟁이 아닌 당파 이익 싸움은 지역과 인맥에 바탕을 둘 수밖에 없다. 한국 지역주의의 한 본질이 여기에 있다. 독재 시절에는 일인 지배 아래 당파 싸움 자체가 불가능했는데, 민주화가 되고 강력한 지배자가 사라지자 지역주의 당파 싸움이 기승을 부리기 시작한 것이다.

지금 열린우리당과 한나라당의 싸움을 보면 그것이 국가의 진로라든가 사회경제 정책 노선이라든가 통일 정책에 관한 싸움이 아닌 것임을 명백히 알 수 있다. 그것은 이념으로 포장한 좁은 정파 이익 다툼을 벗어나지 못하고 있다. 그러한 당파 싸움의 편 가름이 계급보다는 오히려 지역에 바탕을 두었다는 사실 역시 한국 사회의 이념적 획일성을 잘 반영하고 있다.

2. 집중성

한국은 인구밀도가 높은 나라다. 그러나 단순히 그것만이 한국 사회의 집중성을 높이는 것은 아니다. 단일사회에서는 권력의 중추가 다양하지 못하고 하나일 가능성이 높다. 민족이나 종교에 따른 여러 개의 권력 중추가 형성되지 못하기 때문이다. 게다가 한번 집중된 권력을 스스로 확대 재생산하는 경향이 있다. 그래서 한국 사회는 역사적으로 집중성이 점차 심해져 왔다. 그러면 이러한 집중성은 한국 정치에서 어떤 의미를 지니는가?

첫째, 정치권력의 집중과 일인 지배체제를 쉽게 했다. 권력이 집중되기 쉽다는 것은 그만큼 권위주의 독재에 유리한 조건을 조성한다. 물론 권위주의 독재는 2차 대전 뒤에 독립한 신생국들에게 보편적인 것이었지만, 한국의 경우는 거기에 일인 지배 체제라는 특성이 더해졌다(김영명 2006). 원초적 갈등이 많은 나라에서는 도전 권력의 중추들이 있기 때문에 한 권력자가 장기 집권하기 어렵지만, 한국의 상황은 그와는 달리 단일사회의 구조가 일인 지배와 장기 집권을 쉽게 했다.

한국에서 일인 장기 집권 체제가 가능했던 것은, 첫째로 그만큼 권위주의 국가에 대한 시민사회의 저항이 미약했기 때문이었고, 둘째로 집권 세력 안에서도 개인 독재자를 견제할 만한 제도적인 기반이 없었기 때문이었다. 이 두 현상이 나타난 까닭 역시 일제와 대한민국을 이어온 개인 권력 중심의 권위주의 구조와 그 결과 나타난 정치제도의 미발달 때문이었다. 이러한 정치권력의 개인화는 1987년 군부 독재체제가 무너지고 정치적 민주화로 들어선 뒤에도 이어져서 이른바 '3김씨'가 정치와 정당을 마음대로 주무르게 되었던 것이다. 따라서 한국 정치권력의 집중성은 비단 국가나 집권 세력에 의한 권력 독점만이 아니라 더 나아가 개인 지배자가 권력을 독점하는 개인 지배 체제라는 특징을 보였다.

이러한 일인 지배의 권력 집중성은 지배 권력뿐 아니라 여러 정치 집단들 안에서도 보인다. 바로 얼마 전까지, 다시 말해 김대중 대통령 퇴임 때까지 한국 정치의 가장 큰 특징은 권력의 일인 지배에 있었다. 정권 내부에서도 그랬고, 외부 곧 야당이나 민간사회에서도 그랬다. 그만큼 국가 권력과 개인 지배자가 대항 세력이 미처 성장하기 전에 권력과 강압 수단을 확보했기 때문이었다. 여기에도 원초적 구분(민족, 종교, 언어 등)에 바탕을 둔 대항세력이 없었던 한국의 단일성이 상당한 역할을 했다. 한국의 정치와 정당은 이승만의 자유당, 박정희의 공화당, 전두환의 민정당이었지 그 반대는 아니었다. 마찬가지로 김대중의 국민회의였고 김영삼의 신한국당이었지 거꾸로는 아니었다. 그러니 새 권력자가 들어서면 이전 권력자의 정당을 없애고 새 당을 만드는 것이다.

이렇게 역사적 상황과 단일사회적 조건들이 맞물려서 이루어진 한국 정치의 권력 집중은 최근까지 지속되었는데, 요즘에는 민주화가 진행되다 보니 특정 인물이나 집단이 권력을 독점하는 현상은 많이 누그러졌다. 그런 의미에서는 한국의 집중화 현상이 다소 약화되었다고 볼 수 있다. 특히 노무현 정권 들어 일인 지배체제는 해소된 것으로 보이는데, 여기에는 한국의 사회적 조건을 넘어서는 민주 제도의 발달이라는 요소가 작용했다고 볼 수 있다. 단일사회적 조건이 한국 정치의 모습에 결정적인 조건은 아니라는 좋은 증거다.

둘째, 한국 사회의 집중성은 권력과 부의 수도권 집중에서 두드러진다. 이러한 중앙 집권에는 한국의 단일사회적 조건이 큰 구실을 한다. 동질적인 사람들에게는 자연히 권력의 중심이 여러 개일 수가 없다. 비슷한 사람들끼리이니 그 중심도 하나로 집중되는 것이 자연스럽다. 힘의 다양한 원천을 이루는 인종이나 종교나 언어와 같은 원초적인 구분도 없고, 이념도 반공주의로 획일적이니 다원적인 힘의 이념적 기반도 없다. 그러니 힘이 한쪽으로 집중될 수밖에 없는 것이다. 그리고 그 한쪽은 자연히 수도 서울일 수밖에 없다. 이런 상황에서 국가주도 산업화를 거치면서 경제와 정치가 유착하고, 수도 서울은 정치, 경제, 문화 모두의 단일 핵심이 된 것이다.

게다가 한국은 나라가 작아서 한쪽으로 집중되는 경향이 더 강하다고 할 수 있다. 나라가 작다 보니 여러 개의 핵이 생기기보다는 한 핵으로 집중되기가 쉬운 것이다. 물론 분권화의 노력이 없는 것은 아니지만(국가균형발전위원회 2006), 중앙 집중의 구조적인 한계를 극복하기가 쉬워 보이지는 않는다.

이러한 중앙 집권의 구조는 강력한 국가 체제가 떠받쳤다. 조선 왕조도 관료 중심의 중앙 집권 체제였지만, 근대적 중앙 집권 국가는 일제 때 확립되었다고 볼 수 있다. 이런 상황 속에서 국가는 이른바 '과대 성장'하고 시민사회는 발달하지 못하였다. 일제의 유산 가운데 중요한 것으로 강한 국가와 약한 사회의 전통을 들 수 있는데, 이 전통이 박정희 군사 정권에 고스란히 이어졌을 뿐 아니라 더 강화되었다. 이 상황에는 물론 북한과의 군사적 대치라는 분단 상황도 큰 역할을 하였다. 일부 군부-관료 집단에 집중되던 대한민국의 정치권력은 급기야 박정희 일인 장기 집권 체제로까지 타락하게 되었다.

한국에 지역주의가 강하다고 하지만 이는 선거와 투표 행태에서 나타나는 정도다. 지역주의가 한국 정치의 방향 자체를 결정하거나 지역 사이의 심각한 갈등을 유발할 정도는 아니다. 다른 정치적 차이, 곧 이념 차이, 계급의식 차이들이 미약하기 때문에 지역주의가 선거에서 가장 중요한 요소로 등장했다고 할 수도 있다. 이는 위 획일성에 대한 서술에서 언급한 바와 같다. 또 지역주의가 강하다고 하더라도 그것이 서울-수도권의 절대적인 힘에 별다른 영향을 주지는 못한다. 우리는 지역주의를 주로 영호남의 대립으로 생각하지만 정치경제적으로 정말 중요한 지역주의는 서울과 지방의 차이다. 이런 점에서 보면 한국의 지역주의는 한국 사회의 다원성이 아니라

그 반대인 집중성의 한 표상이라고 할 수 있다.[5]

3. 응집성

한국은 단일민족으로 이루어진 단일사회이기 때문에 사회 구성원들 사이의 응집력이 크다. 또 강대국에 둘러싸인 약소민족으로서 외국의 침탈을 많이 받았기 때문에 민족의식이 남달리 강하다. 한국 사람들은 단결할 줄 모른다는 오래된 자조가 있지만, 그것이 사실이라고 하더라도 이는 한국 사람들끼리 있을 때의 얘기지 외국과 관련되거나 국가 위기 상황에서는 상황이 달라진다. 되풀이 얘기하지만 한국 사회 구성원들 사이에는 원초적 분열이 없고 모두 '우리 의식'을 공유하기 때문에 응집성이 크고, 특정 상황에서 국민적 단합이 쉽다.

이러한 국민적 단합은 대표적으로 정부 주도 산업화에서 나타났다. '조국 근대화', '총화 단결' 등의 구호를 앞세운 권위주의 정부의 산업화 주도를 국민들은 한마음으로 비교적 잘 따랐다. 인권 탄압과 민주주의 훼손에 대해서는 저항도 있었지만, 국가 발전의 방향에 대해서는 뚜렷한 저항이나 대안 제시가 없었다. 박정희의 국가 건설 주도는 단일민족, 획일 사회의 뒷받침을 받아 짧은 시간 안에 성공할 수 있었다.

한국인의 응집성은 특정한 국가 상황에서 다시 나타나고는 하는

---

5) 한국 사회의 집중성을 견제하는 하나의 요인이 있는데, 그것은 사람들 사이에 만연한 평등 의식이다. 이 평등 의식은 일제 강점과 토지개혁, 전쟁으로 양반 계급과 지주 계급이 해체된 역사 때문에 형성되었지만, 다른 한편 단일사회적인 한국의 특성에 기인한 것이기도 하다. 다 같은 (단일한) 사람들이니 사회·경제·정치적으로도 다 같아야(평등해야) 한다는 의식이 한국인에게 잠재해 있는 것이다. 이 또한 한국 정치에 상당한 영향을 주고 있는 것으로 보인다.

데, 2002년의 월드컵 대회에서 보여 준 국민적 단합과 열기가 대표적인 경우였다. 이는 직접적으로 정치적인 사건은 아니었지만, 나라 바깥을 향한 국민적 단합의 가능성과 함께 권위주의 선동이 쉬울 수 있는 한국인의 기질을 보여 주었다.

비슷한 상황이 외환위기 이후에 나타난 금 모으기 운동 같은 데서도 나타났다. 금 모으기는 경제 수치로 보면 의미 없는 행동이었지만, 심리적인 면에서 볼 때 역시 국민 단합과 그 부정적 측면인 집단주의 - 권위주의의 가능성을 동시에 보여 주었다. 이런 일을 외국에서는 보기 어렵다는 점에서, 이 또한 한국의 단일사회적 조건을 잘 보여 준 일이라 생각할 수 있다. 이런 여러 점들을 보면, 한국인의 응집성은 또 다른 속성들인 획일성, 집중성과 상통하는 것으로 보인다.

이러한 응집된 행동은 일치된 단합이라는 긍정적인 측면이 있는 반면에 종종 '휩쓸림의 정치'라는 부정적인 결과로 나타난다. 가장 비근한 보기가 2006년의 5·31지방선거였다. 여기서 야당인 한나라당이 사상 유례없는 압승을 거두었다. 지방자치단체장 16석 가운데 12석을 차지하고 기초자치단체장의 대부분을 휩쓸었으며 득표율에서 여당인 열린우리당의 2배를 얻었다. 정부와 여당의 실정에 대한 국민의 심판이라고는 하지만 이렇게 일방적인 선거 결과는 비상식적일 정도로 지나치다. 한쪽으로 쏠리기 쉬운 한국인들의 행동 양태를 고스란히 보여 준 결과라고 생각된다. 이런 정서적인 휩쓸림의 정치는 민주주의의 발전을 위해 바람직하지 않다.

그런데 흔히 우리는 한국인을 '모래알 민족'이라고 비하해 왔다. 또 한국 정치의 한 특징으로 파벌 싸움을 들기도 한다(헨더슨 2000). 이런 점은 한국인의 응집성과 어떤 관계에 있을까? 한국인이 단결하지 못하고 서로 시기하고 파벌 싸움에 휩쓸린다는 지적은 사실일 수도 있고 아닐 수도 있다. 상황에 따라 다르기 때문이다. 한국인이 분열을 일삼는다는 비판은 일제 통치자들이 퍼뜨렸다 그런데 피지배 민족은 독립 운동이나 일상생활에서 분열과 반목이 일어나기 쉽게 되어 있다. 힘과 돈이 모자라기 때문에 강력한 구심점이 없고 지배자의 회유와 협박에 시달리기 때문이다. 또 가난한 후진 사회 역시 먹고 살 것이 모자라고 법과 제도, 사회윤리가 덜 발달했기 때문에 구성원들 사이에 시기와 반목, 분열이 일어나기 쉽다. 그러니 이런 역사적인 이유들 때문에 생긴 과거의 한국 경험을 지금에까지 일반화하기는 어렵다.

다른 한편, 조선 시대의 정치나 현대 한국 정치 모두 본질적으로 파벌 정치 또는 당파 싸움 정치인 것은 사실이다. 그런데 그 까닭은 근본적으로 정파들의 구분이 민족이나 종교와 같은 원초적 이해 또는 이념이나 정책 같은 사회 발전의 대안에 입각해 있지 않기 때문이다. 그런 점에서 차이 없는 정파들이 좁은 자신의 이익을 위해 권력 투쟁하기 때문에 파벌 싸움이 될 수밖에 없다. 이것은 한국인이 "분열과 파벌을 일삼는다."는 것과는 다른 뜻에서의 정파 싸움이다. 이런 현상은 앞으로도 크게 달라지지 않을 것이다. 이런 점은 한국인의 응집성과 모순되지 않는다. 응집성이 이익의 분열마저도 부인하는 것은 아니기 때문이다.

4. 안정성

단일사회적 조건은 한국 정치를 본질적으로 안정되게 만든다. 아니, 그보다는 불안정 요인이 다른 변동사회에 비해 적다고 하는 것이 더 정확하겠다. 한국 정치가 본질적으로 안정된 정치라고 말하면 많은 사람들이 의아해할 것이다. 한국 정치는 독재와 민주화 투쟁, 4월 봉기, 광주사태 같은 커다란 변혁을 겪었을 뿐만 아니라, 지금도 여전히 소란스러운 당파 싸움을 쥐고 있기 때문이다. 이런 점에서 한국 정치는 혼란스럽고 또 그 변화는 역동적이었다.

그러나 그런 점을 다 인정하더라도 한국 정치는 다른 변동 사회와 비교할 때 비교적 안정되어 있다. 그것은 무슨 뜻인가? 그것은 우선 한국 정치가 아무리 역동적 변화의 과정을 거쳤다고 하더라도 정해진 틀을 벗어나지 않는다는 뜻이다. 그것은 반공 - 자본주의 - 자유 민주주의 체제라는 틀이다. 그렇게 된 가장 큰 이유는 역시 분단과 대미 종속의 현실이다. 하지만 여기에는 앞에서 본 바와 같이 단일 사회적 조건이 낳은 획일성이라는 국민적 속성도 작용한다.

한국 정치가 안정된 두 번째 증거는 그 변화가 기간으로 볼 때 상당히 완만하게 이루어졌다는 사실이다. 이승만이 12년 집권하였고, 박정희가 18년 집권하였다. 이런 식으로, 민주당 정부의 짧은 일화를 제외하고는, 권위주의 체제가 건국 이후 노태우 취임까지 40년 동안 지속되었다. 내란이 잦고 집권자의 강제 교체가 빈발한 다른 정치 후진국들에 비해 한국 정치는 매우 높은 안정성을 누렸다. 물론 단일사회가 아닌 곳에서도 독재자의 장기 집권은 나타난다. 중국이나 쿠바 등 혁명적 사회주의 체제나 대만, 이집트 등 국가자본주의 체제에서 볼 수 있다. 하지만 이들 체제도, 단일사회는 아니지만, 그렇다고 다양한 구성원들이 각축하는 체제도 아니다. 하나의 민족이나 인종이 지배적인 곳이다. 그렇지 않은 곳에서는 독재자의 장기 집권이 불가능에 가깝다.

한국에서는 일인 장기 지배체제가 확립되어 정권 교체도 자주 일어날 수 없었다. 그래서 특정 정권들이 반대와 저항 운동을 억누르고 오래 지속될 수 있었다. 큰 차원의 정치 갈등은 주로 권위주의 현실과 민주주의 이상 사이의 갈등이었고, 이는 원초적 기반의 갈등, 예컨대 종족의 사활이 걸린 투쟁에 비해 그 정도가 약할 수밖에 없었다.

한국 정치는 폭력의 정도를 보아도 다른 나라에 비해 비교적 덜한 편이었다. 광주 항쟁에서 수백 명과 4월 봉기에서의 수십 명의 희생을 생각하더라도 독재 40년 동안의 희생으로 따지면 비슷한 발전 단계의 다른 나라보다 적은 편이다. 정치 테러도 해방 직후의 몇 건과 북한 공비 침투를 제외하고는 없는 편이다. 선진 민주사회에서는 정치 테러가 적은 것이 정상이지만, 미국, 스페인, 영국 이탈리아 같은 나라들은 우리보다 많다. 인종-민족이나 종교적인 분열 때문이다.

그러면 한국에 왜 정치 테러가 적을까? 여기에도 역시 단일사회적 조건이 크게 작용한다. 정치 갈등의 종류가 적고 그 정도가 낮기 때문이다. 단일민족이라 종족 사이에 투쟁할 일이 없고 인종 갈등이 일어날 일도 없으며 종교 전쟁도 있을 수 없는 사회이기 때문이다. 북아일랜드 분리 운동, 스페인의 바스크분리 운동, 이라크의 수니파와 시아파의 충돌, 쿠르드족 독립 운동, 미국의 인종 갈등, 심지어 동질사회라고 자처하는 일본의 재일 한국인 문제 등등, 이들 모두는 사회정치적 불안의 원천이다. 물론 스위스나 벨기에처럼 다른 민족들이 한 국가 테두리 안에서 큰 갈등 없이 공존하는 경우도 없지는 않다.

한국의 민주화 투쟁과 그 성취는 매우 역동적이었지만, 그 과정 또한 과거와의 급격한 단절이 아니라 점차적인 일종의 '진화'를 통해 이루어졌다. 먼저 군부 권위주의의 일원이었던 노태우가 국민의 압력에 못 이겨 민주화를 시작했다. 하지만 그는 여전히 군부 세력 출신이었다. 그 다음에는 야당 투사이던 김영삼이 구세력과 연합하여 정권을 쥐고 권력의 '민간화'를 완성했다. 또 그 다음에 한 단계 더 나아가 김대중이 한국 역사상 처음으로 평화적인 '정권 교체'를 이루었다. 민주주의의 단계적 진화다. 그리고 한 단계 더 나아가 노무현이 대통령에 당선됨으로써 일인 지배 체제에 종지부를 찍었다. 이렇게 보면, 한국 정치는, 여전히 많은 문제에 싸여 있지만, 적어도 민주화 과정에서 '진화 모델'의 모범을 보여 준다고 하지 않을 수 없다. 그동안 권위주의로의 회귀 가능성에 대한 우려도 없지는 않았겠지만, 사실상 그 가능성은 크지 않았다고 할 수 있다. 비슷한 시기에 민주화를 이룬 다른 나라들과 비교할 때에도 한국의 민주화는 매우 안정된 단계적 진화를 이루었다고 할 수 있다.

그런데 이런 안정성이 반드시 좋은 것은 아니다. 정치가 안정되었다는 것은 그만큼 변화의 폭과 속도가 작다는 의미도 되기 때문이다. 민주주의 정치제도가 확립되어 있는 곳에서는 정치안정이 반드시 좋은 것이라고 할 수 있지만, 그렇지 못한 곳에서는 안정성이 반드시 좋은 것이라고 할 수 없다. 이는 문자 그대로 안정이 아니라 변화의 느림을 뜻하기에 더 그렇다. 한국 정치는 민주화를 향해, 그리고 개인 통치에서 제도적 정치를 향해 한 발 한 발 나아가고 있지만, 그 궁극적 지향점에는 명백한 한계가 있어 보인다. 이념의 폭이 좁고 사회 발전의 대안이 제한되어 있으며, 바람직한 정치체제의 궁극

지향점에 대한 이해의 폭 역시 매우 좁다.

미국 중심의 자유주의, 자본주의 체제를 벗어날 수 없으며 유럽이나 남미에서 보는 것과 같은 비교적 다양한 선택의 기회가 없다.[6] 그 중요한 까닭은 우리가 미국에 군사적·정신적으로 의존하고 있기 때문이지만, 단일사회적 조건이 그런 상황을 강화하고 있음도 사실이다. 한국 정치는 현대뿐 아니라 역사적으로 혁명적 변환을 겪은 적이 없고 앞으로도 겪지 않을 것이다. 정치 변화는 우리가 예상할 수 있는 한계를 벗어나지 않을 것이고, 그런 점에서 한국 민주주의는 안정과 모자람의 결합체가 될 것이다.

IV. 단일사회와 정치 발전

그러면 이러한 단일사회적 조건과 거기서 파생하는 획일성 집중성, 응집성, 안정성의 특징들이 앞으로 한국 정치 발전에 어떻게 작용할 것인가? 이를 규명하기 위해서는 먼저 정치 발전이 무엇을 뜻하는지를 생각해 볼 필요가 있다. 정치 발전은 국민 통합, 안정, 민주화, 제도화, 투명화, 효율성 제고 등 많은 요소들로 구성된다. 그런데 이 요소들은 수준별 차이가 있다. 국민 통합과 안정은 정치 발전의 가장 기본적인 요소들이며, 이는 비단 정치 차원뿐 아니라 사회 차원에서도 기본적인 국가 형성과 발전의 요건이라고 할 수 있다. 정치적인 측면에 국한하여 본다면 위 요소들 가운데 민주화와 제도화가 궁극적인 목표로서 가장 높은 수준이라고 할 수 있다. 이에 비

---

6) 유럽의 대안에 대해서는 리프킨(2004) 참조.

해 투명화, 효율화, 그리고 안정화 등은 민주화와 제도화의 필요조건이거나 이 두 요소에 포함되는 가치들이라고 할 수 있다. 다시 말해 민주 제도의 심화가 정치 발전의 궁극 목표이고, 이 목표가 이루어지는 것이 곧 정치가 안정되고 투명해지며 효율성이 높아지는 것이라고 할 수 있다.

그래서 여기서는 정치 발전을 궁극적으로 민주주의의 심화와 제도화로 규정할 수 있다. 지도력(리더십)이나 정치문화의 발전도 중요하지만 이들은 민주주의 발전을 위한 요건으로 간주될 수 있다. 여기서 민주화는 정부의 대표성 및 시민 참여의 확대와 자유·인권 신장을 의미하고, 제도화는 정당, 국회 행정부, 참여 경로, 법 절차 등 제도가 강화되는 것을 의미한다. 합쳐서 말하면 정치 발전은 결국 민주정치제도의 발전을 말한다. 이 요소들이 항상 같이 가는 것은 아니지만 결국 이들을 결합시키는 것이 정치 발전의 이상이다.

그러면 한국의 단일사회적 조건은 이러한 정치 발전에 어떤 영향을 미칠까? 정치 발전의 기본 요소들인 국민 통합과 안정, 또 그 궁극적인 목표인 민주주의의 심화 발전에 한국의 단일사회적 속성들이 어떤 영향을 미칠지 생각해 보아야 하는데, 자세한 논의는 다음 기회로 미루고 여기서는 간단하게 요약해 보기로 한다.

첫째, 획일성은 국민 통합, 안정, 정치제도의 발달에 유리하게 작용한다. 평등의식도 민주주의에 유리하게 작용한다. 하지만 동시에 획일성은 다양한 선택을 가로막아 민주화에 불리하게 작용한다.

둘째, 집중성은 획일성과 마찬가지로 국민 통합, 안정과 제도화에 유리하게 작용한다. 하지만 집중성은 권력 분산과 민주화에는 불리하게 작용한다.

셋째, 응집성 또한 획일성, 집중성과 마찬가지다.

넷째, 안정성은 안정 그 자체가 정치 발전의 한 요소이다. 한국 정치는 앞으로 큰 난리를 겪지 않을 것이니 그 점은 한국 정치의 긍정적인 측면이다. 하지만 그 말은 한국 정치체제가 아주 이상적인 체제로 발전하지는 않을 것이라는 말도 된다.

이상의 논의를 요약하면 다음과 같이 말할 수 있다. 한국은 단일사회이기 때문에 국민 통합, 안정, 제도화에 유리하다. 그 반면 같은 조건이 정치이념과 가치 선택 폭을 좁게 만들어 민주주의의 심화에 불리하게 작용한다. 이념적으로 좁고 중앙으로 쏠리면서 비교적 안정된 정치가 한국에서 계속될 것이다. 인권 강화나 정치 참여의 확대와 같은 민주주의 심화의 요건들은 단일사회적 조건과는 직접 관련이 없다. 소수민족 문제 같은 것이 없기 때문에 이 점은 한국 정치의 안정에 유리하다고 할 수 있다.

V. 단일사회의 변화

그러면 지금까지 살펴본 한국 정치의 특징들은 변할 수 없는 것인가? 한국의 단일사회적 조건은 바뀌지 않을 것이며, 거기서 파생하는 정치적 특징들도 변할 수없는 것들인가? 여기서 문화론이 가지는 근원적인 의미와 한계에 대해 생각하게 된다. 한마디로, 문화는 인간 행동을 속박하는 구조적 조건이지만 그것이 사람 행동의 모든 면을 결정하지는 않는다. 또 그 문화 자체도 변한다는 사실도 말할 필요가 있다.

그러면 한국의 단일사회적 특징, 그 조건과 속성들은 얼마나 변할 것인가? 글쓴이의 견해로는, 단일사회라는 한국의 '조건'은 본질상 바뀌기 어렵지만, 거기서 파생한 한국 정치의 '속성'들은 그보다는 바뀔 가능성이 더 크다. 이는 획일성 등의 속성들이 단일사회적 조건에 의해서만 결정되지는 않는다는 점을 의미하기도 한다.

우선, 한국의 특수한 조건인 단일성이 얼마나 유지되거나 바뀔 것인가를 생각해 보자. 많은 논란이 있을지 모르나 필자는 한국의 단일사회적 조건이 약화된 형태로라도 계속 유지될 것으로 본다. 단지 변화하는 현실의 방향과 정도에 대해서는 앞으로 더 연구해야 하리라 본다. 우리 사회의 단일민족적 특징은 유지되겠지만, 외국인들이 더 많이 들어와서 우리 사회의 한 부분을 차지하면 한국인의 생각과 행동에 어느 정도 변화가 올지 모른다. 하지만 이런 변화가 한국인의 정치적 특징 자체를 바꿀 정도는 되지 않을 것이다. 오히려 그런 조건의 변화에 따라 발생하는 새로운 정치적 문제들 예들 들어 외국인 노동자 문제 같은 것들이 더 중요한 의미를 띨 것이다.

그런데 지금 세계의 조류가 국가 사이의 경계를 허무는 세계화 현상인데, 이런 점은 '단일사회' 한국에 어떤 의미를 지니는가? 세계화가 단일사회론의 근거를 흔드는 것은 아닌가? 이런 의문은 당연히 나올 수 있는 의문이다. 세계화의 결과로 외부의 문물과 사람들이 대거 들어오면 한국의 단일사회적 조건이 허물어질 것인가? 그런 점이 전혀 없을지는 모르나, 이는 과장된 생각으로 보인다. 세계화의 결과 한국인들의 사고와 행동이 더 '세계화'될 것임에 틀림없고, 그 결과 한국의 단일사회적 속성이 어느 정도 약화될 것도 사실이다. 그러나 그것이 단일사회의 본질 자체를 허물고 한국을 다민족 사회로 변화시킬 것이라고 볼 수는 없다. 그보다 더 중요한 논점은 한국 사람들이 세계화 조류를 받아들이는 자세 역시 단일사회적 조건에 영향받는다는 점에 있을지 모른다. 단일사회 구성원들의 응집성, 집중성, 획일성이 신자유주의 세계화를 다른 어느 나라보다 더 획일적이고 충실하게 받아들이게 만드는 현상을 보기로 들 수 있다.

그런데 우리가 지금까지 제시한 단일사회적 조건은 주로 민족, 인종, 언어라는 사람 집단의 원초적 구분에 따른 것이다. 이와는 다른 현상으로, 자본주의 발전이 심화됨에 따라 계급 구성원들 사이의 격차가 커지고 그러한 격차가 비단 경제뿐 아니라 사회, 문화, 정치적으로 점점 더 중요해지는데, 이것이 한국의 단일사회적 현실에 어떤 영향을 줄 것인지도 주목거리이다. 계급들 사이의 차이가 심화되어 한국이 더 이상 단일민족 사회라고 말할 수 없을 정도가 될 것인가? 또 그 결과 한국, 한국인이 이 연구에서 제시한 획일성, 집중성, 역동성, 안정성의 특징을 잃을 것인가? 대답하기 어려운 문제이기는 하나, 필자의 생각으로는 그렇다고 하더라도 한국의 단일사회적 속성들은 여전히 건재할 것으로 보인다. 왜냐하면 이차적 구분인 계급 구획과 그 결과 나타나는 계급들 사이의 문화 차이가 원초적 조건인 민족적 단일성에 직접적인 영향을 줄 것으로는 보이지 않기 때문이다. 산업화의 진전에 따라 나타나는 사회의 분화나 계급 분화에 따른 다원성의 증대 같은 것은 아무리 사회적 의미가 크다고 할지라도 이 연구에서 제시한 단일사회 – 복합사회 또는 동질사회 – 이질사회의 구분과는 다른 현상이라고 할 수 있다.

그런데 이와는 달리, 여기서 필자가 강조하고자 하는 한 사실은 한국에서의 계급 격차 심화 역시 단일사회적 속성을 반영하고 있다는 점이다. 다시 말해, 한국에는 민족·인종적 구분과 격차가 없기 때문에 한국의 계급 격차는 그러한 원초적 기반에 입각할 수 없고 주로 학벌 사회의 심화로 나타난다는 사실이다. 한국의 학벌주의가 세상에서 으뜸가는 한 까닭을 여기서 찾을 수 있다. 이런 방식으로 원초적 기반의 단일사회론과 이차적 차원에서의 사회적 이질화를 관계 지을 수 있다. 이 문제에 대해서는 더 심도 있는 연구가 필요하다.

VI. 결론

이 연구에서 밝히고자 한 것은 단일사회라는 한국의 특수한 사정이 한국 정치의 일상과 그 변화에 어떤 작용을 하는지에 관한 것이었다. 그러한 사정이 한국 정치의 여러 모습에 커다란 영향을 주는 것은 분명한 사실이다. 이제 남은 문제는 그 영향의 정도가 얼마만큼이며, 그 영향이 구체적으로 어떻게 나타나는지에 대한 실증 연구일 것이다.

이 연구에서 지금까지 밝힌 한국의 단일사회적 조건은 말 그대로 조건이지 한국의 정치 구조와 한국인의 정치행동을 결정하는 결정 요인은 아니다. 한국의 정치가 그 밖의 다른 요소들에도 영향을 많이 받는다는 사실은 굳이 강조할 필요가 없다. 게다가 단일사회적 조건 자체가 변화할 가능성도 고려해 보아야 한다.

또 단일사회적 조건과 여기서 밝힌 네 가지 속성들 사이의 관계도 변하지 않는지 생각해 볼 문제다. 다시 말해 한국의 단일성이 반드시 획일성, 집중성, 응집성, 안정성을 유발하는지 그렇지 않은지, 또

만약 그렇다면 사회의 변화에 따라 그 유발하는 정도가 바뀌지 않는지 하는 문제도 고려 대상이다.

이 시론은 세계에 보편적인 여러 사회 현상들이 한국이라는 상황에서 어떻게 독특하게 나타나는지를 탐구해 보려는 시도라고 할 수도 있다. 보편 현상인 세계화, 민주화, 또는 산업화의 과정이 한국에서 단일사회적 속성과 어떻게 결합하여 어떻게 나타나는지를 탐구하는 데 유용한 시사점을 제공할 수 있다. 이렇게 보면, "보편 현상이 이렇게 많은데 단일사회론 같은 것이 과연 의미가 있는가?" 하는 식의 예상되는 질문은 이 소론의 의도에서 빗나간 질문이라고 할 수 있다.

이 연구는 설명이 불충분한 하나의 '시론'에 불과하다. 이 시론에서 제시한 가설들이 더 큰 의미를 지니려면 많은 경험 연구들이 뒷받침되어야 한다. 설문조사와 심도 있는 관찰을 통해 한국인의 사고 방식과 행동 유형 등 한국 사회의 다양한 측면에 대한 경험 연구가 뒷받침되어야 비로소 이 소론에 학술적 가치가 있는지 없는지 판가름 나리라 본다. 그러기 위해서는 경험 연구를 실제로 해야 하며, 다른 사회들과의 체계적인 비교연구도 해야 한다. 그런 경험적 연구가 쌓일 때 이 단일사회 정치론의 진정한 값어치가 평가될 수 있으리라 본다.

참고문헌

강준만. 2006. 『한국인 코드』. 서울 인물과사상사.

국가균형발전위원회. 2006. 『살기 좋은지역 만들기』. 서울: 제이플러스 애드.

김경동. 2002. 『한국 사회 발전론』. 서울: 집문당.

김동춘. 1997. 『분단과 한국 사회』. 서울: 역사비평사.

김영명. 2006. 『한국의 정치 변동』.서울: 을유문화사.

김영명. 2005. 『신한국론 단일사회 한국, 그 빛과 그림자』. 서울: 인간사랑.

어수영. 1997. 『가치 변화와 삶과 정치: 한국, 일본, 미국, 멕시코 4개국 비교 연구』. 서울: 이화여자대학교 출판부.

양종회. 1999. "현대 한국의 가치 체계의 기원과 변동", 김일철 외. 『한국 사회의 구조적 이해』. 서울: 아르케.

임현진. 1999. "국가와 지배 구조: 중심 지향적 사회의 세", 김일철 외. 『한국 사회의구조론적 이해』. 서울: 아르케.

Henderson, Gregory. 1968. *Korea: The Politics of the vortex.* Cambridge, Mass. Harvard University Press(박행웅·이종산 역. 2000. 『소용돌이의 한국 정치』. 서울: 한울 아카데미).

Nakane, Chie 저·양현혜 역. 1996. 『일본 사회의 인간관계』. 서울: 소화.

Rifkin, Jeremy 저·이원기 역. 2004. 『유러피언 드림』. 서울: 민음사.

Shin, Doh Chull. 1994. *Mass Politics and Culture in Democratizing Korea.* Seoul National University Press.

Wolferen, Karl Van 저·양현기 역. 1991. 『일본의 권력 구조』. 서울: 시사영어사.

한국 정치 변동 연구를 위한 분석 틀

이 장은 1945년 대한민국이 건설된 이후 일어난 한국의 정치 변동을 서술하고 설명할 분석 틀을 제시한다. 이 분석 틀을 이용하여 필자는 해방 이후 최근까지의 한국 정치 변동을 분석한 책을 내놓았다(김영명 2006). 이 장은 그 책에서 제시한 분석 틀을 옮긴 것이다.[1]

필자는 그 책에서 한국 정치 변동의 여러 국면들을 정권, 국가, 민간사회, 정치사회의 넷으로 구분하고 이들과 이들 사이의 관계 변화를 추적하였다. 그 변화의 원인과 과정, 그리고 결과에 대한 분석이 그 책의 주요 내용을 이루었다. 이러한 정치 변동을 일으키는 원인으로 이 책은 분단, 산업화, 힘겨룸 세 요인의 상호작용에 주목하였다. 이제부터 이러한 네 국면과 세 요인으로 구성되는 한국 정치 변동의 분석 틀을 제시하고자 한다.

---

1) 더 자세한 이론적 논의를 김영명, 『한국 현대정치사』(서울: 을유문화사, 1992)에서 내놓았다. 이 장은 그 논의를 더 압축한 것이다.

Ⅰ. 정치 변동의 네 국면

정권은 국가, 민간사회, 정치사회와는 조금 다른 차원의 용어다. 뒤의 셋이 어떤 정치적인 실체를 가리키는 반면 정권은 실체일 수도 있지만 학술적으로는 그보다 일종의 정치적 규칙이나 규범을 가리키기 때문이다.[2] 그런데 이 네 용어 모두 모호하거나 여러 의미로 쓰이기 때문에 이에 대해 우리 나름대로의 개념 규정을 명확히 할 필요가 있다. 이들의 의미와 상호관계에 대해 서술해 보자.

1. 정권

정권은 한마디로 "통치자와 피치자 사이의 관계를 규정하는 일단의 규칙, 절차, 협약"이다.[3] 조금 더 길게 말하자면 그것은 "주요 정치제도들(입법부와 행정부, 행정부와 사법부, 그리고 정당체계와 이들 모두)을 잇고 시민과 통치자 사이에 존재하는 관계의 정치적 성격(민주적, 과두적, 전체주의적 등)을 규정하는 공식적 규칙"이다.[4]

---

2) 정권이라는 말은 매우 혼란스러워서, 적어도 세 개의 의미를 가진다. 첫째는 이 책에서 규정하는 것처럼 일종의 정치적 '규칙'이나 규범 또는 그것들로 이루어진 구조이다. 둘째는 그러한 구조를 장악하거나 그러한 규칙을 규정하고 실천하는 특정 정치세력의 총체(즉, '규칙'이 아닌 '실체')를 의미하기도 한다. 다시 말해, 권위주의 정권, 민주주의 정권 할 때에는 일종의 규칙, 규범을 일컫지만, 박정희 정권, 전두환 정권 할 때는 그보다는 '정부'에 더 가까운 말이 된다. 이 정도로도 복잡한데, 정권의 셋째 의미가 또 있다. 그것은 정치권력의 준말이기도 하다. "정권을 누가 잡았는가?" 할 때의 정권은 정치권력을 뜻한다. 이렇게 우리말 용례가 혼란스럽기 때문에 이 책 나름대로 정리할 필요가 있다. 이 책에서는 정치권력이라는 의미로는 정권을 사용하지 않을 것이며, 박 정권, 전 정권 같은 표현은 실체가 아니라 규칙을 주로 의미하되 경우에 따라서는 정부와 비슷한 실체의 의미로도 사용한다. 실체로서의 정권은 규칙으로서의 정권을 규정하고 이에 따라 통치하는 '정부'와 비슷하되, 정부보다는 더 부정적인 의미로 쓰이는 경우가 많다.

3) R. C. 매크리디스 지음, 김강녕 옮김, 『현대 정치체제론: 유형과 제도』(서울: 인간사랑, 1986).

4) Fernando Henrique Cardoso, "The Characterization of Authoritarian Regimes", David Collier, ed., *New Authoritarianism in Latin America*(Princeton: Princeton University

더 구체적으로 그것은 최고 권력의 소재, 지배 엘리트의 성격, 정치적 반대세력의 성격과 이들과 지배 엘리트들 사이의 관계, 정부의 정치적 통제 방법(물리적 억압, 선전 물질 시혜 등), 고위 정치인과 공직자들의 충원 방법(선거, 쿠데타 등), 사회 각 부문의 이해가 정치 과정에 반영되는 방식 등으로 구성된다.[5] 요약해서 말하자면, 정권은 정치권력의 행사 혹은 통치의 방법, 정책 결정 과정, 그리고 정치적 계승에 관련된 규칙이며, 그 구조이다.

정권 유형은 일반적으로 민주주의, 권위주의, 전체주의로 크게 나누어지지만, 이들의 여러 유형들을 더 세분화할 수도 있고, 군사 정권, 동원 정권, 관료적 권위주의 정권, 개인적 정권, 가부장적 정권, 제도적 정권 등의 예를 들 수도 있다. 최근 민주주의 이행·공고화론에서는 민주주의, 권위주의 사이에 선거 민주주의, 선거 권위주의 등의 자리를 만들기도 한다.[6]

정권은 흔히 정치 '체제'라는 용어로 대신해 쓰이기도 한다. 그런데 정치체제는 정권뿐 아니라 그보다 더 넓게 특정 정권 구조가 관철되는 정치적 장소, 곧 한 나라의 정치가 일어나는 터 전체를 가리킬 수도 있다. 이럴 경우 그것은 정치의 어떤 '규칙'이 아니라 정치적 '실체'를 가리키며, 이는 국가, 민간사회, 정치사회를 포괄하는 정치의 장을 의미하게 된다. 이렇게 되면 우리가 제시한 정치 국면들의 구분에 혼란이 올 수 있기 때문에, 여기서는 체제보다는 주로 정

Press, 1979), 38쪽.

5) 김영명, "동아시아 정치제제의 이론적 모색", 김영명 편, 『동아시아의 정치체제』(춘천: 한림대학교 출판부, 1998), 9쪽.

6) Larry Diamond, "Thinking about Hybrid Regimes", *Journal of Democracy*, 13: 2(2002); Steven Levitsky and Lucan A. Way, "The Rise of Competitive Authoritarianism", *Journal of Democracy*, 13: 2(2002).

권이라는 용어를 사용한다. 하지만 우리말의 용례를 보면 정권보다 체제가 더 어울리는 경우들이 있다. 예를 들어 권위주의에서 민주주의로의 이행은 정권 이행보다 체제 이행이라는 말이 더 자연스럽다. 이런 어려움이 있기 때문에 여기서는 정권과 체제 두 용어를 경우에 따라 같은 뜻으로 사용하려고 한다.

최근까지의 비교정치학이나 정치경제학에서는 정권보다는 '국가' 개념에 더 관심을 기울이는 경향이 있었다. 이런 경향은 네오마르크스적인 연구 경향을 반영하기도 하지만 비마르크스적인 연구 경향에서도 그런 현상을 볼 수 있다. 정권은 구체적인 정부보다는 항구적인 정치 조직이지만 국가보다는 덜 항구적이다.[7] 한국의 경우를 예로 들자면, 한국의 주변부 자본주의적 국가는 이승만 시기부터 지금까지 근본적인 변함없이 이어지고 있지만, 정권은 민간 권위주의, 군부 권위주의, 민간 민주주의 등 다양한 모습으로 변해 왔다. 국가와 사회의 변모와 이들 상호 간의 역학관계도 한 나라의 정치 구조 변화에서 중요하지만 그것만으로는 설명할 수 없는 고유한 정치 영역이 있다. 정치권력을 둘러싼 각 정치세력 간의 투쟁, 권력 구조의 특성과 특정 정권의 생존력 등의 문제들이다. 국가와 사회의 관계에만 주목하면 이런 정치적인 역동과 변화를 보지 못하거나 그 의미를 축소하게 되는데, 정권에 대한 연구는 그러한 정치 고유의 영역을 해명하기 위해 필요하다.[8] 구체적인 문제들을 들자면, 어느 정치세

---

7) Robert M. Fishman, "Rethinking State and Regime: Southern Europe's Transition to Democracy", *World Politics*, ⅩLⅡ: 3(April 1990), 428쪽.

8) 정치 현상에 대한 이런 식의 일종의 폄하는 비단 마르크스주의뿐 아니라 정치경제적 접근법 모두에서 보이는 문제점이다. 이런 점은 이른바 '국가의 부활' 접근법에서도 마찬가지다. 이 역시 국가-사회의 정치경제적 관계에 초점을 맞추지 더 명백히 정치적인 영역은 관심의 대상이 아니다. Peter Evans, Dietrich Reuschmeher, and Theda Skocpol, eds., *Bringing*

력이 정치권 내의 권력 투쟁에 편입되고 어느 세력이 배제되는가, 왜 개인적인 권위주의 정권(정부)이 제도적 통치 기반을 갖춘 권위주의 정권(정부)보다 오래 지속되는가, 제3세계의 권위주의 정권은 어떠한 과정을 거쳐 민주화되는가 등등의 질문들이다.

한국의 경우 예컨대 왜 박정희 통치가 18년이나 계속될 수 있었는가를 설명하기 위해서는 정권 구조를 직접 연구해야 하는데, 지금까지의 연구에서는 이런 점이 부족했다. 한국 정치학자나 비교정치학자를 막론하고 박정희 '국가'의 억압성, 발전 지향성 등을 따졌지 박정희 체제가 왜 그렇게 오래 지속되었는지를 따져 보지는 않았다. 하지만 이런 문제는 매우 중요하다. 왜냐하면, 박정희 '장기'집권의 성과와 모순이 매우 컸을 뿐 아니라 그 영향이 민주화 과정과 그 이후의 정치과정에도 지속되었기 때문이다.

정권 유형에 대한 관심은 외국 학계에서도 그전부터 있기는 하였으나, 그 변화에 관한 본격적인 관심은 비교적 최근에 일어났다. 특히 1980년대 이후 성행한 정치 민주화 또는 '민주적 전환'과 '민주주의 공고화'에 대한 연구들에서 이러한 관심이 두드러졌다. 그것은 정치체제 변환에 관한 자연스러운 관심의 발로였다고 할 수 있다.[9] 한국에서도 그러한 연구 경향을 도입하여 한국의 민주화 전환과 민주주의 공고화에 대한 연구가 많이 나왔다. 주로 미국 비교정치학계

The State Back In(Cambridge: Cabridge University Press, 1985) 참조.

9) Guillermo O'Donnell, Philippe C. Schmitte and Laurence Whitehead, eds. *Transitions from Authoritarian Rule*(Baltimore and London: The Johns Hopkins University Press, 1986); Samuel P. Huntington, *The Third Wave of Democratization*(Norman: University of Oklahoma Press, 1991). 그 이전에 있었던 대표적인 정권 변환 연구는 군부 쿠데타에 관한 연구라고 할 수 있다. 이에 대한 문헌 비평은 김영명, 『제3세계의 군부 통치와 정치경제』(서울: 한울, 1985), 제1장과 Eric Nordlinger, *Soldiers in Politics*(Prentice - Hall, 1977) 참조.

의 연구 성과들을 이용하여 한국의 민주화 과정을 설명하려고 하였다.[10] 최근에 서경교·김웅진 교수들이 편찬한 책이 체제 이행(곧 정권 변동)을 포함한(동아시아) 정치 변동에 관한 대표적인 이론서라고 할 수 있다. 기존의 정치체제와 변동에 관한 연구업적들을 정리하고, 동아시아 정치 변동 연구의 방법까지 제시하고 있다. 이 주제에 관한 문헌 비평을 원하는 사람들은 이 책을 참고하기 바란다.[11]

2. 정권과 국가, 민간사회, 정치사회

정치 변동의 핵심은 결국 정권 또는 정치체제의 변화라고 할 수 있다. 왜냐하면 첫째, 권력 배분과 행사 방식(즉 정권)이 정치의 핵심이기 때문이며, 둘째, 정권의 변화가 국가나 사회의 변화에 비해 더 쉽고 분명하게 일어나는 정치 변동이기 때문이다. 그리고 셋째, 정권 변화가 국가, 민간사회, 정치사회에 미치는 영향이 그 역의 영향보다 더 분명하고 확실하기 때문인데, 이러한 사실은 정권과 나머지 세 국면들의 성격과 이론적 지위가 다르다는 점에서 나온다. 단순하게 말하자면, 규칙(정권)이 변함으로써 오는 실체(국가, 민간사회, 특히 정치사회)의 변화가 실체의 변화 때문에 오는 규칙 변화보다 단기적으로 더 확실하다는 말이다.

하지만 정치 변동을 제대로 이해하기 위해서는 정권뿐 아니라 국

---

10) 이에 대해 여기서 상세히 서술할 필요는 없다. 필자는 박사학위 논문을 시작으로 지난 20년 동안 한국, 제3세계, 동아시아의 정치체제 변동에 관한 논문과 책을 써 왔다. 비교적 독창적인 부분도 있지만, 기존 학계(미국 학계)의 연구 동향을 크게 벗어나지는 않는다. 연구물의 제목들은 참고문헌을 참고하기 바람.

11) 서경교·김웅진 외 지음, 『동아시아의 정치 변동: 연구의 쟁점과 전략』(서울: 인간사랑, 2001), 그중 특히 김형철·최경희, "정치 변동론의 개념적 쟁점" 참조.

가, 민간사회, 정치사회의 변화도 포괄해서 보아야 한다. 국가, 민간사회와 정치사회는 구체적인 정치적 실체이고 행위자이기도 한 반면, 정권은 구체적인 실체나 행위자가 아니라 오히려 그 실체들의 성격과 관계를 결정하는 규칙이다. 다른 식으로 표현하면 국가, 민간사회, 정치사회의 성격과 상호관계가 특정 정권의 성격을 규정한다고 말할 수도 있다. 정권의 성격이 바뀜에 따라 국가, 민간사회, 정치사회의 성격과 그들 사이의 상호관계도 바뀐다. 거꾸로 이들 세 국면들의 성격 변화가 정권의 변화를 가져오기도 한다.

앞에서 규정한 정권의 개념을 국가, 민간사회, 정치사회의 국면들에 맞추어 다시 규정하면, **정권은 국가, 민간사회, 정치사회의 상호관계를 규정하는 규칙과 그 구조라고 할 수 있다.** 그래서 앞으로 우리의 정치 변동 연구는 정권 변화에 일차적인 초점을 맞추되 국가, 민간사회, 정치사회의 국면들을 포괄할 것이다. 단, 국가와 민간사회에서 정치체제의 변화와 직접 관련 없는 경제, 사회, 문화적인 부분들은 제외됨을 밝힌다.

국가, 민간사회, 정치사회의 개념들에 대해서는 연구가 이미 많이 나와 있기 때문에 여기서 자세하게 되풀이할 필요가 없다. 단지 논의를 명확히 하기 위해 필요한 범위 안에서 이들의 의미와 상호관계에 대해 간단히 논의해 보기로 하자.[12]

국가는 사회적 통제의 결정체로서, 행정, 경찰, 군사 기구의 총체이다. 이 기구들은 한 영토 안에서 배타적 주권을 행사하며, 최고 권위 기구가 이들을 조정한다. 다른 시각에서 보면, 국가는 자본가 계

---

12) 더 자세한 논의는 김영명, 『한국 현대 정치사: 정치 변동의 역학』(서울: 을유문화사, 1992), 제1부 참조.

급이 다른 계급들을 지배하기 위한 도구이다. 따라서 국가는 계급지배의 구체적 실현물이며, 일종의 '지배의 협약'이다. 이러한 두 가지의 개념 정의는 베버와 마르크스를 지적 스승으로 하는 서로 대립되는 두 개의 틀거리를 대변한다. 베버적인 국가관은 정치적인 견해에 관계없이 중립적인 개념으로 누구나 받아들일 수 있다. 마르크스적인 국가관은 각자 이데올로기에 따라 받아들이는 정도가 다르겠지만, 사회의 각 계급 또는 계층, 부문 등 어떤 용어를 쓰더라도 이익 당사자들이 자기 이익 실현을 위해 국가를 이용하거나 국가에 의존하는 것은 부인하지 못한다. 경우에 따라 국가 또한 자신의 이익을 가진 이익 당사자로 행동하기도 한다.

한국의 국가는 주변부 국가, 종속 국가, 반식민지 국가독점자본주의 국가, 발전 국가, 강성 국가, 과대성장 국가, 집정관적 신중상주의 국가, 안보 국가, 분단국가 등의 다양한 이름으로 불려 왔다. 이 이름들은 다양한 지적 배경과 정치적 함축을 지니고 있지만, 세계체제에서의 한국 국가의 위치, 자본주의 발전 과정에서의 역할, 사회세력과의 관계 등에 관련된 용어들이다. 한국 국가 성격은 일단 형성된 뒤 정치적 격동을 겪으면서도 그다지 변하지는 않았다. 다시 말해 주변부 자본주의 국가적 성격, 신중상주의적 성격, 강성 국가, 발전주의적 국가의 성격들이 최근까지 이어져 왔으며, 최근 들어 후자의 성격들이 누그러지고 자유주의적으로 변하는 경향을 보이고 있다. 이는 민간사회의 힘의 발전과 이에 따른 국가-사회관계의 변화를 반영한다. 한편 국가 안의 구성 요소에도 민주화와 더불어 상당한 변화가 와서, 군부 세력의 지배가 사라졌으며 민간 정치인과 관료집단, 민간 전문가들의 구성비율과 힘이 커졌다.

민간사회(시민사회) 개념은 국가의 대칭 개념이다.[13] 민간사회는 "국가의 직접 통제를 벗어나 개인과 집단 사이에 사적이고 자발적으로 조직된 사회생활의 영역, 곧 가정 세계, 경제 영역, 문화적 행위와 정치적 상호작용"으로 구성된다.[14] 역사적으로 민간사회와 국가는 그 영역을 놓고 끊임없이 각축해 왔다. 그리고 그 영역의 구분이 언제나 명확한 것은 아니다. 양자 간의 관계의 변천은 국가와 민간사회 자체의 끊임없는 변화와 그 관계를 설정하는 정치체제의 변모와 함께 이루어져 왔다. 한국의 민간사회는 오랫동안 먼저 성장한 국가('과대성장국가')의 지배 아래에 있다가 국가가 주도한 산업화와 그에 따른 사회문화적 성장 덕분으로 점차 힘을 키워 왔다. 그리하여 군사 독재를 끝내고 국가 정책에 강력한 영향력을 발휘할 정도로 변하였다.

정치사회는 정치세력들이 공공권력과 국가기구를 통제하기 위한 정치적 경쟁을 하기 위한 제도적 틀이다. 이는 우리말로 쉽게 '정치권'이라고 통용되는 정치의 장을 말한다. 선거, 정당, 정치적 지도력, 정치 연합, 의회 등의 기능이 주를 이룬다. 현대 정치에서는 정치사회를 소위 제도권 정당들의 정치적 경쟁이 주도하지만 정치사회의 공식적인 일원이 아닌 정치 행위자들 역시 정치사회의 성격과 과정

---

13) 현재 한국의 학계에서는 civil society를 대체로 '시민사회'로 번역한다. 그러나 이는 서구에서 시민 혁명 이후에 나타난 부르주아 사회, 혹은 적극적인 정치 참여자로서의 시민이 주도하는 사호를 연상케 하는 용어이기 때문에, 더 광범위하고 중립적인 민간사회라는 번역어가 더 적합한 것으로 생각된다. 하지만 특히 정치적 민주화 이후 시민사회가 상당히 발전하였으므로 적합하다고 생각할 경우 그 용어도 쓸 것이다. 시민사회의 개념과 역사에 대해서는 유팔무, 『한국의 시민사회와 새로운 진보』(서울: 논형, 2004), 제1, 2장 참조.

14) David Held, *Political Theory and the Modern State*(Stanford: Stanford University Press, 1989), 6쪽.

에 영향을 미친다. 한국의 경우 특히 군부나 우리가 보통 재야라고 부르는 집단들에게서 이런 점이 두드러졌는데, 이들의 경우도 공식적으로 규정된 정치 규칙에 따르는 한 정치사회의 비공식적인 구성원으로 간주할 수 있다.

국가와 민간사회, 정치사회는 정치 변동의 과정에서 상호 작용하며, 그 과정의 구체적 양상과 조건에 따라 국가와 민간사회의 직접 대결이 더 중요해지기도 하고, 반대로 정치사회의 역할이 더 중요해지기도 한다. 대체로 볼 때, 국가와 민간사회 간의 힘의 격차가 작을수록 정치사회의 역할과 행위자들의 전략적 선택 및 그 상호작용이 더 중요해진다. 이에 대해서는 나중에 다시 서술한다.

II. 한국 정치체제의 변화:
권위주의 – 민주주의와 일인 지배체제의 변화

1. 정치체제의 유형

정치체제(또는 정권)의 유형 분류에 대해서는 지금까지 충분히 나왔다.[15] 우리에게 필요한 것은 그런 일반적인 것이 아니라 한국 정치 변동에 필요한 유형 분류다. 여기서는 한국에 나타났던 정치체제의 성격을 권위주의 – 민주주의의 한 쌍과 개인적 정권 – 제도적 정권의 다른 한 쌍으로 구분한다. 민주주의와 권위주의의 구분은 정치체제 분류에서 고전적이고 보편적이지만, 뒤의 것은 그렇지 못하고

---

15) R. C. 매크리디스 지음, 김강녕 옮김, 『현대 정치체제론: 유형과 제도』(서울: 인간사랑, 1986); Samuel Finer, *Comparative Government: An Introduction to the Study of Politics*(New York: Penguine Books, 1970) 등 참조.

주변적이라고 할 수 있다. 이 두 쌍의 결합에 따라 우리는 개인적 민주주의, 제도적 민주주의, 개인적 권위주의, 개인적 민주주의 등 4개의 정권 유형을 가질 수 있다.

그런데 여기서 제도적 민주주의와 개인적 민주주의는 독자들이 쉽게 이해할 수 있지만, 개인적 민주주의와 제도적 권위주의는 이해하기 어려울 수도 있다. 여기서 개인적 민주주의라고 하는 것은 정치체제를 한 개인이 좌우한다는 뜻이 아니라 전체로서는 민주주의의 성격을 보이되 정치체제의 일부 특히 최고 권력 소재지(국가나 정부 여당)에서 한 개인의 뜻이 지배적인 경우를 일컫는다. 김영삼 - 김대중 정권의 경우다. 이에 대해서는 아래에서 다시 서술한다.

한편 제도적 권위주의는 조금 더 이해하기 쉽다. 대만, 이라크 등에서 나타났던 일당 독재가 가장 대표적이다. 그리고 1960~1970대의 남미 군사 정권도 개인 통치자들이 지배한 것이 아니라 군부 제도의 규범에 따라 실질적으로 군 전체가 통치하였는데, 이런 경우도 제도적 권위주의 체제라고 할 수 있다. 한국에서는 이런 경우가 없었다.

여기서 제시하는 정치체제 분류의 기준들에 대해 간단히 설명할 필요가 있다. 민주주의와 권위주의의 구분은 주로 정치권력이 주민의 의사를 얼마나 많이 대표하고 있는가 하는 '대표성'의 정도와 시민·정치적 '자유'의 보장 정도다. 그 반면 개인적 정권과 제도적 정권은 권력을 주로 개인의 뜻에 따라 행사하느냐 아니면 법·제도의 규범에 따라 행사하느냐에 따라 주로 구분된다고 할 수 있다.

글쓴이는 민주주의와 권위주의를 구분하는 기준을 정치권력(정부)의 대표성과 정치·시민적 자유의 정도로 본다. 먼저, 정치체제의 주민 대표성은 민주주의의 근본적인 본질이다. 정치권력의 대표성은 모든 주민이 정책 결정 과정에 참여하는 직접민주주의에서 가장 높겠지만, 이는 극단적인 경우이고 현실에서는 불가능하기 때문에 실제로는 대의 기구나 다른 방식을 통한 주민의 참여가 얼마나 이루어지며 계급이나 부문별로 이익 대표가 얼마나 고루 이루어지고 있느냐에 따라 민주주의와 권위주의를 구분할 수 있고, 각각의 정도를 측정할 수 있다. 현대 민주주의 체제에서는 주민 대표성이 일차적으로 공정하고 주기적인 보통 선거를 통한 최고 권력자 및 고위 공직자의 선출로 나타난다(공직자의 선출 범위도 문제가 된다.). 이는 현대 자유민주주의의 최소한의 요건이며 보수적인 주류 자유민주주의론자들이 지닌 대표적인 민주주의관이다.[16] 그런데 민주주의가 이에 국한되는 것은 아니어서 민주주의에 대한 끝없는 논쟁이 일어난다. 어쨌든 더 이상의 민주주의는 대표성 확대의 과제로 나타난다.

정치·시민적 자유는 언론, 출판, 집회, 양심의 자유가 보장되고 공권력에 의한 자의적인 체포, 구금이 없는 상태를 말한다. 이런 자유가 어느 분야에서 얼마만큼 보장되느냐에 따라 자유주의의 정도가 결정된다. 그런데 현대 민주주의는 자유주의와 불가피하게 연결되어 있다. 심지어 자유주의와 경쟁하는 이념인 사회주의(사회민주주의)에서도 정치·시민적 자유의 보장은 필수적이다. 그래서 자유보장은 자유주의의 본질일 뿐 아니라 민주주의의 필수 요건이기도 하다. 대표성과 자유가 많이 보장될수록 더 민주주의적이고 보장되지 않을수록 더 권위주의적이라고 할 수 있다. 이렇게 보면 민주주

---

16) 조지프 슘페터, 로버트 달, 앤소니 다운스, 조반니 사르토리 등이다. 이에 대항한 급진적 시각들은 참여민주주의론, 마르크스주의, 여성주의 시각 등을 들 수 있다. Michael Saward, *Democracy*(Cambridge: Polity Press, 2003) 참조.

의와 권위주의의 경계가 종종 모호하며, 이 두 정권 형태는 어떻게 보면 완전히 동떨어진 체제가 아니라 연속선상에 있는 것이라고 할 수 있다. 이런 점은 흔히 두 체제의 헌법 내용이 비슷한 점에서 잘 나타난다.

한국에서도 민주주의나 권위주의로 명확히 규정할 수 없는 경우들이 있었다. 이승만 정권과 박정희 정권 초기가 그랬는데, 이 경우들을 볼 때, 헌법은 명백히 민주주의적이었고 국회 과정이나 언론 자유 등에서 자유민주주의가 상당히 구현되었지만, 다른 한편 실제 정치 과정을 볼 때 경찰, 군, 정보기관의 억압 속에서 의회 정치와 정당 정치가 억압받기도 하였다. 이 경우를 민주주의로 규정할 것인지 아니면 권위주의로 규정할 것인지가 모호하다. 그래서 어떤 이는 '준권위주의'라는 독자 범주를 제시하기도 하는데,[17] 문제는 이 경우도 준권위주의라는 이름에서 나타나듯이 다른 둘과 분명히 다른 또 하나의 정권 유형이 아니라 둘 사이에 존재하는 모호한 범주라는 점이다. 이 책에서는 이를 기본적으로 권위주의 범주에 넣되 더 억압적인 권위주의와 다르다는 점도 분명히 하려고 한다. 헌법 내용보다는 실제 정치 과정과 행태가 더 중요하다고 보기 때문이다.

제도적 통치와 개인적 통치의 구분은 권력 행사가 개인 통치자의 의지와 법 둘 가운데 어느 것에 주로 의존하는가에 달려 있다. 물론 제도적 통치라고 하더라도 지도자의 지도력(리더십)은 매우 중요하다. 그러나 그것 역시 법과 제도의 테두리 안에서 이루어질 경우 제도적 통치로 볼 수 있다. 민주주의 - 권위주의의 경계가 모호한 것처럼 제도적 정권과 개인적 정권 역시 경계가 모호할 수 있다. 예를 들

---

17) 오창헌, 『유신체제와 한국 현대 정치』(서울: 오름, 2001).

어 공산당 일당체제는 다른 어떤 체제보다도 더 제도의 규범이 지배했지만 동시에 스탈린, 모택동의 지배에서 보는 바와 같이 다른 어떤 체제보다도 더 개인적·일인 지배적일 수 있다. 하지만 이 경우에도 지배 정당의 제도적 규범이 비교적 확고했으며 권력 계승이 당 규범, 규칙에 따라 일어났다는 점에서, 개인적 정권이라기보다는 제도적 정권으로 규정할 수 있다. 김일성 정권에 오면 물론 사정이 달라지기는 하지만 여전히 조선노동당의 일당체제적 성격은 두드러진다. 한국의 경우는 제도적 정권으로 볼 만큼 정치제도화가 된 적은 없었고 개인적 정권이 우세하였지만, 동시에 제도의 외피를 쓰려는 노력은 개인 통치자들 자신도 기울였다. 이렇게 보면 제도적 정권과 개인적 정권 역시 전형적인 경우들은 확연하게 구분되지만 중간 지대가 넓고 정도에 따른 문제라고 할 수 있다.[18]

2. 한국 정치체제의 변동

한국 정치체제의 변동은 그 중요성이나 차원의 수준으로 볼 때 일차적으로 '민주주의와 권위주의의 교차'로 일어났으며, 이차적으로 개인적 정권에서 제도적 정권으로의 변화로 나타났다. 이제부터는 후자를 달리 표현하여 '일인 지배체제의 지속과 변화'로 파악한다. 그 까닭은 개인적 정권이라고 하는 것보다는 일인(지배)체제라고 하는 것이 그 뜻을 더 명확히 전달할 수 있어 보이기 때문이다.[19] 한

---

18) 이러한 모호함 때문에 민주주의, 권위주의의 이분법이 아니라 그 사이에 여러 다른 형태의 정권 유형을 제시하는 연구들이 있다. 그리고 민주주의, 권위주의 정권들 자체도 더 세분화할 수 있다. 하지만 이 책에서는 더 세부적인 정권 유형들을 제시하지 않으려고 한다. 이 책의 초점은 한국 정치(특히 정권) 변동의 구체적인 모습들과 그 원인에 관한 것이기 때문에 논의가 산만해지는 것을 막기 위해서다.

국의 정치 변동은 많은 우여곡절을 겪었지만 결국 권위주의(민간에서 군부 통치로 변화)에서 개인적, 일인 지배 민주주의로, 그리고 다시 제도적 민주주의로의 변화로 요약할 수 있다.

위에서 구분한 정권 유형들에 따라 이를 정리하면 이승만 정권과 박정희의 제3공화국은 헌법 구조는 민주주의에 가까웠으나 선거가 공정하지 못했고 정치적 탄압이 만연하여 실제 정치 과정은 권위주의에 가까웠다. 이승만 정권은 일인 체제에 가까웠고 제3공은 일단 제도적 정권으로 출발하여 점차 일인 체제 쪽으로 옮겨 갔다고 할 수 있다. 장면의 민주당 정권은 제도적 민주주의를 시도하였으나 그 제도를 정착하기도 전에 무너졌으며, 유신체제는 한국에서 가장 대표적인 일인 지배 권위주의 정권이었다. 민주화된 이후 노태우 정권은 제도적 민주주의 정권의 성격이 강했으나 야당들의 개인적 지배가 두드러졌으며, 김영삼 - 김대중 정권은 일인 지배 민주주의의 특징을 보였다. 마지막으로 노무현 정권은 일인 지배를 벗어나서 제도적 민주주의로 나아가고 있는 중이다. 이렇게 보면 한국에서는 일인 지배 통치 기간이 제도적 통치 기간보다 훨씬 길었는데, 짧았던 제도적 통치 기간은 그나마 그것이 확립되지 않아 혼란을 겪었던 시기라고 할 수 있다.

여기서 한국 정치 연구에서 일인 지배 체제에 주목하는 것이 왜 중요한지를 간단히 밝히고자 한다. 일인 지배 체제란 한마디로 한 사람의 지배자가 오랫동안 정치를 지배하는 구조를 말한다.[20] 이러

---

19) 제도적 정권과 대비할 때는 '개인적' 정권이라는 말이 더 어울리나 일당 체제와 대비할 때는 '일인' 체제가 더 어울린다.

20) 더 자세한 논의는 김영명(1998) 참조.

한 구조는 비단 권위주의 정권뿐 아니라 민주화된 정권에서도 이른바 '3김 정치'로 표상되는 한국 정치의 핵심적인 한 특징이었다. 한국 정치 연구에서 이런 측면에 대한 연구 성과는 거의 없다. 예컨대 민주화의 원인과 과정을 단순히 국가와 사회의 대립, 또는 군부 세력과 민주 세력 사이의 대립과 전략적 선택의 과정으로만 파악했다. 이들은 그 나름대로 매우 중요한 연구 과제들이기는 하지만 그것만으로는 한국 민주화의 여러 면모들을 다 알지 못한다. 예를 들어, 이런 접근법은 왜 민주화가 된 뒤에 일인 지배의 붕당체제가 그 자리를 대신했는지를 설명하지 못한다. 또 왜 이승만, 박정희 정권이 오래 지속되었으며 그것이 남긴 정치적인 유산이 무엇인지도 제대로 파악하기 어렵다. 이런 문제들을 해명하기 위해서는 국가 - 사회의 관계만 파악해서도 안 되고 단순히 권위주의 - 민주주의 구분만 해서도 안 된다. 정권 구조의 더 자세한 특징을 파악해야 한다.

그런데 '일인 지배 체제'라는 용어가 불러올 수 있는 오해가 있다. 이승만, 박정희 정권은 그들 개인이 국가, 민간사회, 정치사회 모두의 권력을 독점하였다는 점에서 일인 지배체제라고 규정하는 데 무리가 없다. 시기에 따라 그런 점이 약화된 적이 있음을 인정하더라도 이는 사실이다. 그러나 민주화 이후의 일인 지배체제에 대해서는 한정이 필요하다. 이 경우 일인 지배체제는 국가, 사회를 모두 한 사람이 지배했다는 뜻이 아니라 정치사회에서 개인 지도자의 영향력이 압도적이었다는 의미다. 특히 지역주의와 결합한 지역 붕당 안에서의 개인 지배력은 결코 권위주의 독재자들에 못지않았다. 이런 체제의 성격은 민주주의와 권위주의의 차이에도 불구하고 이어졌다. 이 경우에는 조금 완화하여 일인 '주도'라고 하는 것이 더 나을 수도 있지만, 용어의 통일을 위해 일인 지배라는 용어를 그대로 사용하기로 한다.

III. 정치 변동의 요인: 분단, 산업화, 힘겨룸

그런데 한 나라 안에서 일어나는 정치 변동에는 어떤 요인들이 작용할까? 정치체제가 형성되는 경로에는 진화, 혁명, 외부로부터의 이식 등 다양한 것들이 있다. 그 생성과 변화에 관한 일반론적인 연구로 역사사회학적인 연구들이 있으나 여기서 이러한 일반론에 대한 고찰이 필요한 것 같지는 않다.[21]

정치 변동론 중에서 얼마 전까지 성행하였던 민주화 이행의 원인에 대한 연구들은 구조적 요인에 주목하는 연구와 행위자적 요인에 주목하는 연구들로 나눌 수 있다.[22] 구조적 요인에 관한 연구는 민주화를 경제발전의 결과로 파악하거나 계급관계의 변화에서 그 원인을 찾는다. 앞의 것은 국가별 교차비교이므로 특정 나라 안에서의 역사적 변화를 제대로 담을 수 없다. 계급 관계 변화에 대한 연구 역시 각국별로 심도 있는 연구가 많다고 할 수 없고, 계급 변화와 정권 변동의 직접적인 인과관계를 밝히기 어려워서 종종 당연한 듯하나 큰 의미 없는 결론에 이를 수 있다. 이러한 한계가 있기는 하나 이 연구들은 민주화 이행과 공고화에 대한 우리의 이해 증진에 크게 이바지했다.

행위자에 주목하는 연구는 정치 변동의 원인이라기보다는 주로 그 과정과 방향 찾기에 대한 연구이기 때문에 초점이 다르다. 이 경

---

21) 대표적으로 Barrington Moore, *Sodical Origins of Dictatorship and Democracy*(Boston: Beacon Press, 1966).

22) 서경교·김형기, "동아시아 정치 변동 연구의 전개", 서경교·김웅진 외(2001) 참조.

우 관심은 체제 변동의 촉발 요인이 아니라 그 성공 혹은 실패의 과정에 있게 된다. 우리 연구에서는 이를 정치 변동의 '동학'으로서 분석 대상으로 삼는다.

그러면 한국 정치체제의 형성과 변화는 어떤 요인들이 결정하였나? 먼저, 대한민국의 첫 정치체제인 자유민주주의체제가 들어선 것은 다른 요인도 있을 수 있으나 무엇보다 남한을 점령했던 미국이 이를 이식했기 때문이었다. 그 뒤에 일어난 정치체제의 큰 변화, 곧 권위주의화와 재민주화에는 국내외적인 여러 요인들이 작용했지만, 특히 국내 요인들의 상호 작용으로 일어났다. 그 요인들은 여러 가지로, 또 여러 방식으로 밝힐 수 있겠는데, 이 책에서는 무엇보다도 정치세력들의 힘 균형의 변화에서 큰 체제 변동의 원인을 찾는다. 그러나 이것만으로는 너무 단순하다. 단순하지 않으려면 힘의 균형에 변화를 주는 다른 요인들을 파악해야 하는데, 한국의 경우 분단과 산업화의 요인이 매우 중요했다. 거기다 정치세력들 사이의 힘겨룸 자체가 힘의 균형에 변화를 주었다. 따라서 이 책에서는 한국 정치체제를 변화시킨 주요 요인을 '분단, 산업화, 힘겨룸'의 세 요인으로 파악한다. 이에 관련된 이론적 논의는 다른 책에서 길게 하였으므로, 여기서는 간단히 요약하기로 한다.[23]

그런데 세 요인들 가운데 분단, 산업화라는 더 거시적인 요인들은 체제 자체의 성격, 곧 민주주의와 권위주의 간의 변화에 주로 적용된다. 더 미시적인 차원인 일인 체제와 제도적 체제 사이의 변화(체

---

23) 김영명(1992). 그런데 분단, 산업화가 어떻게 이루어졌는지는 우리의 관심사가 아니고, 오히려 그 과정과 결과가 힘겨룸의 내용과 이로 인한 정치체제의 변동에 어떤 영향을 주었는지가 주요 관심사이다. 여기서 중요한 일은 각각의 요인들이 구체적으로 어떻게 상호 작용하면서 한국의 정치체제를 변화시켜 왔는지를 밝히는 일이다.

제 자체의 변화라기보다는 체제 안에서의 권력 구조의 변화)는 주로 힘의 자원과 문화적 요인으로 설명할 수 있다. 이에 대해서는 아래 '구체적인 정치 변동의 요인들' 항에서 논의하도록 한다.

1. 분단과 정치 변동

한반도의 분단이 한국의 정치체제와 변동에 미친 영향은 다음과 같이 요약할 수 있다.[24)]

① 한반도의 분단은 미국이 주도한 세계 정치 – 군사적 전략 구도에 한국이 편입되었음을 의미한다. 대한민국의 성립 자체가 미국의 영향이었다. 정치적으로 자유민주주의 체제, 경제적으로 자본주의 체제의 수립은 남한이 미국의 영향 아래에 들어간 직접적인 결과였다. 한국의 정치경제 체제는 많은 변화가 있었으나 기본적으로 이 틀을 벗어날 수 없었다.

② 이러한 상황은 한국의 정치 과정에 미국 정부가 큰 영향력을 행사할 수 있게 만들었다. 그 영향력은 계속 줄어들었지만, 아직도 상당히 존재한다.[25)]

---

24) 분단 상황을 한국 정치의 중요 국면으로 부각한 연구는 많지 않다. 손호철 외, 『한국전쟁과 남북한 사회의 구조적 변화』(서울: 경남대 극동문제연구소,1991); 박명림(2004); 김동춘, 『분단과 한국 사회』(서울: 역사비평사, 1997); 김동춘, 『전쟁과 사회: 우리에게 한국전쟁은 무엇이었나』(돌베개, 2000) 등. 김진균, 조희연, "분단과 사회상황의 상관성에 관하여: 분단의 사회정치적 범주화를 위한 시론", 변형윤 외, 『분단시대와 한국 사회』(서울: 까치, 1985) 등 참조.

25) 미국은 한국의 정치경제 체제에 넘을 수 없는 경계선을 설정하였다. 반공과 자본주의, 그리고 보수적 정치 구조의 성립과 유지라는 근본 구조다. 구체적인 행동의 면에서도 미국 정부나 의회는 한국의 특정 정치인이나 정파에 대한 지지나 반대, 선거전에서의 간접적인 영향력 행사 등을 통해 한국 정치에 영향을 미쳤다. 그러나 한국의 구체적인 정치 과정을 주도하거나 변동에 결정적인 방향을 제시하는 역할은 하지 않았거나 못했다. 그것은 미국의 한국에 대한 지배력이 제한되었기 때문이었고, 한국의 지배세력이 반공과 자본주의 체제를 유지하는 한 구체적

③ 분단으로 인한 6 · 25전쟁의 와중에서 군부를 중심으로 국가기
구가 크게 강화되었다. 그 반면, 전통적 지배계급이 해체되고
새로운 계급은 탄생하지 못한 결과 사회세력들은 매우 취약하
여, 이에 대한 강력한 국가 통제가 오랫동안 가능하게 되었다.

④ 분단 상황은 한국의 사회와 국가에 반공 이념과 보수주의를
팽배케 하였다. 반공과 안보 이데올로기를 이용하여 국가는 민
간사회를 쉽게 통제한 반면 사회세력들, 특히 진보적인 사회세
력들은 성장에 큰 장애를 겪었다.

⑤ 남북한의 군사적 대치는 군부의 비대로 말미암은 군부 통치를
용이하게 하고 사회의 준군사적 조직화에 이바지했다.

⑥ 국가 안보 문제가 국가 권력자와 보수세력으로 하여금 자신의
지배를 안보와 통일 문제로써 정당화할 여지를 제공했다. 이
런 점은 유신체제에서 절정을 이루었다.

⑦ 분단 상황을 제거하고 통일을 이룩하려는 민간 운동은 한국의
정치과정에 많은 파문을 일으켰다. 이러한 현상은 특히 정권
이 민주화된 초기에 두드러졌다.

⑧ 대북한 정책과 통일 노선들이 정치세력들 사이의 힘겨룸에서
중요한 구실을 했다. 권위주의 정권하에서는 국가의 민간 통
일 운동에 대한 억압이 두드러졌고, 민주화 이후에는 정부가
더 적극적으로 남북한 화해나 통일 문제를 정치적 지지의 자
원으로 이용하였다.

인 정치과정에 개입할 필요가 없었기 때문이기도 했다. 이 책에서는 주요 정치적 사건들에서
미국이 했던 역할을 언급할 것이다. 김영명, "한국의 정치 변동과 미국: 국가와 정권의 변모에
미친 미국의 영향", 『한국 정치학회보』, 22: 2(1988) 참조.

2. 자본주의 산업화와 정치 변동[26]

자본주의 산업화와 한국 정치 변동의 관계는 다음과 같다.

① 분단과 마찬가지로 미국 주도의 자본주의 체제에의 편입은 한
  국 정치경제의 근본 성격을 규정하였다.
② 국가가 주도한 산업화의 성공은 권위주의 지배세력의 물적 토
  대와 정치적 정당성을 제공하였다.
③ 지배세력이 민중 부문을 쉽게 억압한 데에는 산업화의 '급속성'
  이 크게 작용하였다. 산업화의 속도가 매우 빨랐기 때문에 이
  전부터 처음부터 국가의 통제하에 놓여 있던 노동계급은 오랫
  동안 국가나 자본가와 싸울 만한 조직력과 결속력을 갖출 수
  없었다.
④ 급속히 추진된 경제성장의 과실은 중간계급과 상층계급의 정권에
  대한 지지나 묵시적 동의를 끌어내는 데 상당히 이바지하였다.
⑤ 산업화는 그것을 추진한 세력의 의도와는 관계없이 사회구조
  의 다변화를 초래하였고, 결국 정치적 민주화에 영향을 주었
  다. 그중 특히 주목할 만한 것은 노동자, 중간계급, 자본가 계
  급 모두의 성장과 그들 사이의 갈등, 그리고 정치적 영향의 확
  대였다.
⑥ 산업의 불균형 발전이 계급 갈등과 지역 갈등을 야기하였고,

26) 산업화와 직접 관련 없이 일어나는 사회적 변동, 이를테면 교육의 확대, 도시로의 급격한 인구
  이동 등도 특정 시기에 따라 한국의 정치 변동에 상당한 영향을 미친 것으로 볼 수 있다. 그
  러나 급격한 한국의 사회 – 정치적 변화는 아무래도 1960년대 이후의 급속한 산업화의 결과
  로 나타났다고 보는 것이 타당하다. 또한 근대 이후의 사회적 변화 중 산업화가 가장 보편적
  인 범주로 취급되는 것이 일반적이고 타당하다. 이런 이유들 때문에 여기서는 산업화와 직접
  관련이 없는 사회구조적 변화를 독립적인 변수로 설정하지는 않았다.

이는 한국의 정치 과정과 변화에 많은 영향을 주었다.

⑦ 산업화 과정에서 나타나는 경제적 위기가 산업화 과실에서 소외된 세력의 구조적 불만을 폭발시키는 기폭제로 작용하기도 했다.

⑧ 마지막으로, 더 장기적인 시각에서 자본주의 산업화와 정치 민주화의 관계를 주목할 필요가 있다. 이에 대해 산업화의 성과가 민주주의의 정착에 긍정적인 영향을 미칠 것이라는 고전적 논의와 자본주의 산업 심화가 정치의 권위주의화를 야기한다는 주장이 대립되었다.[27] 장기적인 관점에서 볼 때 산업화의 진전이 자유민주주의의 제도를 정착시킬 가능성이 크다고 할 수 있지만, 그 자유민주주의가 얼마나 '민주주의'에 충실할 것인지는 또 다른 문제다.

3. 힘겨룸과 정치 변동

힘겨룸은 모든 정치 현상의 한 본질이지만, 여기서는 한국 정치체제의 형성과 변화에 관련되는 문제들에 국한해 본다. 힘겨룸은 분석의 편의상 여러 측면으로 나누어질 수 있다. 이 책에서는 힘겨룸의 수준, 토대, 쟁점, 주요 세력, 그리고 유형에 주목한다. 앞으로 서술할 한국 정치 행위자들의 상호작용들은 주로 이 힘겨룸의 여러 면모들이 될 것이다. 따라서 이에 대한 서술이 위 분단, 산업화에 대한 서술보다 조금 길게 되는 것이 자연스러우리라 생각된다.

---

27) 김영명, 『동아시아 발전 모델의 재검토: 한국과 일본』(서울: 소화, 1996), 제3장 참조.

(1) 힘겨룸의 수준

힘겨룸의 수준은 1) 국가 안, 2) 정치사회 안, 3) 국가 대 민간사회, 4) 민간사회 안의 네 수준에서 일어나는 것으로 분류할 수 있다.

① 국가 안에서 일어나는 권력 투쟁이 한국의 정치 변동을 유발한 경우가 많았는데, 이 경우 무력을 지닌 세력에 의한 투쟁이기 때문에 폭발적인 양상을 띨 경우가 많았다. 5 · 16 쿠데타와 10 · 26 정변 등이 대표적이다.

② 정치사회 내의 힘겨룸은 정상적인 일상 정치 과정이다. 이런 권력 투쟁이 대규모 정치 변동을 유발한 경우는 없다. 정치사회 내의 권력투쟁은 여당과 야당의 대립, 각 정당 내 정파 간 대립의 형태로 나타난다.

③ 국가와 민간사회 사이에 벌어지는 힘겨룸은 한국의 정치체제 변동에서 핵심적인 역할을 담당했다. 1960년의 4월 봉기, 1980년의 광주 항쟁, 1987년의 6월 봉기 등이 대표적이다.

④ 민간사회 내에서 벌어지는 힘겨룸은 해방 후 좌우익의 투쟁이 대표적이었고, 민주화 이후 최근의 이른바 '이념 갈등'으로도 일부 나타난다.

(2) 힘겨룸의 토대

힘겨룸의 토대들 중 한국 정치 변동에서 중요한 의미를 지닌 것들은 1) 계급, 2) 이념, 3) 지역, 그리고 4) 정치권력이다. 이 중 계급과 지역은 정치 행위자의 소속에 관한 것이고 이념은 행위자의 선택에 관한 것이다. 소속에 관한 것은 원초적인 힘겨룸의 토대인데, 그중에서 지역이 가장 원초적이고 계급이 그 다음이다.

① 한국 정치에서 계급을 바탕으로 한 힘겨룸의 중요성은 시기에 따라 달랐다. 해방 직후의 계급세력의 분출은 반공 국가의 수립과 6·25전쟁의 결과로 크게 위축되었다. 이후 계급에 토대를 둔 힘겨룸이 다시 중요해진 것은, 특히 1970년대 이후 급속한 산업화로 인하여 국가의 통제에도 불구하고 계급세력이 성장, 조직화하면서였다.

② 계급 문제는 불가피하게 이념 문제와 연관되어 있다. 여기서 이념의 문제라고 하는 것은 민주주의 대 권위주의, 그리고 보수주의 대 진보주의의 두 쌍의 대결로 나눌 수 있다. 이 중 '민주주의 대 권위주의'의 문제는 이념 문제로서 명시적으로 부각되지는 않았지만 힘겨룸의 핵심적인 토대였다. 반면 '보수주의와 진보주의'의 대립은 민주화 이후의 주된 이념 갈등이라고 할 수 있다.

③ 지역에 기반을 둔 힘겨룸은 박정희 정권이 펼친 지역 편중 정책에 기반을 두어 1987년의 대통령 선거를 계기로 폭발하였고, 민주화 이후 한국 민주주의의 가장 큰 문제점으로 대두하였다.

④ 정치권력 장악을 위한 힘겨룸, 즉 권력투쟁은 한국의 정치 변동뿐 아니라 모든 정치 일상에서 가장 보편적이고 지속적인 요소다. 이상적으로 이는 정당 활동과 선거를 통한 제도적 차원에서 이루어져야 하지만 흔히 비제도적 차원에서 적나라한 힘겨룸의 모습으로 나타나기도 한다. 정치권력 투쟁은 국가기구들 사이 또는 국가 내 개인들 사이의 권력투쟁, 여야정당 간의 경쟁, 정당 내의 파벌투쟁 등으로 나타났다.

(3) 힘겨룸의 쟁점

위에서 본 힘겨룸의 토대들에 근거하여, 한국에서 나타났던 힘겨
룸의 구체적인 쟁점들은 '민주화', '사회 개혁', '남북한 관계와 통일',
그리고 '권력 배분'에 관련된 문제들로 크게 나누어 볼 수 있다.

① 권위주의 현실과 자유민주주의 이상의 대립은 이승만 정권 수
  립 후부터 최근까지 힘겨룸의 대표적인 쟁점이었다.

② 사회 개혁의 쟁점은 특히 보수주의와 진보주의의 대립을 토대
  로 해방 직후의 좌우익 투쟁과 6·25전쟁으로 절정에 달했고,
  이후 오랫동안 잠복했다가 민주화 이후에 다시 고개를 들었다.
  이러한 대립의 구체적인 쟁점은 민주화의 방향과 사회경제 정
  책으로 집약된다.

④ 북한에 대한 태도와 통일 방안의 쟁점은 지속적으로 중요한
  정치적 쟁점이었지만 권위주의 정권의 억압으로 겉으로 표출
  되지 않다가 민주화 과정과 그 이후에 본격적으로 나타났다.

⑤ 권력 배분의 쟁점은 정치 현상의 항구적인 요소이지만 한국의
  경우 이 쟁점은 특히 정치적 변동기에 두드러지게 나타났다.
  이는 흔히 정치사회 내에서 특정 정치 지도자들을 중심으로
  일어났다.

(4) 힘겨룸의 주요 세력

한국의 주요 정치세력들로는 1) 군부, 2) 학생 – 지식인, 3) 정치인
– 정당, 그리고 4) 상층계급, 중간계급, 하층계급들로 크게 분류할
수 있는 계급세력들, 그리고 5) 공익적 시민단체들을 들 수 있다.

① 군부는 최근까지 가장 강력한 힘을 행사했다. 군부와 군 출신

통치세력은 경제정책을 입안·집행한 기술관료와 경제성장을 실제로 추진한 재벌을 하위 동반자로 하고, 경제성장의 과실과 보안기구와 폭력기구를 이용하여 지배를 장기화했다.

② 학생-지식인은 권위주의 정권에 대항한 가장 대표적인 저항세력이었다. 이들은 유신체제에 접어들면서부터 조직화되었고, 전두환 정권에서부터 이념적 급진화의 경향을 보였다. 민주화 이후에는 정치가 정상화되면서 이들의 역할이 급격히 감소했다.

③ 정치인들은 보수적 정치인과 진보적 정치인으로 구별할 수 있다. 주류인 보수적 정치인들의 힘겨룸은 독재와 민주화의 투쟁이거나 순수한 권력 투쟁이었다고 할 수 있다. 진보적 정치인들은 정치체제와 사회경제적 구조의 대안을 모색하였으나, 그 대안을 실제로 추진할 힘의 자원이 부족했다.

④ 계급세력 중 상층계급은 해방 후의 지주 세력과 그 이후의 재벌을 중심으로 한 상층 부르주아지로 이루어졌다. 박정희 정권의 주도로 급성장한 재벌은 국가의 하위 동맹자로서 보수적, 자본주의적 지배체제의 유지에 물적 토대를 제공해 왔으며, 최근 들어 그 정치적 영향력을 확대하고 있다.

중간계급의 정치적 역할은 이중적이다. 이들은 근본적으로는 자유민주주의를 선호하나, 동시에 산업화의 수혜자로서 하층계급의 정치적 부상이나 정치적 불안을 혐오한다. 따라서 이들은 평소에는 정치적으로 잠잠하나, 격변기에 취하는 이들의 행동이 정치 변동의 방향에 큰 영향을 미친다. 하층계급의 정치적 역할도 이중적이다. 농민의 경우 전통적으로 준봉투표를 통하여 기존 정권의 유지에 봉사해 왔다. 노동세력의 정치적

영향력은 산업화의 진전에 따라 커져 왔으며, 국가 억압의 정
도에 따라 변해 왔다. 도시빈민들은 정치세력으로 조직되지
않았으나, 정치적 격변기에 대중적이고 자생적인 힘을 발휘할
수 있다.

⑤ 민주화 이후에는 중간계급적인 성격을 띤 다양한 시민운동들
이 활성화되었다. 시민단체의 정치적 역할이 이전의 학생·재
야 운동을 대체하였다. 국가의 사회 통제력은 민주화 이후 약
화되었다.

(5) 힘겨룸의 유형

힘겨룸의 유형은 개인적-파당적, 제도적, 집단적, 그리고 대중적
힘겨룸의 네 가지로 나누어 볼 수 있다.

개인적-파당적 힘겨룸은 주로 국가 내부와 정치사회 안에서 볼
수 있다. 국가기구 간의 파벌 싸움, 정권의 후계 계승을 위해 일어나
는 권력 투쟁, 여야 정당 내부에서 일어나는 파벌 투쟁 등이 이에 속
한다.

제도적 유형의 힘겨룸은 정치사회에서 정해진 규칙과 절차에 따
라 경쟁을 하는 유형이다. 정치사회에서의 선거나 정치 연합 등의
방법을 통해 이루어진 유형의 힘겨룸 방식인데, 특히 민주화 이후에
그 역할이 중요해졌다.

집단적 힘겨룸은 국가기구나 민간 집단이 집단으로서 힘을 행사
할 때 일어난다. 국가기구에 의한 힘 투쟁의 대표적인 경우는 군부
쿠데타이고, 민간 집단의 경우는 민주화를 향한 또는 자기 이익을
위한 집단적 시위의 경우들이 이에 해당한다. 이 경우 적나라한 힘

투쟁의 형태를 수반하기 쉽다.

대중적 유형의 힘겨룸은 민간사회가 국가와 정치사회에 대항하는 대표적인 힘겨룸 형태이다. 이것은 비교적 덜 조직된 국민 다중이 시위나 봉기, 파업 등의 형태로 정치세력화할 때 일어난다. 이러한 힘겨룸은 개인적-파당적 힘겨룸 유형과 더불어 최근까지 한국의 정치 변동에서 가장 지속적이고 중요한 역할을 담당하였다. 대중적 힘겨룸은 집단적 힘겨룸과 연계될 때 더 강력한 투쟁이 된다. 최근 에는 정보화의 진전과 더불어 새로운 형태의 대중적 힘겨룸이 나타 났는데, 그것은 바로 인터넷을 통한 대중 동원의 방식이다. 인터넷 은 물론 대중적 힘겨룸뿐 아니라 제도적, 집단적 유형의 힘겨룸에서 도 중요한 역할을 담당한다.

4. 분단, 산업화, 힘겨룸의 상호 관계

위에서 본 세 요소는 이론적 성격이 서로 다르다. 분단은 한국의 특수한 현실이며, 산업화가 정치체제에 미치는 영향은 변동 사회에 서 흔히 나타나는 현상이다. 힘겨룸은 산업화보다 더 보편적인 것으 로서 체제 변화를 포함한 모든 정치 현상의 한 본질을 이룬다. 따라 서 이론적인 지위로 보자면, 산업화와 힘겨룸이 분단보다는 높은 지 위, 혹은 '추상성'을 지닌다. 그러나 이론적 지위가 낮다고 하여 현실 적 중요성이 낮다는 말은 아니다.

분단과 산업화는 한국 정치체제 형성과 변화의 구조적 토대를 이 룬다. 이 중 분단은 한국 정치체제 성격의 근본 한계를 설정한다. 즉 공산주의나 사회주의 체제의 대안을 원천 봉쇄하고, 자본주의와 반공주의에 맞는 정치체제로 한정한다. 이렇게 보면 분단 상황은 한국 정치 변동의 직접 요인이라기보다는 오히려 변동을 억제하는 요인으로 작용하는 측면이 크다고 할 수 있다. 산업화 역시 구체적인 정치체제 형성과 변동의 직접 원인이나 동력이라고 보기는 힘들다. 오히려 장기적인 사회 변화를 통해 정치체제의 성격을 형성하는 측면이 강하다고 할 수 있다. 산업화는 정치세력의 형성과 힘 균형의 변화를 초래함으로써 정치체제 변동에 영향을 준다. 이 역시 분단과 마찬가지로 한국 정치 변동에서 일종의 구조적 토대를 마련한다. 이와 달리 힘겨룸은 체제 형성과 변화를 직접 초래하는 구체적인 현상이자 요인이다. 이와 동시에 일상 정치의 본질적인 모습이다. 이상과 같은 세 요소의 상호작용으로 한국 정치의 구조는 형성되고 변화하는데, 그 내용을 간단히 요약하면 다음과 같다.

① 분단과 자본주의 체제로의 편입은 미국의 남한 점령과 미국의 후견 국가 탄생으로 규정되었다. 그 과정에서의 힘겨룸은 매우 심했다.

② 분단으로 인한 남북한 대결이 남한 권위주의 정부로 하여금 산업화에 매진할 동기를 부여하였다. 남한의 산업화 성공이 남북한 관계에서 남한의 우위를 가능케 하였고, 대북 및 통일 정책이 힘겨룸의 쟁점이 되었다.

③ 산업화로 인한 계급 갈등은 좌우 이념 갈등과 연결되거나, 더 많은 경우 국가가 그렇게 덮어씌워 정치적 통제에 이용하였다. 국가는 노동 분규와 도시 서민의 소요, 또 '노학연대'를 북한 사주 공산주의와 연계시켜 탄압하는 경우가 많았다.

④ 분단, 산업화의 요소는 위와 같은 방식으로 정치적 힘겨룸의

바탕을 이루었다. 이 힘겨룸은 다양한 방식으로 다양한 수준
에서 나타났다.

⑤ 분단 요인은 한국 건국 과정과 이후 몇 년간 엄청난 중요성을
가졌다. 그 이후에는 지속적인 구조적 요인으로 작용했지만,
직접적인 힘겨룸과 정치 변동의 요소로 작용하지는 않았다.

⑥ 산업화 요인이 정치적 힘겨룸과 정치 변동의 직접적인 원인으
로 작용한 적은 없고, 대체로 간접적인 요인으로 작용하였다.
하지만 경제가 발전하고 계급세력이 성장함에 따라 그 정치적
의미는 점차 커져 왔다고 할 수 있다.

IV. 정치 변동의 여러 측면

앞에서 보았듯이, 이 책은 한국의 정치 변동이 두 차원에서 이루
어진 것으로 파악한다. 하나는 더 큰 차원으로, 자유민주주의의 이
식과 권위주의로의 변화, 그리고 민주주의 재생의 과정이다. 즉, 민
주주의의 좌절과 발전이다.[28] 이는 체제 '자체의' 변화다. 다른 하나
는 좀 더 세부적인 차원으로서 일인 지배체제의 성립과 그 소멸이
다. 이는 한 체제 '안에서' 일어나는 권력 구조의 변화에 해당하기도
하지만 체제를 가로지르는 권력 구조의 양상으로 나타나기도 했다.
이 둘을 종합하자면, 한국의 정치 변동은 자유민주주의의 이식, 개
인적 권위주의(일인 지배 권위주의)로의 타락, 일인 지배 민주주의로
의 변화, 그리고 궁극적으로 제도적 민주주의로의 발전 과정으로 파

---

28) 이를 '민주 사관'으로 볼 수 있다. 김영명, "민주 사관으로 본 한국 현대정치사", 이달순 외,
『한국 정치사 논쟁』(수원: 수원대학교 출판부, 2002) 참조.

악할 수 있다. 아래에서는 각각 차원에서의 변화의 원인과 과정을 밝히고, 이와 관련되는 정치 변동의 여러 모습들을 살펴보도록 한다.

1. 변동의 차원

정치체제의 변동은 몇 가지 차원으로 구분하여 볼 수 있다. 그것은 체제 '자체의' 변화, 체제 '안의' 변화, 그리고 체제 '밖의' 변화다. 체제의 변화는 체제 자체의 변화, 곧 정권 구조의 변동을 말한다. 대표적으로 권위주의화나 민주화의 문제다. 체제 안의 변화는 한 체제 안에서 정치제도나 담당 세력들이 변하는 것을 말한다. 한국의 경우 유신체제 탄생처럼 권위주의 안에서의 변화도 일어났지만, 민주화 이후에는 민주주의 안에서의 정치제도 변화나 민주주의의 성숙이 관심거리다. 체제 밖의 변화는 정치 구조나 제도보다는 주로 사람에 해당한다. 정치 지도자의 지도력, 그들이나 일반 국민들의 정치문화 등을 가리키는데, 이 요소들은 정치체제와 상호 작용하나 그 구성 요소라고는 볼 수 없다. 이 문제들은 특히 민주화 이후 한국 정치 발전의 주요 과제이지만, 체제에 주목하는 이 책의 주요 관심사는 아니다.[29] 정치체제의 주된 변화인 권위주의화, 민주주의화는 체제 자체의 변화에 해당하는 반면 부차적 변화인 일인 지배와 그 변화는 위 세 차원 모두에 해당한다고 볼 수 있다.

---

[29] 글쓴이는 정치체제를 정치의 '굳은모(하드웨어)'로, 정치문화를 정치의 '무른모(소프트웨어)'로 규정한 바 있다. 김영명(1998).

2. 변동의 국면들과 방향

한국 국가, 민간사회, 정치사회의 변화들은 어떻게 요약될 수 있을까? 국가의 변모는 지배세력의 변화, 국가기구들 사이의 관계 변화, 국가 능력과 자율성의 변모, 그리고 이들 모든 국면들에 미치는 세계체제적 요소의 변화에 관련된다. 정치사회의 변화는 선거 과정, 정당의 생성과 소멸, 이들 사이의 연합, 정당과 여러 사회세력들의 관계, 그리고 이들을 규정짓는 게임 규칙들의 변화를 일컫는다. 민간사회의 변모는 산업화, 계급구조의 변화, 도시화, 교육의 확대 등이 미치는 정치적 영향에 관한 것이다.

이들의 변화는 다음과 같이 간추릴 수 있다. 일제강점기 때부터 국가는 이른바 '과대성장'하여 미성장한 민간사회를 지배했다. 대한민국 건국 후 한국의 국가는 1950년대의 준비기를 거쳐 1960년대의 본격적인 산업화로 강력한 자율성을 지닌 강성 발전 국가로 발전했다. 국가 안의 지배세력은 지주 출신, 독립 운동 세력에서 군 출신으로 바뀌었고, 그 이후 관료집단의 중요성이 증대하였다. 산업화가 진전되고 민간사회가 성장하자 국가─사회 간 힘의 불균형이 줄어들었다. 최근에 와서는 시민단체의 역할이 커지고 재벌의 사회경제문화적 힘이 국가를 능가하는 모습을 보이기도 한다. 노동세력도 정치화되고 중간계급의 정치적 역할도 확대되었다. 이런 역할들은 반드시 정치 조직을 통해서 나타나는 것은 아니다. 오히려 비조직이고, 비계급적인 대중사회적 분출이 정치적 격변기에 중요한 역할을 해왔다. 이런 의미에서 한국에서는 아직 계급 정치가 본격화하지는 않았다.

정치사회는 정당이나 공정한 선거 절차와 같은 제도가 오랫동안 정착되지 못하고 강력한 개인의 이른바 '인치'가 오랫동안 지배했다. 이러한 일인 지배의 종식과 제도 성장은 이제 막 시작한 셈이다. 이러한 변화는 국가-사회관계의 변화보다 더 늦게 왔다. 이렇게 보면 지금은 국가-사회관계도 어느 정도 균형을 이루고 정치사회의 일인 지배도 끝나서 제도적 민주주의가 발전할 단계에 와 있다. 그러나 다른 문제들이 한국 민주주의의 발전을 위협하고 있다. 특히 자본의 힘이 자유민주주의 제도를 통하여 국가-사회를 지배할 가능성이 커지고 있다. 이는 한국뿐 아니라 세계 민주주의 전체가 당면한 공통의 문제이기도 하다.

3. 일인 체제와 정치 변동

그런데 한국에서는 일인 체제의 성격 자체가 정치체제의 변동에 특정한 작용을 한다. 우선, 일인 체제는 정치제도화를 가로막는다. 물론 이 두 요소 가운데 어느 것이 원인이고 어느 것이 결과인지를 따지기는 어렵다. 제도화가 빈약하다는 점은 일인 체제가 같은 '일극 체제'의 다른 유형인 일당체제와 근본적으로 다른 점이다. 일당 체제에서는 정당이 제도화되어 그 당의 논리에 따라 정치 과정과 통치자 계승이 일어나는 반면, 일인 체제에서는 개인 지도자의 의향에 따라 그것이 좌우된다. 그래서 정치 과정의 불확실성과 혼란의 가능성이 높다.[30] 일인 체제는 또 자연히 특정 개인의 장기 집권으로 가기 쉽다. 정치제도가 빈약한 가운데 한 사람이 권력을 독점하기 때문에

---

30) 일극체제의 유형 분류와 이론적 검토에 대해서는 김영명(1998) 참조.

장기 집권이 나타난다. 달리 보면 장기 집권으로 가는 과정이 일인 체제를 완성시켜 가는 과정이라고 볼 수도 있다. 이런 경우는 박정희의 유신체제가 대표적이었다.

장기 집권 일인 체제에서 보이는 제도화의 부족은 일상 정치 과정뿐 아니라 권력 계승에서도 그대로 나타난다. 일인 체제에서는 권력 계승이 제도화되지 못하기 때문에, 법 절차에 따른 평화로운 권력 이양이 이루어지기 어렵다. 그래서 장기 집권의 끝은 파국이 되기 쉽다. 이승만의 하야와 박정희의 피살이 그 증거였다. 한국뿐 아니라 니카라과의 소모사 정권, 이란의 팔레비 정권, 이집트의 나세르 정권 등 다른 나라에서도 이런 예는 얼마든지 볼 수 있다. 일당 체제의 비교적 질서 잡힌 권력 계승과는 매우 대조적이다.

4. 구체적인 체제 변동의 원인

한국에서 구체적인 정치 변동들이 어떤 원인으로 일어났는지를 밝히는 것이 이 책의 주요 목적 중 하나다. 앞으로 우리가 주목할 정치체제 변동의 내용과 그 요인들을 간단히 간추리면 다음과 같다. 본문의 해당 부분에서 더 구체적인 설명을 할 것이다.

① 누가 왜 자유민주주의를 이식하였는가? 우리는 이를 미국과 소련의 한반도 분단, 미국의 남한 점령과 이에 따른 미국식 체제의 이식에서 일차적인 원인을 찾고, 한국 내의 사정도 감안한다.

② 왜 도입된 자유민주주의는 살아남지 못하고 가부장적인 일인 지배 권위주의로 타락하였는가? 이 질문은 두 가지로 구성된다. 하나는 민주주의가 권위주의로 바뀐 이유이고, 다른 하나는 그

권위주의가 일인 지배의 성격을 보인 이유이다. 첫째 질문에 대한 대답은, 당시 한국에서 민주주의를 꽃피울 사회 · 경제 · 정치 · 문화의 조건들이 하나도 제대로 갖추어지지 않았다는 사실이다. 둘째 질문에 대한 대답은 일당체제의 발생 원인인 극심한 사회적 양극화가 없었고 동시에 개인 지배자의 권력욕을 제어할 제도와 세력도 없었다는 데서 찾을 수 있다.[31]

③ 왜 민간 정권은 군사 정권으로 대체되었는가? 군부 쿠데타의 원인은 무엇이었는가? 쿠데타의 원인으로는 민간에 비해 군의 앞선 성장과 민간사회에 대한 힘의 우위, 군부 안의 불만과 쿠데타 주역들이 느꼈던 국가 운명에 대한 소명 의식들이 복합적으로 작용했다. 여기에는 수입 민주주의의 위기가 구조적인 요인으로 작용하였다.

④ 왜 군사 정권 역시 이전의 민간 정권과 마찬가지로 가부장적인 일인 지배 체제가 되었는가? 무엇이 일인 지배자의 장기 집권을 가능하게 하였는가? 당시 군부는 제도화가 덜 되었기 때문에, 다시 말해 군 내부의 규율이나 규범, 규칙들이 확립되지

---

31) 김영명(1998), 17 – 19쪽. 헨더슨 식으로 말하면 중간집단이 발달하지 못한 역사적 현실이 권력 중앙 집중과 더 나아가 개인 집중에 이바지한 것으로 볼 수 있다. Gregory Henderson, *Korea: The Politics of the Vortex*(Cambridge: Harvard University Press, 1968). 최근에는 한국의 단일사회적 속성이 권력 집중에 이바지했다는 가설도 나왔다. 김영명, 『신한국론: 단일사회 한국, 그 빛과 그림자』(서울: 인간사랑, 2005). 더 일반적으로는 정치제도화의 부족이 권력의 개인화를 부추겼다고 볼 수 있으나, 이 경우 어느 것이 원인이고 어느 것이 결과인지 따지기 어려운 난점이 있다. 사실 이 둘은 다른 것이 아니고 같은 현상이기 때문에 분리하여 원인 – 결과를 따지기보다는 이 둘 공통의 원인을 찾는 것이 더 타당해 보인다. 그러면 결국 원인은 근대 정치제도가 발전하지 못한 역사에서 찾을 수밖에 없다. 다시 말해, 너무 당연해서 의미 없는 말 같지만 사회 전체가 민주주의를 운용할 준비가 안 되었다는 말로 귀결된다. 이에 대해 학술적으로 논의한다는 자체가 오히려 우스울 수 있다. 그래서 오히려 학술적인 논의는, 왜 민주주의가 정착되지 못했는가 하는 것보다는 이를테면 왜 일당체제가 안 되고 일인 체제가 되었는가와 같은 더 세부적인 문제에 관한 것이 되어야 할 것 같다.

않고 개인이나 파벌들의 자의적인 행동과 상호 경쟁이 만연했기 때문에, 군 전체가 하나의 제도로서 쿠데타를 일으킨 것이 아니고 특정한 파당이 쿠데타를 일으켰다. 이들이 쿠데타에 성공한 뒤 그들 사이의 파벌 싸움을 통해 특정 개인이 최고 권력자로 부상했다. 그 특정 개인은 그 이후에도 정적들을 제거하면서 개인 권력을 확립했다. 이를 저지할 세력이 정치사회, 국가, 민간사회 모두에서 미약했다.

⑤ 왜 유사 민간 정권은 강성 권위주의로 변했는가? 다시 말해 유신체제가 왜 탄생하였는가? 여기에는 박정희의 장기 집권 의지와 안보 위기의식, 소명의식 등이 복합적으로 작용하였고, 그 배경으로 국내외적인 어려움이 있었다.

⑥ 왜 군사 권위주의는 민간 민주주의로 변했는가? 민주화의 요인은 무엇이었는가? 근본적으로, 민간 민주 세력과 군·권위주의 세력 사이의 힘의 균형이 달라졌다. 산업화와 경제 개발로 경제가 어느 정도 궤도에 오르자 국민들이 민주 가치를 더 추구하게 되었다. 국가의 사회에 대한 통제력도 줄어들었다.

⑦ 왜 민간 민주주의는 여전히 일인 지배체제가 되었는가? 이 역시 이전 정권들의 경우와 마찬가지로 정치제도가 발전하지 못했고 집권세력 안에서도 이를 견제할 힘이 없었기 때문이었다. 박정희 일인 체제의 유산 때문에 민주화를 주도한 정치세력도 안에서는 비슷한 권위주의적 일인 체제를 형성하였고, 그것이 민주적인 정치체제에서도 이어졌다.

⑧ 왜 민간 일인 지배 체제가 끝나고 제도적 민주 체제로 변화하고 있는가? 여기에서는 무엇보다 시간의 요소가 크다. 시간이

지나면서 특정 개인 지도자들이 사라지고 일인 지배의 유산이 희석되었다. 정치제도가 점차 발전하고 사회세력들도 성장하여 일인 지배를 더 이상 용납하지 않게 되었다.

5. 변동의 동학

정치 변동에는 두 측면이 있다. 하나는 변동의 방향 또는 내용이며 다른 하나는 변동 자체의 동학이다. 지금까지는 앞의 것에 대해 논의하였는데, 이제 뒤에 대해서도 간단히 보아야 한다. 변동의 동학을 통해 그 내용이 형성되며, 그 결과 다시 변동의 동학이 발생한다. 이러한 과정은 완급과 강약의 차이가 있지만 끊임없이 일어나는 정치의 과정이다.

분단, 산업화, 힘겨룸의 요인들로 일어나는 한국 정치체제의 변동은 구체적으로 어떤 과정을 통해 일어나는가? 이 책에서는 이에 대해 아래의 가설들을 설정하고, 이들을 구체적인 한국 정치 변동에 적용하려고 한다. 그런데 이 동학은 주로 정치체제 '자체의' 변동을 가리킨다.

1. 정치 변동은 각 정치세력 간의 힘 균형의 변화에 따라 시작된다.

2. 이러한 힘 균형의 변화는 자본주의 산업화, 분단 상황, 힘겨룸 과정, 그리고 이들 간의 상호작용에서 나온다.

2.1. 자본주의 산업화는 사회계급의 성장, 분화를 통한 계급갈등과 불균형 성장으로 인한 지역 간의 갈등을 통해 힘의 균형에 변화를 준다.

2.2. 분단은 군부의 비대화로 인한 민군관계의 변화와 반공 이념

의 팽배로 인한 특정 정치세력의 성장, 다른 정치세력의 쇠퇴라는 과정을 통해 힘의 균형에 변화를 준다.

2.3. 이러한 구조적 요인 외에 각 정치세력 간의 힘 투쟁의 구체적 결과 또한 그들 간의 세력 구도에 변화를 준다.

3. 힘겨룸은 국가에 대한 민간사회의 도전, 특정 국가기구에 의한 정권 담당세력에 대한 도전, 정치사회 내의 정치적 경쟁, 민간사회 내 사회세력들 간의 투쟁 등 다양한 수준에서 나타난다.

3.1. 이러한 투쟁이 국가에 대한 투쟁으로 변할 때 거시적 차원에서의 정치 변동의 재료가 형성된다. 여기에는 대개 정치적 도전을 폭발시키는 정치적 촉매가 작용한다.

3.2. 정치적 도전의 강약과 성패에는 정권의 정치적 정당성과 국가의 정치경제적 효용성이 크게 작용한다. 정권의 정치적 정당성에 대한 국민의 인식은 힘 균형 변화가 정치적 도전으로 발전하는 관건이 된다. 자본주의 산업화 과정에서 나타나는 경제적 위기는 국가의 효용성에 큰 영향을 미치고 정치적 저항을 초래할 수 있다.

4. 국가와 도전세력의 투쟁에서 정치 변동의 방향을 결정하는 것은 국가와 저항세력 사이의 힘 격차이다.

4.1. 힘의 격차는 각 세력이 가진 힘의 자원과 그 사용 의도 및 기회, 그리고 각 세력의 응집성 혹은 분열의 정도에 따라 결정된다.

4.2. 힘의 격차가 클수록 국가와 민간사회 혹은 국가 안 도전세력 간의 직접적 대결이 중요하고 작을수록 정치사회의 역할이 중요해진다.

4.3. 힘의 격차가 클수록 적나라한 힘의 역할이 커지고 작을수록 협상과 타협의 역할이 중요해진다.

4.4. 힘의 격차가 작을수록 구체적 행위자의 전략, 정치적 선택의

역할이 중요하고 클수록 구조적 구속성의 결정력이 커진다.

4.5. 집권세력의 힘과 응집성이 도전세력의 그것을 압도하는 경우, 정치 변동이 일어나지 않거나 국가와 정권이 강화되는 변화를 겪는다. 도전세력에 대한 국가의 진압이 성공하기 때문이다.

4.6. 집권세력의 힘이 도전세력의 힘을 압도하지 못하거나 비슷할 경우 진압은 실패한다.

4.6.1. 진압이 실패할 경우 집권세력이 취할 수 있는 전략은 도전에 적응하여 양보하거나 변동을 선제적으로 주도하는 전략이다. 이 경우 정치 변동은 정권의 수정과 정치사회의 부분적인 변화로 나타난다. 대개 국가와 민간사회 성격의 변화는 수반되지 않는다. 단 국가와 민간사회의 관계에 상당한 변화가 올 수는 있다.

4.6.2. 집권세력이 도전세력을 압도하지 못하고 변화도 주도하지 못할 경우 힘겨룸은 교착 상태에 빠지게 된다. 그 결과는 내전을 포함한 장기적 혼란이다. 그 궁극적 결과는, 다시 장기적 교착 상태에서 형성되는 힘의 균형의 변화에 달려 있다.

4.7. 집권세력이 도전에 적응하거나 이를 수용하지 못하고 도전세력의 힘이 국가의 그것을 능가할 때, 대규모의 정치 변동이 가능하다. 이때 정권의 변환과 정치사회의 변화가 일어나고, 국가와 민간사회의 성격이 변할 수 있다. 국가와 민간사회의 성격이 크게 변하는 경우가 바로 대혁명의 경우이다.

5. 정치 변동에 영향을 주는 국제적 요인은 세계체제의 구조적 요인과 강대국의 구체적 간섭을 들 수 있다. 어느 요인이든 국내적 구조 및 행동과 상호 작용함으로써 정치 변동에 영향을 준다. 그 구체적 모습은 개별 시기와 사안에 따라 다르다.

한국에서 일어난 주요 정치 변동의 분기점들은 다음과 같다.

1948: 대한민국 건국. 자유민주주의 체제 이식. 일인 지배 권위주의로 변화. 이후 국가 성격의 본질적인 변화 없음. 민간 사회는 산업화의 결과 점진적으로 성장.

1960: 대중 봉기를 통한 정권 변환. 민간 민주주의 실험.

1980: 군사 쿠데타를 통한 정권 변환과 국가 강화.

1972: 궁정 쿠데타를 통한 권위주의 정권 강화, 국가 강화.

1980: 민주화 실패.

1987: 대중 봉기와 국가 주도의 혼합에 의한 재민주화. 정권 변환. 국가 본질 유지, 민간사회와 정치사회의 중요성 증대.

2002: 일인 지배체제의 종식과 자유민주주의의 제도화.

참고문헌

김영명. 1996. 『동아시아 발전 모델의 재검토: 한국과 일본』. 서울: 소화.
김영명. 1998. "동아시아 정치제제의 이론적 모색", 김영명 편, 『동아시아의 정치체제』. 춘천: 한림대학교 출판부.
변형윤 외. 1985. 『분단시대와 한국 사회』. 서울: 까치.
서경교 · 김웅진 외 지음. 2001. 『동아시아의 정치 변동: 연구의 쟁점과 전략』. 서울: 인간사랑.
손호철 외. 1991. 『6 · 25전쟁과 남북한 사회의 구조적 변화』. 서울: 경남대 극동문제연구소.
오창헌. 2001. 『유신체제와 한국 현대 정치』. 서울: 오름.
유팔무. 2004. 『한국의 시민사회와 새로운 진보』. 서울: 논형.
R. C. 1986. 매크리디스 지음, 김강녕 옮김. 『현대 정치체제론: 유형과 제도』. 서울: 인간사랑.
Held, David. *Political Theory and the Modern State*(Stanford: Stanford University Press, 1989).
Henderson, Gregory. *Korea; The Politics of the Vortex*(Cambridge: Harvard University Press, 1968).
Huntington, Samuel P. *The Third Wave of Democratization*(Norman: University of Oklahoma Press, 1991).
O'Donnell, Guillermo, Philippe C. Schmitte and Laurence Whitehead, eds. *Transitions from Authoritarian Rule*(Baltimore and London: The Johns Hopkins University Press, 1986).
Saward, Michael. *Democracy*(Cambridge: Polity Press, 2003).

한국 정치의 특수성 연구 서설:
분단, 압축 성장, 단일사회 문화

I. 서론: 한국 정치학의 정체성과 한국의 특수성

지금까지 한국 정치 연구는 매우 풍부하게 이루어져 왔지만(김학준 2008), 아직은 한국적인 정체성을 수립하지 못한 것 같다. 한국 정치학의 정체성 문제는 그동안 많이 제기되었기 때문에 여기서 재론하는 것이 필요 없을 정도이다.[1] 특히 국제정치학 분야에서 이전부터 많이 제기되었고(하영선 1989; 김학노 2008), 한국 정치 분야에서는 최근에 와서 정당(김용호 2008; 강원택 2009), 정치문화(김영명 2010) 등의 분야에서 제기되었다. 그렇지만 이러한 문제의식을 이어받아 한국 정치학의 정체성을 확립할 실제 연구는 매우 부족하다. 국제정치학에서 어느 정도 찾을 수 있고,[2] 한국 정치 분야에서 굳이

---

1) 이에 대한 가장 포괄적인 비평은 이용재·이철순(2006) 참조.
2) 이에 대한 문헌 비평은 김영명(2009) 참조.

따진다면 지역주의에 대한 연구가 이에 해당하지 않나 싶다. 그동안 한국 정치 연구는 그 많은 업적에도 불구하고 정당론, 국가론, 민주주의론 등에서 주로 미국 정치학의 이론과 방법론을 답습하여 왔다는 점을 부인할 수 없다.

그래서 한국 정치 연구는 그동안 제기되었던 한국 정치학 정체성에 관한 담론에서 한 걸음 더 나가가 그 정체성을 확립하기 위한 독자적이고 '한국적'인 연구 업적을 축적할 필요가 있다. 그 하나의 방법이 다른 나라에서 보기 어렵거나 다른 나라에 비해 더 강하게 나타나는 한국의 특수한 정치 현상을 포착하고, 그 원인과 실제 모습, 그리고 변화 가능성을 분석하는 것이다.

그런데 이런 한국(인)의 특성에 대한 연구는 매우 부진한 형편에 있다. 한국 사회과학의 토대를 이루는 서양 이론에서 이를 다루지 않아서 '수입'할 수 없기 때문이다. 이런 점에서 강준만의 지적은 매우 적확하다(강준만 2006, 6~7).

> 재미있는 건 한국 사회와 한국인의 특성에 관한 연구가 현실적 사회분석과는 따로 놀고 있다는 점이다. 문화인류학, 민속학, 국문학, 심리학 전공자들의 연구는 겸양을 지키며 사회 분석과는 선을 그으려고 한다. 반면 현재의 공공 이슈들을 다루는 정치학, 사회학자들은 그런 연구 성과를 활용하지 않는다.
> 한국 사회와 한국인의 특성으로 거론되곤 하는 '소용돌이 문화', '쏠림 현상', '지도자 추종주의', '냄비 근성', '빨리 빨리 문화' 등이 한국 정치에 미치는 영향은 절대적이다. 일부 서양학자들이 한국 정치를 바라보면서 신기하게 생각하는 것도 무리가 아니다. 그런데 그런 특성은 한국 정치를 분석하는 담론에서 큰 무게를 갖지 못한다.

강준만은 더 나아가 이런 특성에 대한 분석 결여가 연구자들조차

"냉정한 분석보다는 자신의 이념, 정치적 성향이나 희망으로 분석을 대체하는 일이 비일비재하다."고 비판한다(강준만 2006, 7). 한마디로 한국인 행태와 한국 정치의 고유한 특성에 대한 분석 결여가 잘못된 현실 인식과 처방을 초래하는 것이다.

이런 특이한 문화와 그 정치적 의미에 대한 연구는 외국에서 활발하게 나타난 바 있다. 한 나라에 독자적인 사회과학 체계는 자신이 처한 현실의 특수성에 입각하여 개발되었다. '특이한 일본'을 강조하는 일본인론(베네딕트 2002; 나카네 1996)이나 남미 현실에서 나온 종속이론이나 관료적 권위주의론 등이 좋은 사례가 될 수 있다. 우리가 사회과학의 토대로 삼고 있는 미국 사회과학도 사실은 앞선 유럽 학문을 적극 활용하되 유럽과는 다른 미국의 특수한 사회적 환경을 반영하여 발전한 것이었다. 그 과정을 집대성 연구한 로스에 따르면 '미국 예외주의'의 비전을 제시하고 그 위기에 대처하며 새로운 방향을 모색해 온 것이 미국 사회과학의 역사이다(로스 2008).

한국 정치학도 이런 방식으로 한국의 특수성에 입각한 고유한 이론을 만들 필요가 있다.[3] 그렇다고 하여 한국의 특수성만이 중요하고 보편적 현상이 중요하지 않다거나 이에 대한 보편 이론들이 존재할 수 없다는 뜻은 아니다. 단지 한국에 고유하면서도 중요한 정치 현상을 이론적으로 다룰 만한 분석 틀이 부족한 상황에서 이 연구는 이를 시도해 보려는 것이다.[4] 그런데 이 연구는 한국 정치의 어느

---

3) 위 강준만의 저술은 학술적 연구가 아니라 수필이나 평론 형식을 띤다. 그가 고백한 대로 아직은 학술적 연구를 하기에는 한국 – 한국인 연구가 '양적으로 열악'하기 때문일 것이다(강준만 2006, 7). 그러나 학술적이 아니라고 해서 이를 학술 연구에 참고하기를 원천적으로 배제할 수는 없다. 수많은 학술적 연구보다 오히려 한국 현실을 더 정확하게 짚어 내기 때문이다. 이 연구에서 의도하는 바는 바로 이런 비학술적인 담론을 학술의 영역으로 끌어올리는 것이다. 이 연구를 그 출발점으로 보아도 좋다.

특정 요소에 주목하기보다는 전체를 조망하면서 그 특이한 면모들을 살피고 그것이 생성된 원인과 앞으로의 변화 전망을 모색해 보는 일종의 시론 형태를 띤다. 여기서 제시하는 분석 틀에 입각하여 앞으로 그 분석 틀의 각 요소들에 대한 더 세부적인 연구를 수행한다면, 그것은 한국 정치학이 그 정체성을 찾아가기 위한 실제 연구의 본보기가 될 수 있을 것이다.[5]

II. 한국 정치의 특수성과 연구 동향

1. 한국 정치의 특수성

그러면 한국 정치의 특수성은 어떤 것들일까? 이에 대한 판단은 관찰자의 개인적인 관심에 따라 다를 수 있다. 여기서는 글쓴이 나름대로 생각하는 한국 정치의 특수성에 관해 피력해 보고자 한다. 이 장은 한국 정치의 특수한 '현상'으로 ① 이념·계급·지역 쏠림, ② 당파 싸움의 지배, ③ 인물정치, ④ 정서적 휩쓸림의 네 가지를 들고, 이를 일으키는 특수한 '조건'으로 ① 분단 상황, ② 압축 성장,

---

4) 사회과학의 보편성과 특수성에 대해서는 여기서 다룰 수 없다. 단지 학문의 보편성이라는 것도 사실은 과학패권의 한 표현이라는 점(김웅진 2009)과 보편성과 특수성이 반드시 배타적인 것이 아니라 상호 작용함을 밝히고자 한다.

5) 경우에 따라 특수성이라는 용어가 너무 강한 표현일 수도 있다. 오히려 그냥 '특징' 정도로 불러야 할 경우도 있으리라 본다. 둘의 차이를 보자면, 다른 나라에는 (거의) 없고 한국에 두드러진 경우는 한국의 특수성이라고 할 수 있다. 예를 들어 '분단 현실'이나 앞으로 논의할 '단일사회적 특성' 같은 것들이다. 또, 다른 나라에도 있으나 한국에 강하게 나타나는 것도 느슨한 의미에서 한국적 특수성이라고 할 수 있다. '압축 성장' 같은 것이다. 그런데 다른 나라에 비해 특별히 두드러지지는 않지만 한국 정치에서 중요한 현상은 특수성이 아니라 그냥 '특징'이라고 해야 할 듯하다. 그 보기는 정치적 부패, 연고주의, 당파 싸움, 국가주의 등등이다. 인터넷 문화의 확산도 다른 나라에서 많이 보이지만, 그 급속한 팽창은 한국적 특수성이라고 할 수 있다. 이런 여러 경우들이 있지만, 여기서는 이를 다 합하여 느슨한 의미에서 특수성이라 이름 짓기로 한다.

그리고 ③ 단일사회 문화의 세 가지에 주목한다.

물론 이것들 외에도 한국 정치의 특징들로 꼽을 수 있는 것들이 존재할 수 있다. 글쓴이가 다른 요인들이 아니라 하필이면 이 요인들에 주목한 까닭을 분명히 제시하기는 어렵다. 보는 이에 따라 매우 주관적이거나 상대적이라고 볼 수도 있다. 그러나 이 요인들은 필자뿐 아니라 학자든 일반인이든 많은 관찰자들이, 세부적인 차이는 있겠지만, 한국 정치의 특징들이라고 꼽는 것들이다. 다시 말해 필자뿐 아니라 많은 한국인들이 이 요인들을 자신의 생활 경험을 통해 한국의 특징으로 인식하고 있다는 말이다. 이런 생활경험에 따른 인식이 학술 연구에 충분히 반영되어야 할 필요가 있고, 그럴 때 비로소 '자아준거적'인 정치학을 이룰 수 있을 것이다. 단지 그것이 학술적인 지위를 얻으려면 정교하고 체계적으로 다루어져야 하는데, 이 연구는 그 '첫출발'이기 때문에 그런 정교함이 떨어질 수밖에 없음을 고백한다.

그런데 이러한 한국 정치의 특수성들 가운데 '조건들'(분단, 압축 성장, 단일사회 문화)이 '현상'(이념 · 지역 · 계급 쏠림, 인물정치, 당파 싸움, 정서적 휩쓸림)보다 더 한국적인 특수성인 것처럼 보인다. 전자의 경우는 다른 나라에서 거의 찾아보기 어려운 반면(압축 성장은 그나마 다른 곳에서도 조금 볼 수 있다.), 쏠림, 인물정치, 당파 싸움, 휩쓸림 등은 다른 나라에서도 볼 수 있는 현상이기 때문이다. 그러나 후자 역시 한국에서 매우 강하게 나타나는 특징인 것은 사실이다. 또, 한국 정치의 특징적인 '현상'들이 다른 나라의 비슷한 현상들과는 다른 '조건'에서 나타날 수도 있다.

그런데 같은 원리로, 한국의 특징적인 정치 '현상'들이 반드시 한국의 특수한 '조건'들에서만 오는 것은 아닐 수 있다. 다른 조건들이 그 원인일 수도 있다는 말이다. 예컨대, 인물 정치나 당파 싸움이 반드시 압축 성장이나 단일사회 문화의 결과가 아닐 수도 있다. 더 '보편적'인 후진 정치 현상으로 이해할 수도 있다. 이 연구는 이런 점을 충분히 인식하면서도, 그 조건들과 현상들의 상관관계가 한국 정치 특수성의 중요한 부분을 이룬다고 본다. 다만 다른 조건들이 중요할 경우 그러한 다른 요인들에 대해서도 적절하게 언급하면서, 동시에 한국의 특수한 조건들이 직간접적으로 여전히 중요한 원인임을 밝힐 것이다.

2. 연구 동향

사실 위에서 말한 한국 정치의 면모들은 지금까지 학자들이나 일반 지식인들이 흔히 말해 오던 것들이다. 학문 연구에서도 여기저기 산발적으로 존재한다. 더 언급된 분야도 있고 덜 언급된 분야도 있다. 하지만 한국적 특수성이라는 점에 초점을 맞추어 이들을 체계적으로 연구한 것은 드물다. 각각의 조건들과 현상들에 대한 개별적인 연구들은 상당히 진행된 것도 있지만 제대로 안 된 것들이 더 많다. 더구나 이들 조건이나 현상들의 '상호관계'에 관한 연구나 이들의 일부 또는 전부를 '체계적'인 분석 대상으로 같이 포함시킨 연구는 찾아보기 어렵다고 할 수 있다.

각각을 떼어서 보면, 한국 정치의 독특한 '현상'(표준적인 용어들로 보면 중앙 집중, 파벌주의, 제도화 부족, 이념적 보수성 등)들에 대해서는 그동안의 정치학 연구물들 여기저기에 산재해 있다(정서적 휩쓸림은 예외일 수 있겠다.). 하지만 이들을 독자적이고 본격적인 연구 주제로 전면에 내세운 경우는 보기 어렵다. 한마디로 한국 특수성에 대한 연구는 한국 정치 연구 동향에서 주류가 아니라 변방에 있는 것이다.[6] 정치 이념 갈등, 계급 정치문제, 지역주의 등에 대한 연구는 활발히 진행되었다. 정치제도화의 부족이라든가 인물지배 정치 등에 대해서도 많이 거론되었다. 그러나 이런 점들에 대해 한국적 특수성이라는 측면을 부각시키고, 그것이 한국의 특수한 조건들에서 나왔다는 시각에서 접근한 연구들은 보기 어렵다고 할 수 있다.

세 가지 특이한 '조건'들 역시 모두 일반인이나 정치학자들에게 일상적인 관심사이다. 그들의 일상 대화에서 자주 등장하며 평론적인 글들에서도 자주 나타난다. 그리고 각각에 대한 학술적 연구 역시 풍부하다. 그러나 이들의 정치적 의미에 대한 연구는 부족하다. 분단에 대해서는 많은 연구가 나왔지만, 대개 분단의 원인과 책임 문제에 치중하였고 최근 들어 6·25전쟁이 한국인의 일상생활에 미친 영향에 대한 연구들이 나타났다(김동춘 2000; 박명림 2002). 하지만 분단이나 전쟁이 한국의 정치과정이나 그 변동에 미친 영향에 대한 본격적인 연구는 아직 부족하다.

정치문화에 관한 연구는 비교적 풍부하지만 미국 학계에서 제시된 지표들을 사용한 설문조사 연구에 치우쳐 있어서 고유한 한국적 정치문화에 대한 관심이 부족하거나 유교문화를 강조하는 정도에 머무르고 있다. 물론 이 말이 지금까지 나온 한국 정치문화에 관한 풍부한 연구결과를 부인하는 것은 아니다.[7] 단지 이 역시 '보편적'

---

6) 지금 한국 정치 연구의 주류는 정당과 선거 연구이고 그 다음이 정치경제 연구인 것 같다. 이들은 풍부한 연구 성과를 보이지만 외래 이론의 한국적 적실성에 대한 고민은 부족해 보인다.

연구에 치중하여 특수한 한국적 정치문화라는 측면에 대한 관심이 덜했다는 말이다.

압축 성장의 정치적 의미 또한 지식인의 일상적 관심 정도에 비해 학문 연구가 부족한 분야이다. 다시 말해 정부 주도의 급속한 산업화가 한국 정치에 어떤 영향을 미쳤는지에 대한 학문적 분석 결과가 풍부하지 않다는 말이다. 물론 노동 억압에 관한 연구들은 많지만 이를 정치적 영향에 관한 연구라고 하기는 어렵고, 경제성장을 통한 정부의 정치적 정당성 획득 등에 관한 언급들은 많지만 이 점이 본격적인 독립 연구 대상이 되지는 못했다. 오히려 그 반대 방향의 연구, 다시 말해 정부가 산업화에 미친 영향, 그로 인한 국가－사회관계의 변화, 경제성장에서의 정부와 기업 관계의 변화, 동아시아 자본주의의 특성 등에 관한 연구는 매우 풍부하다.

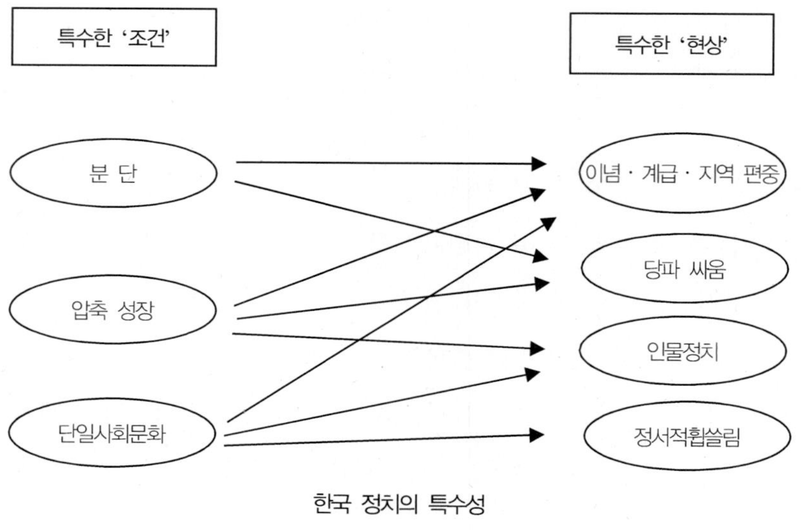

한국 정치의 특수성

---

7) 한국 정치문화 연구에 대한 종합 정리는 박종민(2008) 참조.

위에서 말한 대로 이 연구는 한국 정치가 당면한 특수한 조건들 (분단, 압축 성장, 단일사회 · 유교문화)이 그 독특한 현상들(이념 · 지역 · 계급 쏠림, 인물정치, 당파 싸움, 정서적 휩쓸림)에 큰 영향을 준다고 본다. 이제 이들을 서술할 차례인데, 먼저 한국 정치의 특수한 조건들과 현상들의 관계에 대해 간단히 요약하고, 그 다음 '현상' 들의 차례를 따라 조금 더 구체적으로 한국 정치의 특징적 면모를 서술하도록 한다.

III. 한국 정치의 특수한 조건들

한국 정치의 세 가지 특수한 조건들 중 분단 상황과 압축 성장은 그 자체에 대한 설명은 특별히 필요 없어 보이지만, 단일사회적 문화에 대해서는 약간의 설명이 필요한 것 같다.

1. 분단

분단 상황이 한국에 특수한 조건이라는 데 이의를 다는 사람은 없을 것이다. 한반도는 세계에서 마지막으로 남은 민족 분단 지역이다. 중국과 대만의 경우가 있지만, 사실 이들을 같은 분단국가들이라고 하기에는 한국의 경우와는 너무 다르다. 이러한 분단 상황은 그동안 한국 정치에 커다란 영향을 미쳤다. 무엇보다 6 · 25전쟁이 한국의 사회와 정치에 엄청난 충격을 주었지만, 이후 지속된 분단 상황은 그 외에도 여러 측면에서 한국 정치과정에 커다란 영향을 행사하였다. 분단 상황이 한국 정치 과정에 미친 영향은 몇 가지로 볼 수 있다(손호철 1991; 김동춘 1997). 우선 한국의 정치경제체제를 자유주의적 자본주의와 자유민주주의 체제를 벗어나지 못하게 하였고, 권위주의 국가가 반공 이념을 통하여 민간사회를 통제하기 쉽게 만들었으며, 북한과 통일 문제가 정파들 사이의 정쟁 대상이 되었다. 민간사회에서도 특히 민주화 이후에는 이 문제를 둘러싼 이념 논쟁이 나타났다. 그러나 이런 일반적인 쟁점들을 이 연구에서 다 다루려는 것은 아니다.

그 가운데 이 연구에서 규정한 한국 정치의 특수한 '현상'에 국한해서 보자면, 분단 상황은 이념·계급 쏠림에 직접 영향을 주었고, 당파 싸움과 인물정치에 간접 영향을 준 것으로 파악된다. 이를 좀 더 구체적으로 보자.

이념 쏠림: 분단과 한국에 대한 미국의 영향은 한국의 정치경제체제를 미국식 자유민주주의와 자본주의로 국한하고, 그 바깥을 허용하지 않았다. 다시 말해, 분단 상황은 한국 정치경제 구조의 근본 한계선을 설정하였다. 또 한미 동맹의 중요성에 대한 인식이 한국의 대내외 정치에 반공국과 미국 동맹국으로서의 근본 한계선을 설정하였다. 이런 구조는 정치인과 국민 일반의 반공 의식과 반공 이데올로기를 고조시켰고, 보수적 가치관과 이념이 한국에 팽배하게 만들었다. 요즘 거론되는 한국의 좌우파 개념은 세계의 보편 기준에 비해 볼 때 매우 오른쪽으로 치우친 상태에서 구분된다. 다시 말해 한국의 진보 좌파는 세계적 기준으로 볼 때 좌파라고 말하기 어려울 경우가 많다.[8]

---

8) 이념이 한쪽으로 쏠렸다고 해서 이념 갈등이 없다는 말은 아니다. 예를 들어, 현재호(2004) 참조. 정파들 간의 이념 격차는 좁지만 그 좁은 범위 안에서 갈등이 일어날 수 있다. 그래서 이념 격차와 갈등의 정도가 꼭 비례하는 것은 아니라고 볼 수 있다.

계급 쏠림: 분단 상황은 급속한 산업화를 겪은 한국 사회에서 반공 이데올로기를 팽배하게 만들어 노동계급을 비롯한 하층계급의 조직화나 정치화를 가로막는 요인으로 작용하였다. 권위주의 시대뿐 아니라 민주화가 된 이후에도 노동운동은 용공세력으로 몰리기 일쑤였다. 이런 점이 국가와 상층계급의 지배를 비교적 쉽게 만들었다. 한국은 특히 전쟁 이후 일종의 하향평준화가 일어나 비교적 평등한 사회가 되었으나, 이후 급속한 경제성장을 겪으면서 계급불평등이 고조되었는데, 이런 상황에는 분단으로 인한 이념적 보수화와 국가의 계급 억압도 한몫을 하였다.

인물정치와 당파 싸움: 이념과 계급이 한쪽으로 쏠리다 보니 이 요소들에 입각한 정치제도 특히 정당들이 발달하기 어려웠다. 그래서 한국의 정당 정치는 이념, 계급, 정책에 입각한 정치가 되지 못하고 인물정치와 당파 싸움이 지배하게 되었다. 이런 방식으로 분단 현실은 한국 정치제도의 발달을 간접적으로 가로막았다고 할 수 있다.

2. 압축 성장

압축 성장 또한 분단 상황에 버금가는 한국 정치경제의 특징이라고 할 수 있다. 한국은 20세기 세계에서 가장 경제성장률이 높은 나라에 속한다. 이에 대해 흔히 고도 성장이라는 용어를 사용한다. 고도 성장과 압축 성장은 실제로 같은 현상을 지칭하는 것이지만, 그 강조점이 서로 다르다고 할 수 있다. 고도 성장은 문자 그대로 가파른, 고속 성장을 의미하지만 압축 성장은 그것이 '뭉쳐져서 한꺼번에' 일어났다는 의미이다. 따라서 고도 성장이 더 경제사회적인 의미를 가진다면, 압축 성장이라는 용어에는 그것보다는 더 정치적인 의미가 들어 있다. 다시 말해, 성장이 압축되어서 나타나다 보니, 그것이 낳는 여러 수준, 여러 종류의 사회정치 문제들도 국가나 사회가 미처 준비하기 전에 한꺼번에 나타났다는 의미이다. 그것이 일정한 정치적 의미를 가지는바, 여기서는 그것들을 계급편중, 인물정치와 당파 싸움으로 파악한다.

계급 · 지역 쏠림: 우선, 고도 성장, 압축 성장은 자본주의 발전의 고유한 논리로서 빈부격차를 심화시켰다. 부의 자원은 정치권력의 자원으로 자연히 연결되어 상층계급의 지배를 용이하게 했다. 한국 정치의 보수적 성격을 여기서도 찾을 수 있다. 한편, 압축 성장은 산업화의 '급속성'을 의미하였고 따라서 노동계급은 숫자가 급속도로 불어났으나 미처 조직이나 계급의식을 갖추기 전에 권위주의 국가의 통제하에 놓이게 되었다. 그런 통제가 다시 노동계급의 조직화와 계급의식화를 가로막는 악순환을 남겼다.

또 압축 성장은 지역 간 불균등 발전을 통해 이루어져서 지역 갈등을 유발하였고, 이는 지역 맹주를 중심으로 한 인물 정치 및 당파 싸움과 밀접히 결합하였다. 이는 정치제도화를 지연시키는 중요한 요인이 되었다. 일종의 간접 영향이라고 할 수 있다. 또 수도권 집중을 가속화시켰고 중앙 집중 정치를 심화시켰다. 1995년부터 시행된 지방자치제도도 이를 막지는 못하였다.

인물정치와 당파 싸움: 압축 성장은 국가의 정치적 정당성 제고에 큰 도움을 주었다. 특히 박정희의 일인 지배 권위주의 정권에 정치적 정당성을 제공하였다. 상층계급과 중간계급의 지지나 묵시적 동의를 이끌어 내었다.[9] 이것이 일인 지배체제의 지속에 큰 도움을 주었다. 또, 민주화가 된 뒤에는 지역 맹주 중심의 당파 싸움이 지배할 토양을 압축 성장 과정이 제공하였다고 할 수 있다. 이 부분에서는 압축 성장이 고도 성장과 같은 의미로 사용되었다고 보아도 좋을 듯하다.

3. 단일사회적 문화

한국의 특수한 정치문화가 어떤 형태로든 한국 정치과정에 영향을 미치리라는 것은 상식에 속한다. 지금까지 한국에 특유한 정치문화는 주로 유교문화로 파악되어 왔다. 유교문화 전통에서 파생하는 연고주의, 서열주의, 국가중심주의, 가부장주의, 권위주의 등등이 지적되었으며, 동시에 그 문화가 점차 현대적, 서구적, 민주적 문화 쪽으로 변해 왔다는 점도 지적되었다(이지훈 1982; 어수영 2004; 박종민 2008). 이런 점은 물론 사실이다. 유교문화의 존재와 그 변화 역시 한국 정치문화의 중요한 특징으로 볼 수 있다. 그런데 사실 이러한 특징들은 한국에만 있는 것은 아니고, 그 구체적인 모습은 다르지만 전통사회에서 근대사회, 또 탈근대사회로 넘어가는 변동사회 어느 곳에서나 존재한다고 볼 수 있다. 다시 말해, 위의 문화적 특징들이 반드시 한국의 '특수성'이라고 할 수 있는지에 대해서는 의문을 제기할 수 있다는 말이다. 만약 그렇다고 하려면 그 비슷한 문화적 특징들 속에서 더 세부적으로 한국적인 특징을 집어내야 할 것이다. 예를 들어 대만의 유교문화와 한국의 유교문화가 어떻게 다른지, 또는 브라질의 가부장주의와 구별되는 한국적 가부장주의의 특징은

---

9) 권위주의 정권에 대한 농촌 지역과 하층계급의 지지는 이들의 계급의식 박약과 정부의 정치적 동원 등의 요인으로 설명 가능하다. 그중 계급의식 박약은 이 연구 분석 틀의 일부분이다.

무엇인지 등에 대한 분석이어야 할 것이다. 지금 상황으로 볼 때, 이런 정도의 세부적인 비교연구를 기대하는 것은 무리일 것이다.[10]

이 연구에서는 유교문화보다 더 한국에 '특수한' 문화에 주목하는데, 그것이 바로 단일사회적 문화이다. 단일사회라는 표현은 낯선 표현일 수 있다. 이와 비슷한 표현으로는 '동질사회'가 많이 사용된다. 이 둘은 비슷한 용어이지만, 단일민족, 단일문화 등의 용어가 많이 사용되기 때문에 이들과 일관성이 있는 '단일사회'가 한국의 특징을 묘사는 데 더 적합한 것으로 보인다.

한국은 북한과 함께 세계에서 가장 동질적인 단일사회이다. 적어도 민족 구성으로 보면 그렇다. 인구의 99.9% 이상이 하나의 민족으로 이루어진 국가는 한국과 북한뿐이다.[11] 민족 구성이 그렇다 보니 역사와 문화 역시 단일하다. 여러 개의 비중 있는 문화집단들이 공존하지 않는다는 의미에서 그렇다. 요사이 한국이 다문화 사회가 되어 간다는 담론이 많아졌지만(김용신 2008), 그것은 다소 성급한 논의로 보이고, 설사 그 점을 어느 정도 인정하더라도 여전히 한국은 세계에서 으뜸가는 단일민족·단일문화 사회에 속한다는 사실에는 변함이 없다. 흔히 일본 사회를 동질사회라고 묘사하고, 이에 대한 담론이 많이 나왔지만, 한국은 그보다 더 동질적인 단일사회라 할 수 있다. 물론

---

10) 유교문화는 한국에서 국가 우위 체제와 가부장적 독재정권의 지배를 쉽게 만들었다. 현재는 권위주의적 정치문화가 많이 사라졌지만, 아직도 정치인 내부, 국가와 시민의 관계에서 존재하며, 이런 가부장적 문화가 일인 지배와 인물정치에 이바지하였다. 즉, 유교문화는 권위주의 지배를 쉽게 하였고, 민주화 과정과 그 뒤에도 일인 보스 정치의 문화적 바탕을 이루었다. 그러나 이런 특징들은 유교문화만의 특징도 아니고 한국 정치만의 특징도 아니기 때문에 한국 정치의 특수성으로 간주하기에는 무리가 있다. 이 연구에서 택한 구분으로 보자면 한국 정치의 한 '특징'이기는 하나 특수성까지는 못 된다는 뜻이다.

11) 그 다음이 레소토 99.7%, 모로코 99.1% 등의 순이다. 또 그리스 98%, 폴란드 96.7% 등이다. 이완범(2006, 63).

그 안에는 여러 외국 문화들이 섞여 있기도 하지만 그 섞여 있는 정도 역시 한국인 대부분에게 거의 동질적인 것이다.[12]

또 한국은 세계에서 드물게 밀집된 사회이다. 비단 인구밀도가 세계 최고 수준일 뿐 아니라 도시화 수준, 특히 수도권 집중 등을 종합해 볼 때 세계 최고 수준의 밀집사회이다. 특히 서울이 한국 전체에서 가지는 비중은 세계 어느 나라의 수도와 비교해도 막강하다. 이런 단일·밀집사회(줄여서 단일사회)의 특수한 조건은 한국 사회에 획일성, 집중성, 극단성, 조급성, 역동성의 속성들을 유발한다(김영명 2005). 여기에 안정성과 응집성을 추가할 수 있다. 이를 정치적 특수성으로 좁혀서 보자면, 단일사회적 문화는 이념·지역 쏠림, 당파 싸움, 대중적 휩쓸림을 유발한다고 정리할 수 있다(김영명 2007). 위 용어로는 대체로 집중성, 역동성, 응집성에 해당한다고 할 수 있다.

이념·지역 쏠림: 우선, 단일사회적 특징은 조선조의 주자학 지배와 한국의 반공이념 또는 보수 이념 팽배의 사회적 조건을 제공하였다. 민족, 종족, 언어, 문화가 다양하지 않으니 정치이념이나 정치세력도 다양해지기 어렵고, 하나의 지배적인 이념이 계속 지배·통제하기가 쉽다. 지역 집중, 특히 수도권 집중 역시 이런 구조적 조건에 기인한다. 권력의 중앙 집중은 조선조부터 이어져 온 전통이지만(헨더슨 2000), 고도 성장기 이후에는 여기에 부와 지위의 집중까지 덧붙여져 더 심화되었다.

---

12) 물론 세계의 여러 다양한 문화가 들어와 있다는 의미에서는 한국은 이미 예전부터 '다문화사회'였다. 그래서 한국인들은 전통문화와 서구문화가 섞인 다문화인이라고 할 수 있다. 그러나 다문화라는 말은 이런 의미에서는 잘 사용하지 않는다. 여기서 말하는 다문화사회는 여러 개의 '별개' 문화 '집단'(특히 민족 집단)들이 사회적 비중을 가지는 경우를 말한다. 이런 점에서 보면 한국은 여전히 강력한 단일문화 사회이다.

당파 싸움과 인물정치: 이념적으로 획일적이다 보니 정치 균열 역시 이념이나 정책이 아니라, 당파 싸움과 인물정치에 기대게 된다 (김영명 2006, 제13장). 물론 단일사회적 조건이 당파 싸움과 인물정치의 가장 중요한 원인이라고 할 수는 없지만, 이런 식으로 간접적이나 중요한 영향을 미친다고 할 수 있다.

정서적 휩쓸림: 역시 단일사회적 조건 때문에 강화된다. 단일민족의 단일문화 사회이고, 집중화된 사회이다 보니 공동체적인 정서적 휩쓸림에 빠지기 쉽고, 이것이 다른 한편으로는 국민적 단결심을 유발하고 역동적 변화도 더 쉽게 이룰 수 있게 만든다. 지금 한국 사회의 두드러진 특징 중 하나로 보이는 인터넷 문화의 확산 역시 대중적 휩쓸림과 밀접히 연관되는데, 이 또한 단일사회적 조건과 한국이 작고 집중화된 사회라는 조건의 영향을 크게 받는 것으로 보인다.

이상에서 한국 정치의 특수한 조건들과 현상들의 일종의 인과관계에 대해 간단히 서술하였는데, 이와는 달리 특수한 '조건들 사이의 상호관계'도 상정해 볼 수 있다. 예컨대, 분단 상황이 남북한 체제 경쟁을 부추겨 국가 주도의 압축 성장(고속 성장)의 계기를 마련했다든가 또는 단일사회적 문화가 국민들의 단결력을 강화하여 압축 성장의 추동력을 제공했다는 등의 상관관계를 말한다. 그러나 이 연구의 핵심은 아니므로 여기서는 이 문제를 더 이상 추적하지 않으려고 한다.

IV. 한국 정치의 특징적 현상들

1. 이념 · 지역 · 계급의 쏠림

한국 정치가 이념, 지역, 계급의 세 주요 분야에서 강한 쏠림 현상을 보이는 것은 부인하지 못한다. 순우리말인 쏠림을 한국 사회정치에 대입할 때 한자말로 '편중'과 '집중'의 두 가지로 나누어 볼 수 있다. 이 가운데 이념과 계급의 쏠림은 이념 '편중'이며, 주도권 쏠림은 수도권 '집중'이다. 이 연구는 편의와 용도에 따라 세 가지 용어를 섞어 쓰고 있다.

한국 정치의 이념 지형이 보수 쪽으로 크게 기울어져 있다는 사실을 부인할 사람은 많지 않을 것이다. 물론 최근 들어 진보나 중도 이념이 성장하기는 하였으나, 여전히 보수이념이 우세하다고 볼 수 있다(이현출 2005). 또 고려해야 할 사항은 한국에서 좌파나 진보이념으로 치부하는 것 중에서 상당 부분이 세계기준으로 보면 중도이거나 오히려 우파 쪽에 가깝다고 할 수 있다는 점이다. 이렇게 보면 한국 정치의 보수 지배는 세계 어느 나라의 정치에 비해서도 강력하다고 할 수 있다. 이렇게 된 이유를 아는 것은 어렵지 않다. '분단' 상황으로 인한 북한과의 대치, 한미 동맹을 통한 미국에 대한 군사 · 문화적 의존, 우익 독재 국가의 지배권 지속 등을 들 수 있다. '압축 성장'의 영향으로는 국가가 선도한 경제성장이 급속도로 일어나다 보니 노동계급의 조직화나 이념화가 미처 진행되지 못했던 점, 또 경제성장을 통해 보수 국가가 이념적 정당성을 상당 부분 획득했던 점 등을 들 수 있다. '단일사회'적 요인으로는 전통적인 문화적, 이념적, 민족적 단일성이 이념의 획일화를 부추겼던 점을 들 수 있다(김영명 2005).

그런데 이런 이념의 협소함과 보수 편중은 한국 정치의 '상대적 안정성'을 보장하기도 한다. 정파들 간의 이념적 차이가 크지 않으니 국가 발전을 둘러싼 대안들 간의 싸움도 크지 않다. 자유주의적 자본주의와 자유민주주의의 테두리를 벗어나는 정파는 미미할 정도다. 혼란하고 불안정한 다른 여러 사회들에서 보는 폭력적 계급투쟁이나 극심한 이익갈등은 존재하지 않는다. 정치적 불안이나 소란은 정파들 사이의 권력 투쟁이나 당파 싸움에 국한된다. 거리 시위가 있기는 하나, 이 또한 체제 자체에 대한 도전은 아니다.

한국 사회의 병폐들인 수도권 집중, 계급 양극화 등에 대해서는 수많은 서술들이 쏟아졌으므로 그 현상들 자체에 대해서는 여기서 거론하지 않겠다. 단지 왜 그렇게 되었는지 글쓴이 나름대로 원인을 간단히 찾아보도록 한다. 수도권 집중에는 물론 국가 정책 등 여러 요인이 작용하겠지만, 한국이 '작은' '단일사회'이기 때문에 두드러지게 된 측면도 간과할 수 없다. 헨더슨이 역설한바, 작고 동질적인 사회에서 나타나는 중심을 향한 소용돌이 현상이다(헨더슨 2000). 그렇기 때문에 박정희 이래 모든 정부들이 국가 균형 발전을 외쳤지만 상황은 거꾸로 돌아갔다. 중심인 서울의 막강한 흡인력 때문인데, 바로 그것이, 자생적인 지역 핵의 존재를 불가능하게 하는 단일사회 한국의 특징 때문이라는 것이 이 연구의 주장이다. 물론 더 단기적으로 보면 기득권이 기득권을 부르는 권력의 자기 확장 현상을 들 수 있는데, 이 또한 단일사회적 특징 때문에 더 강화된다.

계급 양극화의 원인 역시 한국의 단일사회적 특징에서 한 실마리를 찾아볼 수 있다. 물론 자본주의 체제 자체가 어디서나 불평등을 창조·심화하기는 하지만 한국의 경우 이에 덧붙여 계급이나 계층을 구분 지을 다른 요소들이 거의 존재하지 않고 오로지 자본주의 생산체제에 의해서 계급이 결정되므로, 그 불평등 확산의 영향이 더 단순하고 확실하게 나타나는 것이다. 본격적인 자본주의 발전 이전에 이미 존재했던 계급 구조가 파괴된 단일사회 한국에서 새로운 자본주의 계급 구조가 고착되는 것은 비교적 간단한 일이었다. 반공 이념이 강하고 계급에 대한 국가의 권력선점이 확보되었기 때문에 더 그랬다('분단' 요인). 물론 더 단기적으로는 국가의 신자유주의 정책이 최근에 이런 현상을 더 부추겼다.

이러한 계급 불평등은 서구와 같은 계급 정당 정치를 가져올 여건을 만들었다. 그러나 한국에서는 계급 정치가 이루어지지 않았고, 앞으로도 그것은 어려울 것이다. 계급 갈등의 요소는 매우 고조되었으나 노동계급의 조직화가 미흡하고 결정적으로 하층계급의 계급의식이 형성되지 않았기 때문이다.[13] 이는 앞에서도 말한바 '압축 성장'에 따른 국가의 선제 지배, 반공 이념의 팽배(북한 공산주의와 노동 계급 중시를 동일시하는 한국인의 일반적 사고) 등에서 원인을 찾을 수 있고, 거기에 전통적인 유교적 노사 문화의 잔존, 그리고 마지막으로 단일사회적 조건에 따른 범계급 또는 탈계급적인 국민·민족의식의 팽배 등을 덧붙일 수 있다.

---

13) 최근에 계급정치는 하층계급보다는 상층계급에서 더 나타나고 있다. 기득권을 지키려는 상층계급의 의식화는 이루어진 반면 하층계급은 오히려 상층계급을 대변하는 정당의 가치관을 지지하는 현상을 보인다. 중간계급은 계급적이라기보다는 탈계급적이고 탈물질주의적인 면을 보인다. 고원(2009).

2. 인물 정치

한국 정치는 인물 정치가 지배하는 특징을 보인다. 정치제도의 발달이 그만큼 더디다는 의미이다. 이 둘은 사실 같은 말의 다른 표현에 불과하다. 이승만, 박정희의 개인 독재에 이어 3김씨의 지역보스 정치가 오랫동안 지속되었다. 노무현 정부 이후 개인지배자는 사라졌지만, 선거나 정당 내 계파 정치를 보면 여전히 제도보다는 인물 위주로 움직인다.

그런데 한국에서 인물 정치의 성격은 시대에 따라 변해 왔다. 이전 독재 시절과 3김 정치 시대에는 '일인 지배' 체제라는 형태의 인물 정치였다면 그 이후에는 덜 지배적이고 바뀌어 가는 지도자를 중심으로 한 '계파정치'가 한국 정치의 특징으로 자리 잡았다. 이러한 인물 정치의 변화와 이에 따른 당파 싸움의 성격 변화는 앞으로 더 탐구되어야 할 재미있는 연구 대상이라고 할 수 있다.

그런데 역설적인 것은 이렇게 인물 위주의 정치이면서도, 그 인물들의 자질은 뛰어나지 못하다는 점이다. 일반적으로 보아, 정치인 전체의 자질이 부족하다. 그렇게 된 하나의 원인은 정치 지도력을 배양하지 않아도 연고주의, 고객주의 등을 통해 정치적 지배가 가능하기 때문이다. 정치 지도력과 지도자의 빈곤은 정책 정당의 빈곤과 무관하지 않다. 어느 것이 원인이고 어느 것이 결과인지 따지기가 어렵다.

물론 한국 정치가 인물 정치 위주인 까닭은 다른 데에도 존재한다. 무엇보다 역사적으로 해방 후 정치제도가 미처 뿌리내리기 전에 개인 지배자들이 장기 권력을 확보할 수 있었기 때문이다.[14] 그런데 이에 그치지 않고 그 뒤에도 인물 위주의 정치가 지속될 수 있었던 원인으로는, 연고주의와 사적 관계가 지배한 유교문화의 전통을 들 수 있고, 동시에 위에서 말한 이념의 획일성과 단일사회적 전통에 따른 획일성 등도 다시 꼽을 수 있다. 인물 정치의 지배가 분단, 압축 성장, 단일사회 문화 등 한국의 특수한 조건들의 직접적인 결과라고 보기는 어려울지 몰라도, 동시에 그 조건들이 간접적이나 중요한 영향을 끼쳤다고 볼 수 있다.

지역주의는 민주화 이후 한국 정치발전의 으뜸가는 저해요인으로 꼽혀 왔다. 이에 대한 연구는 한국 정치학자들이 한국의 독특한 정치 현상에 주목한, 드물면서 대표적인 경우이다. 그만큼 그 현상이 한국 정치에서 두드러지게 나타났다는 의미일 것이다. 그런데 이런 지역주의도 크게 보면 사실 인물 정치의 한 파생물이라고 볼 수도 있다. 한동안 기세를 떨친 한국의 지역주의는 지역 맹주를 중심으로 한 지역 당파 싸움이었다고 규정할 수 있는 것이다.

흥미롭게도 한국의 지역 갈등은 한국이 다원사회가 아니라 오히려 단일사회이기 때문에 촉발된 측면이 크다고 볼 수 있다(김영명 2005). 달리 말하면 다원사회의 지역주의와 한국의 지역주의는 성격이 다르다는 말이다. 다원사회의 지역주의는 주로 원초적 갈등에 입각하여 한국의 경우보다 더 심각하고 때로는 폭력적 갈등을 유발한다. 하지만 한국의 경우는, 이와 달리 이념, 계급, 종교, 민족 등 다른 거대한 균열 요인이 없거나 부족하기 때문에, 정치 균열이 지역 맹주를 중심으로 한 지역 경쟁으로 나타났다고 할 수 있다. 이렇게

---

14) 동아시아에서 개인지배체제와 일당지배체제가 각각 들어선 서로 다른 배경에 대해서는 김영명 (1998) 참조.

보면 거시적 안목으로 볼 때 한국의 지역주의는 투표 성향이나 일상 정치 과정에서 부작용을 나타내기는 하지만 체제를 불안하게 할 정도의 심각한 요소는 아니라 해도 좋다. 지역주의의 원인을 넓게 보면 결국 인물 지배 정치의 원인과 동일하다고도 볼 수 있다.

3. 당파 싸움

인물정치의 지배 또는 정치제도의 부진은 한국의 정치가 정책 경쟁이 아니라 권력 그 자체나 정파의 자기 이익을 위해 싸우는 당파 싸움에 의해 좌우되는 현상과 직결된다. 어느 것이 어느 것의 원인이고 결과인지를 따지기가 어려울 정도로 둘은 한 몸을 이루고 있다.

앞에서 지적한 바와 같이 정당 구분의 이념적 기반이 약하다 보니 정책이나 이념 경쟁보다는 정파들의 적나라한 권력 투쟁이나 이익 싸움이 한국 정치를 지배하게 된다. 흔히 한국 정치는 3류라는 말이 설득력을 얻고 국민들의 정치 혐오가 고조되는 것은 바로 이런 까닭에서이다. 이런 상황에서는, 거꾸로 이념이나 정책 차이에 기반을 둔 이념 정당, 정책 정당의 발달 역시 지연될 수밖에 없다. 악순환의 고리라 할 수 있다. 헨더슨 식으로 말하면 권력의 다양한 중추가 없고 중앙의 단일 핵이 지배하는 상황에서 중심을 장악하기 위한 정파들 사이의 권력 투쟁이 한국 정치의 중요한 모습인 것이다(헨더슨 2000). 이 상황을 이 연구에서는 '단일사회'적 상황이라고 묘사한다. 이런 상황에서 정당들은 사회에서 점점 다양하게 분출하는 각종 이익들을 대표하지 못하게 되고, 그 까닭에 촛불시위 등 비제도권 정치가 분출하게 된다.

한국에서 정당 정치가 제대로 자리 잡지 못하는 까닭은 여러 가지가 있겠지만, 다음과 같이 정리해 볼 수 있다. ① 분단과 냉전의 유산으로 이념이 획일적이어서 다양한 이념과 정책의 정당이 나타날 수 없다. ② 개인 통치 유산, 인물 정치의 전통이 정당 제도화를 어렵게 만든다. ③ 단일사회적 특성이 이념 획일성을 부추기고, 정파들이 지역주의, 연고주의, 당파 싸움을 통해 권력 투쟁으로 일관하는 지배의 사회문화적 조건을 제공한다. 그리고 ④ 연고주의, 사적 관계 위주의 유교적 문화유산도 한 작용을 한다. 이 가운데 ①, ②는 개선 가능하지만 ③은 개선이 어렵고 ④는 그 중간쯤에 해당한다고 할 수 있다.

그런데 그동안 한국에서는 정당을 비롯한 정치제도의 발달을 가로막는 주요 요인이 바뀌어 왔다. 즉, 처음에는 독재자나 개인권력자(이승만, 박정희)의 일인 지배가 정당 발달을 가로막았다가, 민주화가 된 뒤에는 지역 맹주(3김씨) 중심의 당파 싸움이, 그리고 최근에는 인터넷이나 무정형 시민들, 그리고 시민사회단체 활동 등이 정당제도에 대한 도전으로 부상하였다. 여기서 이 논점을 다룰 수는 없고, 각각의 전공자들에게 흥미로운 연구 과제를 추천하는 것으로 가름하고자 한다.15)

마지막으로 덧붙이고 싶은 말은, 그래도 한국 정치제도들은 유신체제 이후 위에서 열거한 저해 요인들에도 불구하고 부족하고 느리나마 꾸준히 진행되어 왔다는 사실이다. 그 속도가 다른 사회 변화의 속도에 비해 너무 느린 것이 관찰자들의 마음을 답답하게 하고

---

15) 곽진영(2009)은 한국 정당의 이합집산이 심하고 정당체계가 불안정한 원인으로, 다당제하에서 대통령 5년 단임제가 가지는 취약한 대표성과 책임성, 한국 정당의 선거전문가 정당적인 성격, 정당 내 파벌의 존재 등을 들고 있다. 이런 미시적인 분석은 정당 전문가들의 몫이다. 정당 비전문가인 글쓴이는 그렇게 된 거시적인 조건들에 주목한다. 김용호(2002)는 곽진영보다 더 종합적으로 역사적 요인(권위주의 정권의 유산), 정치문화적 요인(인치, 연고위주, 수직적 인간관계), 제도적 요인(행정부 우위) 등의 요인을 제시한다.

있는 것이다. 바로 위와 같은 방해요인들 때문이다.

4. 정서적 휩쓸림

한국 정치가 정서적·대중적인 휩쓸림에 좌우되는 경우가 많다는 점은 많은 사람들이 지적한다.[16] 그렇지만 이 부분에 대해서는 특히 학술적 연구가 부족하다.[17] 기존 주류 정치학계의 이론적 발달과 관계없는 분야라서 그러리라 생각한다. 그러나 이런 점에 대해 밀도 있게 연구한다면 한국 정치학의 정체성을 살리는 데 기여할 수 있을 것이라 생각한다. 물론 정치의 정서적 또는 정념적 측면은 한국뿐 아니라 다른 나라에도 보편적으로 존재하지만,[18] 한국의 경우는 특이한 조건이 빚는 독특한 모습의 정서 정치가 다른 나라에 비해 두드러지게 나타나는 것 같다. 그것이 바로 이 연구가 주목하는 일종의 휩쓸림, 또는 더 전통적인 용어로 표현하자면 역동적이고 비조직적인 '바람의 정치'이다.

---

16) 원래 정서적 휩쓸림은 대중의 몫이라고 생각하기 쉬우나 엘리트들도 휩쓸림 현상을 보이지 않는 것은 아니다.

17) 그 반면 대중적 저술은 많은 편이다. 강준만(2006) 참조. 이를 학술적으로 다루기 '시작하기'가 쉽지 않기 때문인 듯하다.

18) 진보적 자유주의 정치철학의 대가인 월저(Walzer 2004, 제6장)는 자유주의 정치이론(예컨대 심의민주주의론)들이 지나치게 이성을 중시하여 현실을 제대로 반영하지 못한다고 비판하고, 정치는 정념을 피할 수 없으며 이성과 정념은 언제나 뒤섞인다고 본다. 특히 그는 공동체적 유대감에 주목한다. 웨스틴(2007)은 미국 선거에서 언제나 감성이 이성보다 우세하다는 사실을 풍부한 사례들을 들어 증명한다. 요즘 많은 관심을 끄는 미디어 정치, 이미지 정치, 여론 정치 등이 이와 관련된다. 김영명(2007, 184-92)은 정치에서 감성이 발현되는 방식을 '좋고 싫은 감정, 열정, 감정적 휩쓸림, 거부할 수 없는 유혹, 상징 동원, 공동체적 유대감'의 여섯 가지로 나눈다. 정치의 이러한 감성적 요소에는 긍정적인 면과 부정적인 면이 다 존재한다. 즉, 이는 바람직하지 않은지 가치판단의 문제가 아니다. 이를 원하는 또는 바람직한 정치 목적을 위해 어떻게 제어하거나 활용할지가 관건이다. 이는 물론 감성에 대비되는 이성에 대해서도 마찬가지로 말할 수 있다. 서병훈(2008)은 포퓰리즘 연구에서 그것을 '인민에 대한 호소'와 '선동적 정치인에 의한 감성 자극적 정치'의 두 구성 요소로 정의한다. 모두 정치의 감성적 측면에 대한 이해에 도움을 줄 연구들이다.

한국 정치가 보이는 정서적 휩쓸림은 특히 독재 권력의 억압이 사라진 이후 더 두드러지게 되었다. 독재 정권 시절에는 국가의 억압으로 시민들의 자유로운 정치 의사 표현이 불가능하였기 때문이다. 그런데 민주화 투쟁 역시 정서적 휩쓸림의 모습과 전혀 무관하다고 할 수는 없다. 그 휩쓸림은 두 가지 측면으로 볼 수 있다. 하나는 부정적인 의미로, 이성에 입각하지 않은 감정적인 집단행동의 표출이라고 볼 수 있고, 다른 하나는 긍정적인 의미로 어떤 정치적 상황을 타개하거나 반대로 이루어 내는 역동적인 힘의 분출이라고 할 수 있다. 때로는 이 둘 중 어느 것이 더 지배적인지 밝히기 어렵기도 하다. 대개의 경우 두 측면이 다 존재하리라 본다. 정서적 휩쓸림은 한국에서 전통적으로 강한 편이었지만, 최근 들어 민주화의 영향으로 시민들의 의사 표현 자유가 강해지자 더 두드러지게 나타나고 있는 것 같다.

한국이 이루어 낸 민주화 투쟁을 휩쓸림이라고 표현하면 좋아하지 않을 사람들이 많겠지만(그 말을 중립적으로 생각하면 될 것이다.), 그것이 보여 준 역동성 역시 한국 사회의 '단일사회'적 요인에 영향받지 않았나 싶다. 물론 다른 나라들도 비슷한 민주화 과정을 겪었지만, 일반적으로 보아, 특정 문제에 대해서 국민들이 단결하여 한곳으로 몰려가는 그 힘은 세계 어느 나라에 비해서도 강력하다. 이런 민주화의 역동성이 2000년대의 촛불 시위들, 월드컵 응원 열기, 금 모으기 운동, 태안 기름 유출 복구 자원봉사(세계를 놀라게 할 만큼의 숫자였다고 한다.) 등으로 이어졌다. 한국이 이룩한 급속한 경제성장(압축 성장) 그 자체도 사실은 정부와 국민이 합심이 된 이런 휩쓸림의 힘이었다고 말할 수 있을 것이다. 좋은 말로 신바람, 추진력이라고 할 수 있다.

　더 좁은 정치 현상에 국한하면, 노무현 후보를 당선시킨 노사모(노무현을 사랑하는 사람들) 현상과 취임 이후 노무현 대통령에 대한 저주, 자살한 뒤의 추모 열기, 이 모든 서로 배치되는 현상들, 그리고 그 추세의 급속한 바뀜들이 그러한 정서적 휩쓸림의 한 표현이라고 볼 수도 있다. 그 뒤 이명박 후보에 대한 '묻지 마'식 투표 역시 그런 것의 일부로 볼 수 있다.

　김일영(2008, 52)은 촛불집회에 대해 "…40년이 지난 지금 국회나 정당이 아니라 청와대로만 달려가려는 촛불시위대의 모습에서 우리는 헨더슨이 말한 '회오리바람' 같은 전통적(전근대적) 요소가 지속되고 있음을 볼 수 있다."고 하여 부정적으로 묘사하고 있다. 그러나 부정적이든 어떻든 그것이 한국 정치문화의 한 특징임을 그도 간파하고 있다.

　2000년대 들어 두드러진 인터넷 문화, 인터넷 정치 역시 한국적 역동성의 한 표현으로 볼 수 있다. 인터넷 공간에서의 자유로운 의사소통과 토론, 활발한 댓글 문화, 또 그것이 낳은 여러 가지 부작용들도 정서적 휩쓸림과 무관하지 않다. 이런 현상들 또한 사안에 따라 집단적 응집성과 두드러진 행동력을 보이는 단일사회 한국의 한 특징이라고 볼 수 있다. 물론 이런 현상들이 한국에서만 나타나는 것은 아니지만, 한국에서 두드러지게 나타나고 있음은 사실이고, 이런 점은 한국의 특이한 사회정치적 조건의 결과인 것이다.

　강원택(2007)은 한국 인터넷 정치의 중요성을 부각하면서 그 특징으로 이슈의 파편화와 개인주의, 감성의 정치, 감성적인 매체, 이슈의 연성화, 의제 설정 권력의 민주화 등을 들고 있다. 이러한 현상은 인터넷 매체와 기술의 발전이라는 요소와 더불어 단일·밀집사회,

또 작은 나라로서의 한국 사회의 중요한 특징을 반영하고 있다.[19] 위와 같은 현상들은 선진 정보 사회에서 비교적 보편적이나, 한국에서 특히 두드러져 보이고, 그것은 한국이 처한 독특한 사회문화적 조건의 산물이다. 즉, 단일사회적 문화, 사회적 집중성, 나라의 작음, 그리고 정보산업 발전의 결과인데, 정보산업의 발달 자체가 그러한 사회문화적 특수성에 힘입은 바 크다고 할 수 있다.

V. 전망

여기서 떠오르는 질문이 과연 그러한 한국 정치의 특수성들이 앞으로 얼마나 바뀔 것인가 하는 점이다. 이런 상황에 변화는 올 것인가? '조건'들을 중심으로 이에 대한 해답을 살펴보자.

첫째, 단일사회적 조건에는 큰 변화가 없을 것이다. 외국인이 많이 들어와서 다문화사회가 되어 간다고 하지만 인구 비율로 볼 때 지금 2% 정도이고 또 대부분이 오고 가는 '외국인'들이라 단일사회라는 조건에 별다른 변화를 주지는 못할 것이다. 외국인이 지금보다 훨씬 더 많이 들어온다고 해도 한국에 정치적으로 의미 있는 소수민족 '정주 집단'이 존재할 가능성은 거의 없다. 설사 재일한국인 정도의 집단이 앞으로 존재하게 된다고 하더라도, 그것이 한국의 민족적 · 문화적 특징이나 그 정치적 의미에는 별다른 영향을 미치지는 못할 것이다.[20] 따라서 어느 정도 완화된다고 하더라도 단일사회적 조건은 여전히 지

---

19) 작은 나라라는 측면은 임현진도 포착하였다. 임현진(1999).
20) 재일한국인이 일본 사회정치의 특징에 영향을 못 미치는 것과 동일하다.

속될 것이고, 거기서 파생하는 한국 정치의 특징들 역시 앞으로도 지속될 가능성이 크다. 특히 쏠림과 휩쓸림 현상은 여전할 것이다. 또, 새로운 세대의 인터넷 문화 등은 지금보다 더 큰 정치적 의미를 지니게 될 것이다.

둘째, 분단 상황은 통일이 된다면 사라질 것이다. 통일은 한국 정치에 풍파를 가져올 커다란 요인이기 때문에 여기서 거론하기는 부적합하다. 통일과 북한 문제에서 파생하는 당파 싸움은 지속될 것이지만, 그 파급력은 과거와는 달리 별로 크지 않을 것이다. 북한과 유화적인 관계를 유지하게 되면 이념 개방에 도움이 될 것이지만, 그 편차는 크지 않을 것이다. 보수 우위의 이념 구조는 지속될 것이다.

셋째, 압축 성장의 시대는 지났다. 하지만 여전히 압축 성장의 여파가 상당기간 지속될 것이다. 계급의 의식화가 서서히 진행될 가능성이 있지만, 제도화된 계급균열의 심화 가능성은 커 보이지 않는다. 지금 정부여당과 야당들과의 정책이나 이념 격차가 별로 크지 않은 사실이 이를 증명한다. 계급 정당이 정치권력의 담당자나 비중 있는 도전세력이 될 가능성은 크지 않다.

넷째, 따라서 위 세 조건들의 변화에 따른 한국 정치의 변화 가능성이 크다고 볼 수는 없다. 인물 정치는 지속될 것이고 지역주의도 사라지지 않을 것이다. 그러나 인물정치의 내용이 변하여 일인 보스 정치는 사라졌으며, 지역주의 또한 유권자의 투표 성향으로는 의미를 지니겠지만, 일인 보스 정치와 결합한 원초적인 지역 정서 표출로서의 강력한 지역주의는 이미 사라졌다고 볼 수 있다. 정책 대결보다는 당파 싸움이 여전히 제도권 정치를 지배할 것이고, 정당 정치가 제자리를 잡으려면 많은 시간이 필요할 것이다.

결국, 위와 같은 조건들 때문에 한국 정치는 계급·지역·이념 쏠림, 인물정치, 당파 싸움, 대중적 휩쓸림의 특징을 어느 정도든 유지할 것이다. 동시에 한국 정치는 크게 옆으로 빗나가지 않고 소란스러우나 비교적 안정된 길을 갈 것이다. 위의 조건들, 즉 분단, 압축성장, 단일사회 문화가 한국 정치경제 체제를 자유민주주의와 자유주의적 자본주의체제로 한정하고 그 바깥을 허용하지 않으며, 그 안에서의 다툼도 체제 자체를 흔들 수 있는 원초적인 갈등이 아니라 권력 투쟁과 이익 다툼의 좁은 공간에 가두어 놓기 때문이다.

이상과 같이 보면, 한국 정치의 특수성은 마치 부정적인 것만 있는 것 같다. 그러나 꼭 그렇지는 않다. 용어를 사용하다 보니 쏠림, 휩쓸림, 당파 싸움, 인물정치 같은 표현을 사용하게 되었지만, 그것들이 반드시 부정적인 의미만은 아니다. 예를 들어, 사회정치적 집중성의 폐해가 많지만 거꾸로 보면 이것이 사회정치적 응집성이라는 긍정적 측면으로 나타날 수도 있다. 휩쓸림 현상 역시 다르게 보면 국민적 응집성과 단결력의 한 표현이라고 볼 수 있으며, 또 한국 사회와 정치의 역동성을 반영한다고 할 수도 있다. 이를 통해 한국인들은 민주화와 산업화를 역동적으로 이루어 낼 수 있었다. 마지막으로, 앞에서도 말했지만, 정치적·이념적 대안이 제한되었다는 지적도 거꾸로 보면 한국의 정치경제 체제가 큰 변동 없이 안정된 길을 갈 것이라고 긍정적으로 해석할 여지도 있는 것이다.

마지막으로 강조할 점은, 위의 세 조건들이 한국 정치의 독특한 현상들을 불러왔지만 그것이 결정적인 것은 아니라는 점이다. 결국 행동을 결정짓는 것은 구조나 조건이 아니라 '사람'이다. 그 사람이 자신이 처한 조건에 편승할 수도 있고, 때로는 그런 조건을 무릅쓰고 변화를 이끌어 낼 수도 있기 때문이다. 말하자면 조건의 구속력을 사람의 의지로 강화시키거나 거꾸로 약화시킬 수 있다는 것이다. 예를 들어 유교적 전통 때문에 연고주의를 탈피하기 어렵다고 해도, 정치권이나 국민들이 합의하는 어떤 도덕적 기준으로 이를 탈피하고 제도를 정착시킬 법률을 만들 수 있다. 따라서 이런 도덕적 기준 또는 바람직한 정치 상에 대한 정치권·국민 모두의 인식과 행동 의지가 중요하다. 조건은 조건일 뿐 결정적인 인자는 아니기 때문이다.

VI. 앞으로의 과제 및 결론

지금까지 한국 정치의 특수성에 대하여 글쓴이 나름대로 분석 틀을 제시하고 각각의 요소들에 대하여 간략히 서술하였다. 그러나 서두에서도 밝혔듯이 이 연구는 하나의 서설이고 시론일 뿐이다. 앞으로 이 서설이 구체적인 연구로 이어지려면 많은 후속작업들이 필요하다. 우선, 여기서 사용한 개념들, 특히 쏠림이나 휩쓸림 같은 개념들이 사회과학적인 의미를 지니려면 더 정교하게 정의되어야 할 것이다. 이 개념들은 대체로 상대적이고 사회과학적인 엄밀성이 부족한 것이 사실이다. 앞으로 이런 방향으로 더 다듬어져야 한다고 본다.[21] 이런 바탕 위에서 분석 틀의 각 요소들을 측정하고 국가 간

---

21) 앞으로 그것들이 얼마나 더 엄밀하게 규정될 수 있을지는 해 보아야 알 수 있는 일이다. 그런데 설사 주류 사회과학이 요구하는 엄밀성을 얻지 못한다고 하여 이런 개념들을 폐기하는 것에는 반대한다. 그것은 이런 개념들의 한계라기보다는 오히려 주류 사회과학 자체의 한계로 보인다. 예컨대 직관과 경험으로 누구나 알고 있는 민족적, 국민적 차이를 사회과학적 개념으로 만들지 못한다고 하여 국민성 또는 민족적 특질이라는 개념을 버린 것은 그 개념의 한계라기보다는 그것을 담을 수 없는 영미식 사회과학의 한계로 보이는 것이다.

비교가 가능한 기준을 세워야 할 것이다. 반드시 계량적으로 측정되지는 않더라도(그것은 아직 너무 먼 단계인지도 모른다.), 적어도 그 세부지표들에 대해 명확한 기준이 제시되어야 하리라 본다.

또, 여기서 제시한 각 조건들, 각 현상들, 그리고 그것들의 변화에 대해서 더 자세한 개별 연구들이 수행될 필요가 있다. 다른 나라와의 비교 연구도 필요하다. 과연 이 요소들이 얼마나 한국에 특수한 것들인지도 다시 점검할 필요가 있을지 모른다. 여기서 제시한 '조건'과 '현상'들이 한국적 특수성을 다 반영하는 것도 아니리라 생각한다. 연구자에 따라 다른 요소들에 주목할 수도 있다. 이 연구에서 제시한 분석 틀이 한국 정치의 특정 면모들을 이해하고 설명하는 데 얼마나 적절한지는 더 세부적이고 구체적인 연구를 통해 검증해야 할 것이다.[22] 이런 방식을 통하여 이런 접근법이 좀 더 학술적 엄밀성을 갖출 수 있으리라 본다.

그런데 이런 문제들은 사실 모든 비교정치학적 작업에 공통된 과제들이다. 앞선 주류 정치학 이론들에서는 이런 작업들이 비교적 충분히 수행되었으나, 이 연구의 작업은 이제 시작일 뿐이기 때문에 아직 그런 단계에 이르지 못했다. 그러나 다른 측면에서 볼 때, 바로 그 점에서 이 연구의 가치를 찾을 수도 있을 것이다. '패권과학'의 엄밀성이 담보되지 않는다고 하여 우리가 상식적으로 느끼고 생각하는 정치 현상들을 학술 연구에서 원천 제외하는 것은 또 다른 의미에서 비학술적인 태도일 것이다. 이 연구에서 제시한 여러 요소들이 바로 그런 것들에 해당하고, 그런 부분을 포섭하는 것이 한국 정치학의 정체성을 세우는 한 방법일 것이다.

---

22) 필자는 이 분석 틀의 몇몇 요소들에 대해 이미 연구를 진행했고 발표하기도 하였다.

　그런 작업은 어떻게 보면 아직 아무도 걷지 않은 미개척지를 처음으로 답사하고 개척하는 일과도 같다. 이 작은 발자취를 따라 후속 작업들이 이루어지면, 그것이 한국 정치의 여러 특수성들에 대한 연구라는 독자적인 한 분야를 이룰 수 있으리라 본다. 또 이에 대한 국가 간 비교정치학적 연구가 이루어진다면, 이를 통해 학문적 보편성도 어느 정도 획득할 수 있으리라 본다. 한국 정치학의 독자적 정체성을 수립하려면 이런 초기 작업을 반드시 수행해야 한다. 한국적 정치학에 관한 담론만 무성하고 실제 연구 작업이 미진한 상태에서, 이 연구는 그러한 작업의 첫걸음을 제시했다는 점에서 의미를 찾을 수 있을지 모른다.

참고문헌

강원택. 2009. "한국 정당 연구에 대한 비판적 검토", 『한국정당학회보』, 8:2, pp.119 - 141.

강원택. 2007. 『인터넷과 한국 정치: 정당 정치에 대한 도전과 변화』. 서울: 집문당.

강준만. 2006. 『한국인 코드』. 인물과사상사.

고원. 2008. "촛불집회와 정당 정치 개혁의 모색", 『한국 정치연구』. 17:2, pp.95 - 119.

고원. 2009. "한국의 계급 불평등과 계급정치의 구조: 공공성의 정치에 주는 시사점", 『한국정치연구』. 18:3, pp.29 - 60.

곽진영. 2009. "한국 정당 체계의 이합집산과 정당 체계의 불안정성", 『한국정당학회보』. 8:1, pp.115 - 146.

김동춘. 1997. "한국전쟁과 지배 이데올로기의 변화: 반공주의를 중심으로", 김동춘, 『분단과 한국 사회』. 서울: 역사비평사.

김동춘. 2000. 『전쟁과 사회: 우리에게 한국전쟁은 무엇이었나?』. 서울: 돌베개.

김영명. 2005. 『신한국론: 단일사회 한국, 그 빛과 그림자』. 서울: 인간사랑.

김영명. 2007. "단일사회정치론 서설", 『한국 정치연구』. 16:1, pp.59 - 80.

김영명. 2007. 『정치를 보는 눈』. 서울: 개마고원.

김영명. 2009. "한국적 국제정치학의 실제 사례와 바람직한 방향", 『글로벌정치연구』. 3:1, pp.7 - 36.

김영명. 2010. "한국의 정치와 문화: 연구 현황과 새로운 방향 모색", 『비교민주주의연구』. 5:2, pp.67 - 103.

김용신. 2008. "다문화 사회의 시민형성 논리: 문화 민주주의 접근", 『비교민주주의연구』. 4:2, pp.31 - 59.

김일영. 2008. "촛불시위의 희망과 불안", 『철학과 현실』, 79, pp.46 - 56.

김용호. 2002. "'정당' 없는 나라의 정당정치: 한국의 사당 정치 해결 방안", 배성동 편. 『정치란 무엇인가: 한국 정치학의 정체성을 찾아서』. 서울: 법문사.

김용호. 2008. "한국 정당 연구의 학문적 정체성 확립을 위한 성찰", 『한국정당학회보』. 7:2, pp.65 - 81.

김웅진. 2009. 『과학패권과 과학 민주주의』. 서울: 서강대학교 출판부.

김학노. 2008. "국제정치(경제)학의 미국 의존성 문제", 『국제정치논총』. 제48집

1호.

김학준. 2008. "1993년 이후 정치학 분야에 있어서 한국학의 흐름들과 특징들", 『한국 정치연구』. 제17집 1호, pp.1 - 58.

나카네 지에 지음, 양현혜 옮김. 『일본 사회의 인간관계』. 서울: 소화, 1996.

드루, 웨스턴 지음, 뉴스위크 한국판 옮김. 2007. 『감성의 정치학』. 서울: 뉴스위크한국판.

로스, 도로시 저. 2008. 백창재 · 정병기 공역. 「미국 사회과학의 기원 1」. 서울: 나남.

박명림. 2002. 『한국 1950 전쟁과 평화』. 서울: 나남.

박종민. 2008. "한국 정치문화", 한국 정치학회 편. 『정치학 이해의 길잡이: 한국 정치』. 서울: 법문사.

베네딕트, 루스 지음, 김윤식 · 오인석 옮김. 2002. 『국화와 칼: 일본문화의 틀』. 서울: 을유문화사.

서병훈. 2008. 『포퓰리즘』. 서울: 책세상.

송경재. 2009. "네트워크 시대의 시민운동 연구: 2008 촛불집회를 중심으로", 『현대정치연구』, pp.55 - 81.

어수영. 2004. "가치변화와 민주주의 공고화: 1990 - 2001년간의 변화 비교 연구", 『한국 정치학회보』. 38:1, 193 - 215.

이완범. 2006. "21세기 세계화 시대 한국의 열린 민족주의와 동북아시아 평화", 『국제평화』. 3:2, pp.47 - 78.

이지훈. 1982. "한국 정치문화의 기본 요인", 『한국 정치학회보』 16, pp.97 - 120.

이현출. 2005. "한국 국민의 이념 성향", 『한국 정치학회보』. 39:2, pp.321 - 344.

임현진. 1999. "국가와 지배 구조: 중심 지향적 사회의 세", 김일철 외, 『한국 사회의 구조론적 이해』. 서울: 아르케.

하영선. 1988. "한국 외교정책 분석 틀의 모색", 『국제정치논총』. 제28집 2호.

헨더슨, 그레고리 지음, 박행웅 · 이종삼 옮김. 2000. 『소용돌이의 한국 정치』. 서울: 한울아카데미.

현재호. "한국 사회의 이데올로기 갈등: 정치적 대표체제로서의 정당을 중심으로", 『한국 정치학회보』. 42:4, pp.213 - 241.

Hahm, Pyong - Choon. 1967. *The Korean Political Tradition and Law*. Seoul: Hallym.

Henderson, Gregory. 1968. *Korea: The Politics of the Vortex*. Cambridge, Mass. Harvard University Press.

Shin, Doh C. 1999. *Mass Politics and Culture in Democratizing Korea.* Cambridge: Cambridge University Press.

Walzer, Michale. 2004. *Politics and Passion: Toward a More Egalitarian Liberalism.* New Haven and London, Yale University Press.

세계화와 민족주의: 약소국의 시각[*]

I. 들어가는 말

온 세계가 세계화의 물결에 휩쓸리고 있다. 그것은 20세기 말부터 온 누리의 거역할 수 없는 흐름으로 받아들여지고 있으며, 이에 따라 국가나 기업의 구조와 관행, 그리고 국제관계가 근본적인 변화를 요구받고 있다. 다른 한편 세계화의 흐름에 반대하는 움직임도 점차 활발해지고 있으며, 이에 따른 갈등이 국제사회의 새로운 문젯거리로 떠오르기도 한다. 어느 쪽이라고 하더라도, 세계화의 논의나 정책들은 미국을 비롯한 서구 강대국들의 주도로 이루어지고 있으며, 약소국들은 이에 추종하거나 거부의 불이익을 감수할 것을 강요받고 있다. 이런 상황에서 약소국의 민족주의는 세계화의 흐름을 거역

---

* 이 글은 『한국 정치학회보』 제36집 2호(2002 여름)에 실렸던 것이다.

하는 것으로 비판받고 있다.[1]

이 연구는 지금까지 지배적 담론으로 되어 있는 강대국, 특히 영 – 미에서의 세계화론과 민족주의론을 비판적으로 검토하고, 이에 대한 약소국 고유의 시각을 설정해 보고자 한다. 이를 위해 강대국 의 '보편적' 관점이 결코 보편적이지 않으며 오히려 강대국의 특수한 처지를 반영한 것이라는 점과 따라서 우리의 시각 역시 약소국이라 는 우리의 처지를 반영해야 한다는 점을 강조할 것이다. 결론으로는, 미국 주도의 획일적 세계화와 배타적 민족주의를 벗어나 다양한 구 성요소들의 공존을 추구하는 다원적 세계화와 열린 민족주의가 결 합되어야 한다는 점을 제시할 것이다.

논의를 시작하기 전에 약소국과 강대국의 구분에 대해 간단히 설 명하고자 한다. 세계의 다양한 여러 나라들을 강대국과 약소국으로 양분할 수 있느냐는 의문은 쉽게 나올 수 있고 그 나름대로 근거가 있다. 실제로 세계의 구성원을 기준에 따라 많은 등급으로 분류할 수 있다. 그래서 한국을 약소국으로 보기보다는 '중간국'으로 보는 것이 타당하지 않느냐는 생각도 있을 수 있다. 그러나 문제는 이러 한 분류가 분류의 목적에 얼마나 잘 부합되는가에 있다. 우리의 중 요한 한 연구 목적이 세계 정치와 그 담론이 강대국 중심으로서 약 소국의 처지를 반영하지 못하는 점을 밝히는 데 있으므로 양분법이 다분법보다 유용하다고 본다.

---

1) 한국의 경우 특히 세계화에 대한 추종이 두드러지고 이른바 '반세계화'의 기운이 미약하다. 이 는 남북한 대치 상황에서 오는 강한 대미 종속 때문으로 보인다. 냉전의 논리가 유독 강한 것과 세계화의 득세가 유독 강한 것이 같은 이치이다. 한국에서의 세계화론 및 민족주의론의 전개에 대해서는 이 연구에서 다루지 않고, 별도의 논문을 준비해 놓았다.

실제로, 세계의 구성원을 여러 등급, 예를 들어 초강대국, 강대국, 중간국, 약소국, 최약소국 등으로 분류하는 것은 세계 체제 차원에서는 더 정확하고 유용하지만 구성원들, 곧 행위자들 간의 관계를 규정할 때는 오히려 상황의 본질을 흐릴 가능성이 크다. 예를 들어, 일본과 미국이 안보조약을 개정하려고 협상한다면, 우리는 이를 초강대국과 강대국 간의 협상이라고 해야 할 것인가, 아니면 강한 쪽과 약한 쪽과의 협상이라고 해야 할 것인가? 브라질과 한국이 축구 시합을 하는데, 강한 나라와 약한 나라의 대결이라 할 것인가 강한 나라와 중간 나라의 대결이라 할 것인가? 전자일 것이다. 우리가 세계 정치를 체제 전체 차원에서 보기보다 당사자들 사이의 관계로 보게 되면 강대국과 약소국의 이분법이 정당하게 된다. 그럼으로써 양자의 상대적 힘 차이가 분명히 드러나기 때문이다. 그리고 바로 이 점이 세계 정치를 보는 약소국 주민의 시각에서 매우 중요하다는 것이 이 연구의 기본 주장이다.

또 다른 논란거리는 국가를 의인화하여 단일한 실체로 서술하는 데 따르는 문제점이다. 세계 정치의 행위자들은 다양하고 한 나라 안에서도 다양한 실체들이 존재하는데 국가를 하나의 단일체로 규정할 수 있느냐는 의문이다. 이 의문 또한 타당하지만 우리의 목적이 국제사회에서 나타나는 크고 강한 힘과 작고 약한 실체의 서로 다른 이익과 시각들을 대비시키는 데 있기 때문에, 이런 의인화는 한계가 있을망정 정당화될 수 있다고 본다. 또 국제 사회에서 국가 행위자와 국가 단위의 상호작용은 여전히 가장 중요한 요소이며, 사회의 다양한 이익과 구별되는 '국가 이익'은 분명히 존재하기 때문에, 이러한 국가 중심적인 논의는 다원화된 지금의 세계에서도 분명히 필요하다고 생각된다. 물론 이 말이 국가 단위의 상호작용이 유일하게 중요한 세계 정치의 요소라는 말은 아니다.

이렇게 볼 때, 여기서 약소국의 시각이라는 것은 약소국 ‘주민’(학자-논평자나 정책결정자)의 시각으로 생각하면 될 것이다. 앞으로의 논의는 주로 세계화와 민족주의에 대한 서구, 특히 영-미 학계의 담론에 초점을 맞추어 그 문제점을 지적하고 약소국 학자나 정책결정자가 가져야 할 시각을 제시하고자 한다.

II. 기존의 연구: 강대국적 시각

1. 세계화론의 특징

세계화라는 용어는 1960~70년대부터 본격적으로 쓰이기 시작했다(Held 2000, 1). 그러나 관심의 본격적인 초점이 되기 시작한 것은 소련 동구 공산권 붕괴 이후이다. 사실 세계화라는 현상은 현재에 국한된 것이 아니라 이미 수백 년 전부터 시작되었다는 견해들이 있다. 예를 들어 마르크스와 왈러스틴은 1500년대부터, 기든스는 1800년대부터 세계화 현상이 시작되었다고 본다(Pieterse 2000, 101). 또 논자에 따라서는 1890~1914년 사이의 시기가 여러 면에서, 적어도 서구 세계에서는, 훨씬 더 국경을 넘은 교류 비율이 높았다고 한다(Held 2000, 4). 그런데 왜 요즘 와서 세계화라는 말이 유행어가 되었는가? 이것은 역시 소련과 동구 사회주의가 붕괴하고 미국의 경제가 회복되어 일국 패권 현상이 두드러졌기 때문이 아닌가 한다. 미국을 중심으로 한 신자유주의 이데올로기가 세계적으로 전파되면서 세계화의 열풍이 몰아친 것이다. 이렇게 볼 때 지금의 세계화는 미국 중심의 신자유주의 세계화로 구체화할 수 있다.

그런데 세계화라는 말은 그 자체가 논쟁적이다. 어떤 영국의 논자는 "세계화에 관한 어떤 논의도 정통성의 지위를 차지하지 못하고 있다."고 했다(Held 2000, 1). 어떤 면에서 이는 사실이다. 세계화의 여러 국면과 쟁점들에 대한 토의에서 우리는 뚜렷하게 갈라지는 두 경향들을 볼 수 있는데, 그것은 1) 인식의 문제로서, 세계화를 현실로 인정하는 경향과 세계화가 허구라고 주장하는 경향으로 갈라진다. 또, 2) 평가의 문제로서, 세계화 현상을 긍정적으로 보는 쪽과 부정적으로 보는 쪽으로 나누어진다. 서양의 세계화 논쟁은 주로 세계화 현상이 얼마나 진짜냐, 다시 말해 세계화가 현실인가 상상인가에 관한 논쟁이다. 이에 비해 세계화의 실체(현상, 정책, 결과)에 관한 평가, 곧 세계화가 바람직한가 아닌가에 대한 논의는 위의 논의에 비해 빈약한 편이다. 왜냐하면 주류 세계화 논의에서는 세계화에 대한 긍정적인 관점이 적어도 학계에서는 주류를 이루기 때문이다.

위 두 쌍의 논쟁은 사실 치열한 편이다. 그러나 어느 쪽이든 주류 세계화 논의에서는 약소국의 민족주의나, 정체성, 국제적 입지에 관한 논의가 크게 빈약하다. 세계화가 야기하는 국제적 불평등에 주목하는 반세계화 담론이나 운동도 마찬가지로 전 지구적 시각에 입각해 있어서 약소국의 처지를 본격적으로 드러내지는 않는다(구춘권 2000; 한스 마르틴 외 1997). 이는 어찌 보면 당연한 일이다. 강대국 사람들이 약소국 사정까지 거론해 주기를 바라는 것이 오히려 무리다. 그래서 약소국의 사정은 약소국 사람들이 연구해야 하는 것이다. 세계화에 관한 대표적인 독본들을 보면 이런 문제가 명확히 드러난다(Lechner and Boli 2000; Held and McGrew 2000; O'Meara 외 2000; Kofman and Youngs 1996). 일부 비판적 지식인들의 문제 제기가 있기는 하지만 극히 소수에 불과하다.[2] 이런 점은 영미의 논의 뿐 아니라 유럽 대륙의 것도 마찬가지다. 유럽은 유럽대로 세계화에 대해 고유한 입장을 보인다(Beck 2000). 미국 중심의 자본주의 팽창에 우려를 표시하면서 유럽의 정체성과 주도권을 지키기 위해 노력하는 현실이 그들의 세계화론에서도 나타난다. 이렇게 볼 때 영미와 유럽 대륙의 세계화론들은 각기 자신이 처한 위치에서 나온 시각들이다.[3]

서양의 세계화 논의가 아무리 논쟁적이라고 하더라도 그 모든 논의들은 하나의 기본적인 합의 아래에 서 있다. 그것은 세계화를 인식하는 방식에 관한 것이다. 세계화에 관한 기존의 정의는 다양하지만 그 다양한 정의들은 궁극적으로 한 가지 시각으로 귀결된다. 그것은 세계화를 국가 간 또는 지역 간의 관계로 파악하기보다는 세계 또는 지구 전체 단위의 현상으로 이해하고 있다는 점이다. 이런 점은 세계화 찬성론이든 비판론이든 마찬가지다.

최근에 나온 세계화 독본들 중 가장 뛰어난 헬드와 맥그루의 것에 세계화에 관한 여러 개념 정의들이 잘 정리되어 있다. 이는 크게 다섯 가지로 나눌 수 있는데, 이는 1) 먼 곳의 행동이 영향을 미치는

---

2) 예를 들어 Hurrell and Woods(1999).

3) 전체적으로 세계화를 새롭고 독립된 연구(문제) 영역으로 인정할 수 있는지에 대해서도 생각해 보아야 한다. 대표적 독본들을 보면 '세계화'라는 제목을 붙인 글들은 오히려 소수라는 점에서 이러한 사실이 잘 드러난다. 예를 들어, Lechner and Boli(2000)에 수록된 54편의 글 중 '세계(지구)'나 '세계화(지구화)'라는 말이 들어간 제목은 17편밖에 없다. 이전의 국제정치경제 관계 글들이 대부분이다. 세계화에 대한 관심과 논의는 이미 '세계화'라는 말이 유행하기 전부터 본격화되었다는 증거다. 그런데 지금 와서 세계화라는 말이 대유행인 것은 탈냉전 시대의 신자유주의 이데올로기 팽창을 반영하는 것 같다.

것, 2) 시간과 공간의 축약, 3) 상호의존의 심화, 4) 세계의 오그라듦, 5) 전 지구적 통합과 지역 간 권력 구조의 재구축 등이다(Held 2000, 3). 그런데 이 다섯 가지 개념 규정은 사실 강조점만 다를 뿐 하나의 현상을 지칭하는 데 불과하다. 곧, "세계가 좁아지고 국경이 엷어진 다."는 시공의 축약과 지구적 상호작용의 확대라는, 지구 차원의 변화에 대한 인식이다. 맨 마지막에 '지역 간 권력 구조의 재구축'이 들어가 있지만, 이 또한 국가 간 관계라기보다는 지역 블록(권역)들 사이의 관계에 더 초점을 맞춘다.

이러한 세계화 개념의 근본 문제점은 국가 또는 지역 간의 관계 변화에 대한 인식이 매우 엷다는 사실이다. 이는 '강대국 특수성'을 잘 반영한다. 즉 세계를 제패하는 강대국 주민들은 자연히 전 세계 적인 차원의 관심을 보이며, 이들에게는 국가 간, 지역 간의 변화가 미치는 영향이 약소국에 비해 경미하기 때문에 이에 대한 관심이 엷은 것이다. 이러한 인식에 바탕을 둔 서구의 세계화 논의는 그래서 다음과 같은 주제들에 관심을 집중시킨다. 곧, 1) 정치, 문화, 경제, 사회관계들에서 국가 - 정부의 역할이 얼마나 줄어들고 세계적 차원의 활동이 얼마나 팽창하느냐? 달리 말해, 과연 국가의 국경이 사라지고 있느냐 하는 문제다. 2) 이런 상황에서 세계 질서와 평화를 어떻게 이룰 것이며, 3) 세계화 과정은 세계의 모든 나라들에 호혜로운가 아니면 국가 간, 지역 간 불평등을 심화시키는가, 4) 세계 차원의 새로운 문제들, 예를 들어 환경, 여성 등의 문제를 어떻게 다룰 것인가에 초점이 맞추어져 있다.

따라서 약소국에 관한 관심이 없을 뿐 아니라, 국가 간 역학 구조의 변화에도 관심이 적다. 약소국의 정체성이나 주권에 미치는 영향은 주변적 관심일 뿐이다. 약소국적인 관심과 연관되는 것은 세계적 불평등 문제에 대한 관심 정도다. 필자가 검토한 대표적인 세계화 독본들 속에 있는 수백 편의 글들 중 약소국 입장에서 쓴 것은 단 하나, 페루 혁명 단체가 쓴 선언문뿐이었다(Tupac Amaru Revolutionary Movement 2000). 약소국의 정체성에 관해서는 렉너와 볼리 책의 제8부가 이를 다루고 있는데, "세계화가 이들 사회에 정체성의 문제를 제기한다."는 수준의 관심을 보인다. 구체적으로 이슬람 성전인 '지하드', 이슬람 근본주의 등에 대해 언급하며, 이런 현상이 서구 문명과 어떻게 대립되는가에 대한 논의에 그친다(Lechner and Boli 2000).

2. 강대국 민족주의론의 특징

이러한 사정은 민족주의 논의에서도 마찬가지다. 민족주의 연구는 세계화론보다 그 역사가 긴 만큼 더 풍부하다. 그러나 세계화론의 경우와 마찬가지로 서구의 민족주의 연구자들 역시 약소국의 사정에는 부차적인 관심만 보이거나 아예 관심이 없다. 그런데 더 큰 문제는 이들이 약소국 민족주의의 문제를 대내적인 측면에서만 본다는 점이다. 그들의 연구는 이전 식민지 나라들의 엘리트들이 보이는 권위주의적 성향과 새로운 억압 체제 이데올로기로서의 민족주의의 역할 등을 강조한다. 그 반면 이들 지역에서 민족주의 이념이 어떻게 반식민 독립 운동의 사상적 기초가 되었으며 지금도 저항적 엘리트들과 민중의 민족주의가 어떻게 반제국주의 투쟁의 동력으로 작용하는가에 대해서는 침묵한다. 따라서 그들의 약소국 민족주의론은 자연히 민족주의의 부정적인 면만을 부각하고 있다(Kedourie 1960;

Hobsbawn 1990; Gellner 1983).

영국의 저명한 라우트리지 출판사가 편찬한 방대한 민족주의 독본 5권을 훑어보면, 그 안에 약소민족들의 '반' 또는 '탈'식민주의 운동, 독립 투쟁이나 중심국-주변국의 관계, 약소민족이 추구하는 정체성의 문제들을 다룬 글이 보이지 않는다(Hutchinson and Smith 2000). 동서 냉전과 민족주의, 비동맹 운동, '제3세계'로서의 약소국 민족주의 등도 관심사가 아니다. 독본의 제3권이 '아시아 아프리카'편이지만, 이는 아시아 아프리카의 국가 통합, 권위주의, 엘리트의 역할, 종족 갈등 등 국내 사정만 다루고 있다. 강대국으로부터의 자주 독립 문제를 정면으로 다룬 논문은 하나도 없다.

그러면 서구 사람들의 민족주의에 대한 관심은 구체적으로 어떤 것들인가? 세계화론의 경우와 마찬가지로 그것은 민족주의의 '보편적'인 문제들이다. 곧, 1) 민족주의가 근대적 현상이냐 원초적 현상이냐, 2) 민족주의가 약화 또는 소멸될 것이냐 아니면 굳건히 생존할 것이냐, 3) 20세기 말에 터져 나온, 특히 동유럽 지역의 종족 민족주의를 어떻게 평가할 것이냐 하는 문제들이다. 이 중 민족주의를 근대성의 한 모습으로 보는 견해와 부정적 평가가 우세한데, 이 둘은 밀접히 연관되어 있다. 곧 민족주의는 근대사회의 한 모습으로 근대가 지나가면 사라질 것이고 따라서 이에 집착하는 것은 국내외적인 갈등만 일으키리라는 생각이다. 이에 대해서는 여기서 자세히 다룰 수 없다.

3. 세계화와 민족주의

세계화와 민족주의는 직접 연결되는 논란거리다. 그런데 묘한 것은 어느 한쪽의 논의가 다른 한쪽의 논의를 포함시키지 않는다는 사실이다. 둘이 따로따로 전개되는 양상을 본다. 세계화 담론은 민족주의 담론을 제대로 다루지 않고 민족주의 담론은 세계화 문제를 본격적으로 다루지 않는다. 앞에서 본 세계화 독본들에는 민족이나 민족주의에 관한 글이 하나도 없고, 정체성 문제는 한 책에만 일부로 들어가 있다. 민족주의 독본에도 83편의 논문들 중 둘 사이의 관계를 본격적으로 다룬 논문이 하나도 없다. 어디에도 이 둘을 연결시킨 본격 논문은 존재하지 않는다. 이는 두 담론이 성행한 시기가 달라서 그렇다고 생각할 수도 있겠지만, 역시 강대국 주민들에게는 세계화와 민족주의의 관계가 오직 거추장스러운 약소민족의 시끄러움 정도로밖에는 의미가 없기 때문이 아닐까 생각된다. 그런데 약소국에게는 세계화와 민족주의의 관계가 때로는 사활이 걸릴 만큼 중요한 문제이다. 따라서 약소국 주민들은 이 문제에 대해 고민하지 않을 수 없다.

세계화와 민족주의의 관계는 사실 복잡한 관계에 있다. 그 관계들을 간단히 정리하면 다음과 같은 것들이다.[4]

첫째, 세계화(정책, 현상)는 대체로 민족주의와 배치된다고 생각된다. 이는 주류 세계화론자들이나 민족주의 옹호자들의 생각이다. 세계화는 세계의 단위가 줄어들고 민족과 국가의 경계가 엷어지는 것이니 민족주의는 세계화의 흐름에 역행하는 것이다. 따라서 세계화

---

4) 이에 대한 간단명료한 정리는 Halliday(2001), 한국에서의 이 문제에 대한 논의는 김성배(1993) 참조.

론자들은 민족주의를 바람직하지 않은 것으로 비판하고, 반대로 민족주의자들은 세계화의 획일성과 강대국 지배성을 비판하고 민족 정체성을 유지할 것을 주장한다.

둘째, 그런데 현실이 그렇게 간단한 것은 아니다. 실상 세계화 이데올로기와 정책은 특정 국가의 국가 이익 추구를 위한 수단으로 제시, 전파되고 있는 측면이 강하다. 미국의 자본과 미국 문화의 전 지구적 팽창은 미국의 국가, 자본, 시민의 이익을 전 지구 차원에서 도모하려는 의도의 산물이다. 패권 국가뿐 아니라 약소국에서도 사정은 마찬가지다. 한국의 세계화 정책은 지구의 축소를 위하거나 자본의 자유로운 이동을 위한 것이 아니라 그것을 통한 한국 경제의 발전과 팽창을 목표로 한 것이다. 이렇게 볼 때 지금 시행되고 있는 여러 나라들의 세계화 정책들은 전 지구의 그야말로 '지구화'가 목적이 아니라 그것을 통한 특정 국가의 국가 이익 추구의 수단임을 부인할 수 없다. 이렇게 볼 때 세계화 정책이나 이념은 민족주의를 약화시키는 것이 아니라 오히려 그 수단으로 추구되는 측면이 강하다고 할 수 있다. 이렇게 볼 때, 세계화론자들이 신봉하는 국경 소멸론은 약소국 민족주의와 정체성을 저해하는 강대국적인 시각이라고 할 수 있다.

셋째, 그리하여 세계화는 이를 수용하거나 추종할 것을 요구받는 주변부 사회에서 방어적 민족주의를 유발하기도 한다. 이는 세계화라는 명목하에 자행되는 세계적 획일화와 문명 침투에 저항하여 고유한 생활양식과 주권을 지키려는 약소민족의 투쟁들로 나타나고 있다.

넷째, 이와 비슷하나 또 다른 현상으로, 세계화의 고조에 따라 다민족국가 안에 존재하는 소수민족들의 분리 운동이나 정체성 찾기 운동이 세계화에 따른 국민국가에 대한 도전의 일환으로 나타나기도 한다. 기존의 다민족국가를 해체하고 새로운 단일민족국가를 형성하려는 움직임은 소련이나 유고 연방의 붕괴와 독립국가들의 수립에서 대표적으로 나타났지만, 이에 국한되지 않고 세계 각 지역에서 보이는 움직임이라고 할 수 있다. 이런 현상은 세계 질서를 위협하는 분쟁으로 나타나며, 약소민족주의를 공격하는 기성 강대 민족의 좋은 표적이 되고 있다.

이렇듯 세계화와 민족주의의 관계는 복잡한데, 이런 여러 쟁점들이 기존의 서구 세계화 논의나 민족주의 논의에서는 충분히 다루어지지 못하고 있다. 이는 이런 문제가 별로 심각하지 않은 강대국, 특히 영국과 미국의 사정을 반영하는 것으로 보인다.

III. 강대국적 시각에 대한 비판: 약소국의 시각과 쟁점

이렇게 영미 주도의 세계화론과 민족주의론은 명백히 강대국 중심적이다. 그 시각과 문제 설정 모두에서 그렇다. 이제 이 점을 좀 더 구체적으로 비판하고, 약소국에 중요한 쟁점들을 확인한 뒤, 약소국 시각이 가져야 할 기본 원칙을 제시하고자 한다.

1. 세계화 개념과 분석 단위

약소국의 입장에서 보면 지금 통용되는 '세계화'라는 말 자체가 강대국 위주의 말이다. 그래서 우리는 세계화를 다르게 개념화할 필요를 느낀다. 다시 말해 세계화의 패권주의적 성격을 인식해야 한다.

세계화 자체가 곧 패권주의는 아니지만, 그것이 강대국 - 약소국 사이의 관계에서 패권주의를 초래할 가능성은 매우 크다.

세계화를 글자 그대로 이해하면 무엇보다도 '세계적으로 되는 것'이란 뜻이다(김영명 2000, 제3장). 다시 말해, 세계적이지 않은 것, 곧 '국지적인 것'이 세계적으로 된다는 말이다. 여기에는 두 가지 측면이 있다. 우선, 국지적인 어떤 실체가 세계로 수출되거나 전파되어 세계 여러 지역의 사람들이 누리거나 사용하게 되는 것을 말한다. 실체의 세계적인 확산이다. 그런데 이러한 실체의 확산은 한 방향, 두 방향, 여러 방향으로 일어날 수 있다. 이는 각 지역들 간의 관계를 규정하게 된다. 이 관계는 전파와 수용의 관계이다(이용희 1962).

이러한 세계화 거념은 이론상 중립적이지만, 실제로는 불평등한 지배 - 종속 현상을 비교적 뚜렷이 드러낸다. 개별 실체나 해당 지역을 단위로 세계화를 이해하고, 그래서 내보내는 쪽(강대국 - 선진국)과 받아들이는 쪽(약소국 - 후진국)을 비교적 명확히 구분하기 때문이다. 그래서 이러한 관점에 서면, 세계화를 받아들이는 세계화뿐 아니라 내보내는 세계화로도 인식할 수 있게 된다. 예를 들어, 햄버거를 받아들이는 것이 세계화일 뿐 아니라 김치를 내보내는 것도 세계화라고 인식하게 되며, 뒤의 것을 더 진흥하기 위한 노력의 지적 기반이 생기게 된다.

그러나 이와는 달리, 영 - 미의 주류 세계화론은, 앞서 본 바와 같이, 국경과 민족 구별이 약화되고 인간 상호작용(교통과 소통)이 세계적, 전 지구적 단위로 확대되는 것으로 세계화를 파악하기 때문에, 본질상 중립적인 의미를 띤다. 이러한 시각은 개별 단위들 간의 관계보다는 전 세계 단위의 인간 소통의 확대에 초점을 맞추기 때문에, 다시 말해 분석의 수준을 개별 '행위자'보다는 전체 '구조'에 두기 때문에, 세계화 현상이 각 나라들 간의 불평등과 지배─종속 현상을 심화시킨다는 사실을 명확하게 드러내지 못한다. 또 이런 관점에 서면 중심부의 문물이 주변부에 침투하여 주변부의 문물을 대체해 나가는 상황, 즉 문명 침투의 제국주의적 현실을 포착하기 힘들게 된다. 이러한 두 가지 점, 곧 각 지역 사이 불평등의 확대와 지역 문물의 중심국화 현상이야말로 세계화가 약소국에게 미치는 충격의 독특한 성격인데, 이를 설명할 수 없다는 점에서 기존의 세계화 논의는 명백히 강대국 중심적이다.

2. 민족의 개념과 유형

민족과 민족주의에 대한 기존의 논의 역시 서구 강대 민족 중심의 시각을 보인다. 따라서 세계화론과 비슷하면서도 조금 다르게, 이 경우에는 유럽의 경험과 거기서 나온 개념을 다른 곳에 그대로 적용해야 하느냐의 문제가 제기된다. 이는 민족과 민족주의의 개념과 성격에 관련되며, 또 이 둘 사이의 관계에도 관련된다.

우선 지적해야 할 문제는 서구 강대국에서 민족주의가 형성된 연원과 후진 약소국에서 그렇게 된 연원은 전혀 다르다는 점이다. 전자의 경우 국민 또는 민족 통합의 필요성이 민족주의 형성의 기원이고, 후자의 경우는 강대국의 침탈에 대항한 집단 정체성과 독립의 확보 투쟁이 그 기원이다. 유럽의 경험을 그대로 대입하면 근대민족 국가로 형성되지 못하거나 그 의식을 갖추지 못한 집단은 민족이 아니다. 실제로 영미의 논의에서는 이런 견해가 우세하다. 그러나 다른 곳의 사정은 유럽과 같지 않다. 유럽의 경우와 달리 동아시아의 한, 중, 일의 민족은 근대 이전부터 형성되었다. 이런 난점을 해결하기 위하여 안소니 스미스는 전근대와 근대를 관통하는 공동체 집단을 지칭하는 '에스니'라는 개념을 제안했다(Simth 1995; 임현진 1998; 노태돈 1997). 이 개념은 매우 유용하다. 하지만 다른 한편 이런 개념을 반드시 써야 하는가 하는 의문도 든다. 민족 형성의 여러 역사적 단계로 분류하면 족하지 않을까? 예를 들어 필요할 경우 전근대적 민족, 근대적 민족 등으로 구분하여 쓰고 필요 없을 경우에는 그냥 민족으로 쓰면 될 것 같다.[5]

여기서 민족의 서로 다른 모습들이 관련된다. 예를 들어, 마이네케는 '문화민족'과 '국가민족'을 구분하였다. 마이네케의 조국인 독일의 경우 영국이나 프랑스의 경우와는 달리 문화민족의 특징이 강했다. 유럽의 경험에서 나온 이 두 유형의 민족에, 약소국의 경우인 '저항 민족'이 추가된다(박호성 1997, 제2장; 노재봉 1977, 216). 한국의 경우는 문화민족이 앞섰고 국가민족의 형성이 뒤를 이었으나, 남북 분단의 현실 때문에 분열된 국가민족이 되고 말았다. 또 외세의 침탈에 대항하여 민족의식이 형성되었으므로, 저항민족의 성격도 강하다. 그래서 한민족은 문화민족과 저항민족의 성격이 강하다. 이는 문화민족보다는 국가민족으로 먼저 형성된 유럽, 특히 영국이나 프랑스의 민족과는 매우 다른 경우다.

민족의 기원을 어떻게 보든 간에, '근대성' '정치적 민족주의 이념'

---

5) 신용하 교수는 민족을 '선민족', '전근대민족', '근대민족', '신민족'의 네 가지로 분류하였다(신용하 1984, 14).

'국민' 의식 등이 없다고 해서 공동의 언어와 핏줄과 문화를 공유하는 대규모 인간 집단들을 '민족'이라고 불러서 안 될 이유는 없다. 서구의 경험을 그대로 대입하여 그와 어긋난다고 해서 민족이라는 용어를 쓸 수 없다고 생각하는 것은 서구인의 자민족중심주의이므로 그대로 따를 필요는 없다.

이와 관련된 쟁점이 민족과 민족주의의 관계다. 요컨대 민족주의가 없으면 민족이 없는가 하는 문제다. 다시 말해, 민족과 민족주의는 어느 것이 우선하는가? 상식의 유추로 보면 민족이 먼저 있고 민족주의가 나중에 개발될 수도 있고 안 될 수도 있다. 한국의 경우는 이에 해당된다고 생각된다. 그러나 앤더슨이나 겔너 같은 서구 학자들은 민족주의 이데올로기가 생김으로써 비로소 민족이 '상상' 또는 '제조'된다고 주장한다. 이 역시 유럽의 경험을 반영하는 것이다. 물론 세계사의 예를 보아도, 민족주의가 민족보다 선행한 것이 다수예이고, 한국처럼 단일민족이 이미 역사적으로 존재한 후에 민족주의의 기반으로 작용한 예는 소수이다(이용희 1977, 10). 그러나 이 말을 뒤집으면 전자에 해당하는 유럽의 경험에서 나온 민족주의론을 한국에 그대로 적용할 수 없다는 얘기가 된다. 한국의 경우 근대적 시민 의식의 형성에 관계없이 공통의 언어와 핏줄과 문화에 기반을 둔 공동체가 있었다. 이것을 '족'이라고 부르기도 하고 '원민족'이라고 부를 수도 있다. 그러나 어떻든 일종의 '전근대적' 민족이 존재했던 것은 부인할 수 없다. 학자들은 한민족의 형성을 대체로 삼국통일 시기부터로 본다. 이런 공동체를 바탕으로 19세기 말 외세의 침략과 함께 대외 저항적 근대민족주의가 형성되었고, 그와 함께 한민족이 '근대적' 민족으로 성장하게 되었다는 것이 한국민족주의 연구자들의 대체적인 시각이다(조민 1994).

이렇게 보면 민족과 민족주의의 역사적 발현에 여러 종류가 있었을 뿐 아니라 이 둘 사이의 관계도 획일적이지 않다는 점을 알 수 있다. 결국, 국민이나 민족을 정치적으로 보느냐 아니면 문화적으로 보느냐의 문제로 귀결되는데, 서구 특히 영국-프랑스의 경험에 따라 정치적 민족주의와 국가국민을 정통 민족-민족주의의 개념으로 보아야 할 이유는 없다. 이 자체가 서구적 시각이고, 그들의 경험을 다른 민족들에게 강제 적용하는 일이다.

3. 강대국의 민족주의 비판에 대한 반론

강대국에서는 민족주의에 대한 부정적인 견해가 우세하다. 약소국인 한국에서도 요즘에는 민족주의 비판론이 고개를 들고 있다(임지현 1999; 권혁범 2000). 민족주의에 대한 비판은 대체로 세 가지로 요약될 수 있는데, 그것은 1) 대내 억압, 특히 소수자의 권리 억압, 2) 국제 분쟁 유발, 3) 대외 팽창이다. 민족주의는 이 모든 부정적인 요소들을 간직하고 있고, 역사에서 그것을 증명했다. 그러나 이를 이유로 민족주의를 통째로 부정하는 어리석음을 범해서는 안 된다. 강대국에 대한 예속의 위험 아래 있는 약소국의 경우는 특히 그러하다.

여기서는 민족주의 비판을 우선 위의 세 쟁점을 통해 평가하고, 그에 관련된 문제들도 살펴보기로 한다.[6] 첫째, 민족주의 이데올로기가 사회공동체 안의 소수자들, 소수민족이나 이념적, 사회적, 성적, 정치적 소수자들을 억압하는 데 이용되는 것은 사실이다. 그러

---

6) 민족주의 옹호론은 Smith(1995), Miller(2000) 참조.

나 민족주의가 반드시 대내 억압을 유발하는 것은 아니다. 서구의 자유 민족주의는 인권, 민주주의 신장과 궤를 같이했다. 파시즘은 민족주의의 극단적 형태이며, 그것 때문에 민족주의 자체가 비판되어야 하는 것은 아니다. 제3세계 저항 민족주의의 대내적 억압도 반드시 민족주의 때문이었다고 할 수 없다. 오히려 식민 통치를 겪었던 지역 주민들에게는 반민족주의적인 억압이 매우 컸다. 한국의 반공적 탄압이 한 본보기이다.

둘째, 민족주의가 반드시 국제분쟁을 유발하는 것도 아니다. 물론 민족자결권 주장이 국제 분쟁을 야기한다. 최근 발칸 사태가 그 증거다. 그러나 다른 이념이나 신조로 인한 국제분쟁도 결코 이에 못지않다. 종교 분쟁은 민족 분쟁 이상으로 세계 평화를 위협하고 인명의 살상을 가져왔다. 그래서 우리는 종교 자체를 비난해야 할 것인가? 더 중요한 문제로, 약소민족의 독립 또는 자주권을 위한 투쟁을 국제 분쟁을 야기한다고 비난하는 것을 약소민족은 받아들일 수 없다. 민족 자결권은 민족의 자연권과 같다. 서구의 민족주의 비판자들은 대체로 이러한 민족 자결을 인정하지 않으려는 자세를 보인다. 이는 기존 질서 옹호자들의 자기이익의 발현이라고 생각할 수 있다. 이미 민족국가를 이룬 사람들이, 즉 이미 민족 자결을 이룬 그들과 같은 지위를 요구하는 다른 민족의 자결권을 부인하려는 것이다. 그리하여 자신의 기득 이익 – 곧 다른 민족에 대한 지배나 기존 질서의 이익을 유지하려는 것이다. 물론 민족자결권이 언제나 이를 위한 행동으로 나타나야 한다는 것은 아니다. 이에는 여기서 다룰 수 없는 더 복잡한 문제들이 개입된다.

셋째, 민족주의의 대외 팽창은 약소국보다는 강대국의 문제다. 물론 약소국의 경우에도 때에 따라 더 약한 국가나 민족에 대한 팽창이나 압박을 행사할 수 있다. 인접국에 대한 베트남의 압박이 한 보기가 될 것이다. 그러나 팽창 민족주의의 본모습은 역시 힘센 나라들의 것이다. 나치즘이나 일본의 군국주의에서 가장 적나라하게 나타났지만, 19세기 영국이나 프랑스의 제국주의, 20세기 중반 이후의 미국 패권주의도 팽창적 민족주의의 소산이다. 물론 미국의 경우는 '국민주의'나 '애국주의'라는 말이 더 어울리지만, 국민주의 역시 '내셔널리즘'의 다른 측면을 강조하는 또 하나의 번역어에 불과하며, 애국주의 또한 크게는 민족 - 국민주의의 한 범주로 간주된다. 흥미로운 것은 서구의 민족주의 논의가 이러한 서구 자유민주주의 강대국들의 대외 팽창 민족주의에 대해 언급하지 않는다는 점이다. 마치 서구에서는 대내 통합과 국민 형성과 자유의 신장, 그리고 국민국가의 완성이라는 대내적인 '아름다운' 자유 - 민족주의만 있었던 것처럼 말한다. 그러나 19세기에도 20세기에도 21세기에도 서구 선진국의 대외적 민족주의는, 자유의 이름을 빌리든 민주주의의 이름을 빌리든 국가이익의 모습을 띠든, 존재한다고 보아야 한다.

넷째, 이와 관련된 '보편적인' 두 문제를 볼 필요가 있다. 첫째, 민족은 실재하는 것인가, 엘리트가 자기 지배를 위해 발명하거나 상상한 것인가? 위에서 이미 언급했듯이, 민족이 상상된 면이 있는 것은 사실이지만, 동시에 원시적 형태의 민족은 근대 이전부터 존재했다. 근대 이전에도 민족의 형태는 존재했다. 민족주의는 역사적으로 피 - 언어 · 문화 - 정치 · 제도의 순으로 발전해 왔고, 유대감도 그 순서로 강하다. 따라서 지나치게 서구 이론에 빠져 민족의 역사적 실재를 부정하는 것은 온당치 않다. 민족은 상상된 것에 불과하기 때문에 민족 자결권, 민족의 권리 등을 지나치게 내세워서는 안 된다는 주장에는 동의할 수 없다.

국내에서 민족주의를 폄하하는 사람들은 특히 엔더슨(1991)이 제시한 '상상의 공동체'란 말을 즐겨 인용하는데, 그들은 이를 "민족은 실체가 아니라 상상의 산물일 뿐이다."라는 말로 이해하고 있는 듯하다. 그러나 앤더슨은 민족주의 자체를 비판하지는 않았다. 그가 말하는 '상상'은 '발명'이나 '날조'의 뜻이 아니다. 오히려 그보다 더 과격한 주장을 하는 겔너의 생각이 이에 가깝다(Gellner 1983). 물론 앤더슨이 이미 존재하는 민족의 실체를 대중이 엘리트의 도움으로 인식, 자각하게 된다는 것을 의미한 것은 아니다. 그렇지만 동시에 정치엘리트가 존재하지 않는 민족이라는 허구를 대중들에게 날조하여 상상케 한 것을 뜻하지도 않았다. 그가 뜻한 것은 단지 근대적 민족으로 형성되지 못한 공동체적 집단이라는 '재료'를 엘리트가 대중의 '상상'으로 빚어 민족을 만든다는 것이었다.

어쨌든 위와 같은 식의 민족주의 비판에는 정치적 반동의 가능성이 농후하다. 겔너나 앤더슨을 따라 민족주의가 발명된 것이고 민족이 상상된 것이라고 하면, 쉽게 얘기해서 민족의 실재를 부정하면, 약소민족의 독립과 자주권 확보 투쟁을 부인하고 강대 민족의 현상유지 정책을 지지하게 될 수 있다는 말이다.[7]

다섯째, 보편적인 문제로 자주 거론되는 두 번째 질문으로서, 민족국가는 사라질 운명에 있는가? 이를 비관적으로 보면 아무래도 민족주의에 더 비판적으로 될 것이고, 낙관적으로 보면 민족주의가 나

---

7) 예를 들어 호주 마오리족의 토지 반환 요구를 마오리족의 전통이 '발명'되었다는 이유로, 본의든 아니든, 방해할 수 있다(Childs and Williams 1997, 204).

쁘다고 하더라도 이를 전제로 개선책을 강구하게 될 것이다. 민족국가의 성격과 구실이 바뀌더라도 민족국가의 중요성이 사라지리라고 보기는 어렵다. 세계화의 결과로 과연 민족국가가 얼마나 약화될 것인지 의문이다.[8] 이 문제를 여기서 본격적으로 다룰 수는 없지만, 그러나 "민족국가 강화가 세계화 현상의 일부"라는 말을 경청할 필요가 있다. 최근 국제 사회에는 두 상반된 흐름이 있는데, 하나는 세계화로 인한 민족국가, 영토국가의 중요성이 감소하는 것이고, 다른 하나는 탈냉전, 공산권 붕괴와 더불어 나타난 민족 정체성 요구의 강화와 민족국가 수효의 증가다. 실제로 1990년대 소련 붕괴 뒤 세계의 정치 단위들은 민족국가 단위로 통일되었는데, 이전엔 국가 형태가 이렇게 통일된 적이 없었다. 또 주권 국가들의 성격, 목표, 구조, 계획, 내적 작동 양식 등이 통일되었는데, 이는 세계화가 민족주의나 민족국가를 약화시키기는커녕 오히려 강화한다는 증거로 보인다(Lechiner and Boli 2000, 195; 윤덕희 1998).

이런 여러 점들을 감안하면, 세계화의 흐름에도 불구하고 민족국가의 위치가 쉽사리 약화되지 않으리라는 스미스의 견해가 가장 설득력 있어 보인다. 그는 '민족 상징주의'의 힘을 과소평가해서는 안 된다고 주장한다(Smith 1995). 민족국가는 탈근대사회, 또는 세계화 시대의 도래와 함께 사라질 것이 아니다. 그래서 민족주의의 잠재적,

---

8) 세계화가 민족국가의 장러에 미치는 영향에 대해서는 국내외에서 많은 연구 결과들이 나와 있다. 영미에서는, 반드시 세계화와의 관련에서가 아니라도, 민족국가를 근대성의 산물로 보고 시간이 지나면서 소멸할 것이라는 견해가 강하다. 국내에서는 대체로 세계화가 민족국가의 위상을 조금 약화시키더라도 민족국가 자체가 소멸하거나 크게 위축되지는 않고 그 역할이 재조정될 것이라는 데로 의견이 모아지는 것 같다(정진영 1994; 손호철 1996; 김호기 1995; 진덕규 2000; 임현진 1995; 박노영 2000). 따라서 앞으로의 연구 과제는 민족국가와 초국가적 요소들 간의 상호작용이 각 분야에서 어떻게 설정되어야 하며, 이 관계가 어떻게 변화해 갈 것인가에 대한 구체적인 쟁점들일 것이다.

실제적 폐해를 인정하면서도 그 긍정적 기능에 주목하며, 그것이 어떻게 순한 형태로 평화적으로 발현되게 할 것인가에 초점이 맞추어져야 한다.

여섯째, 여기서 관련되는 문제가 민족주의가 과연 원하지 않는다고 인위적으로 폐기할 수 있는 것인가 하는 문제다. 민족주의는 다른 여러 정치 이념들과는 달리 고도로 정념적이고 원초적인 성질을 가지고 있다. 자유주의나 사회주의와 같은 이성에 입각한 정치 이념이 아니라, 오히려 종교에 가까운 것이다. 종교가 폐기될 수 없는 것처럼 민족주의 또한 폐기되기 어려운 것이다.

4. 약소국에 중요한 쟁점들

약소국 민족주의의 과제는 대외적으로는 '독립과 자주'를 유지하는 것이고 대내적으로는 '민족 통합'과 '국민국가를 형성'하는 것이다. 민주주의, 근대화, 경제 발전 같은 과제들은 약소국이 지향해야 할 과제이고, 약소국 '민족주의'가 지향해야 하는 가치이기도 하지만 민족주의의 '본질적' 과제라고는 할 수 없다. 그것은 민족주의 이념의 본질이 민족의 통합, 독립, 자주, 팽창을 지향함에 있기 때문이다. 이 중 팽창은 약소민족에도 해당되는 경우가 있기는 하나(더 약한 민족을 향한 팽창), 근본적으로는 강한 민족에 해당된다. 그 반면 강한 민족에게는 위의 약소국 과제들이 대체로 완결되었다.

따라서 약소국에 중요한 세계화 – 민족주의에 관한 쟁점들은 강대국에서 생각하는 '보편적'(실제로는 강대국의 특수한 사정이 반영된) 쟁점과 달라야 한다. 물론 약소국에서도 보편적인 쟁점들을 이해해야 하고, 다른 한편 이 보편적인 문제들이 약소국의 특수한 문제들과 연결되기도 한다. 예를 들어 세계화 시대에 국경이 약화되느냐 안 되느냐는 세계의 보편적 문제이지만, 약소국 주권의 확보라는 약소국 특유의 문제와 바로 연결된다. 약소국은 그런 만큼 보편적인 문제에 관심을 가져야 한다.

세계화와 민족주의의 관계에서 제기되는 여러 쟁점들 중 약소국에 중요한 것들은 다음과 같이 요약될 수 있다.

① 살아남기와 주체성·정체성 유지(즉 독립과 자주)

② 이익과 권리 챙기기, 국가 간 불평등 해소

③ 평화와 질서의 유지

④ 국민국가의 약화 여부

이 중 ③과 ④는 강대국 약소국 할 것 없이 해당되는 보편적인 문제다. 그러나 세계 차원의 질서 유지나 이익 확대에 관심을 쏟는 강대국과는 달리, 약소국에는 이것이 살아남기의 문제와 직결된다. 따라서 강대국에게와는 또 다른 의미를 가진다. ①과 ②도 보편적인 문제일 수 있지만, 특히 약소국의 처지에서 절박한 문제다. 이 문제들은 반드시는 아니지만 ③, ④와 충돌할 가능성이 있다. 다시 말해, 이들은 이중적 관계에 있다. ③, ④가 ①, ②를 줄 수도 있지만, 반대로 ③, ④를 핑계로 강대국이 약소국의 생존, 정체성 유지, 권리 확보, 이익 실현을 방해할 수도 있는 것이다. 여기서는 위의 논점들 중 주로 ①과 ②에 초점을 맞추고, ③과 ④는 이것들과 관계되는 범위 안에서만 다룰 것이다. 그 이유는 지금까지 설명한 바와 같다.

이렇게 볼 때 강대국의 논의에서 빠진 한 문제가 실상 약소국 민족주의의 가장 뚜렷한 논점이 되어 왔고 앞으로도 그럴 것이다. 그

것은 반식민주의 저항 민족주의로서의 약소국 민족주의다. 이 문제
들은 위의 ①과 ②에 해당되는 문제들이다. 약소국의 경우는 선진
강대국의 경우에는 없는 주요 국면, 곧 '대외적인 독립과 자주'의 문
제가 민족주의의 일차적이고 가장 중요한 문제로 간주되는 것이다.[9]
이런 점에서 대외적인 또는 국제정치경제적인 국면이 빠진, 강대국
경험에 바탕을 둔 강대국의 민족주의론을 약소국에서 그대로 받아
들일 수는 없다.

약소국, 약소민족에 특유하고 중요한 구체적인 쟁점과 연구 과제
들은 수없이 많지만, 그중 10가지 정도만 추려 보자.

① 세계화의 흐름이 약소국의 주권 유지나 약화에 어떻게 작용하
는가?

② 세계화의 흐름이 강대국과 약소국의 동맹 관계에 어떤 영향을
미치는가?

③ 자본의 세계화는 중심부와 주변부의 경제 관계를 어떻게 바꾸는
가? 주변부의 산업, 유통, 노동 구조 등에 어떤 영향을 주는가?

④ 세계적 미디어 산업의 독과점화가 약소국 주민들의 정보 체계
와 의식 구조에 어떤 영향을 주는가?

⑤ 약소민족의 민족주의는 세계화 시대에 어떤 식으로 발현되어
야 하는가?

⑥ 세계화 이데올로기의 전파가 어떻게 강대국 또는 패권국의 민
족주의와 연결되어 있는가?

⑦ 패권국 문화를 강요하는 세계화의 일방적 흐름 속에서 약소국

---

9) 민족 통합 또는 국민 통합의 문제도 민족주의의 본질적인 과제이지만, 여기서는 세계화와의 관
련 속에서 민족주의를 논의하기 때문에, 이에 대한 언급은 생략한다.

의 고유문화나 민족 정체성을 어떻게 유지할 것인가?

⑧ 강대국들의 환경 조건 강화 요구에 약소국들은 어떻게 대처해야 할 것인가?

⑨ 강대국들의 지배 전략에 대처하기 위해 약소국들은 어떤 방식으로 국제적 연대를 모색해야 할 것인가?

⑩ 세계화는 패권국의 세계지배 전략의 구실을 수행하는가? 만약 그렇다면 '깡패 국가'들의 존재와 행동을 어떻게 평가할 것인가?

이런 문제들이 강대국이 주도하는 기존의 세계화론과 민족주의론에서 본격적으로 다루어지지 않고 있음은 명백하다.

5. 약소국 시각의 기본 방향

따라서 이 문제에 대한 약소국 고유의 시각을 정립해야 한다. 여기서 이를 본격적으로 다루기는 어렵고, 이를 위한 원칙을 제시하는 데 그치고자 한다. 그 원칙들은 다음과 같다.

첫째, 약소국 사람들은 세계화를 보는 분석 단위를 세계 체제 단위가 아니라 행위자 단위로 삼을 필요가 있다. 그래야만 약소국과 강대국의 관계가 분명히 드러나고 세계화가 약소국에 미치는 영향을 본격적으로 연구할 수 있다. 이런 차이는 예를 들어 종속이론과 세계체제론의 차이와 비슷하다. 둘 다 자본주의 세계체제에 근본적으로 비판적이지만, 종속이론은 주변부 이론인 반면에 세계체제론은 그야말로 세계체제에 관한 이론이고 또 중심부에 치중하는 이론이다. 이론적 완성도와는 별도로, 세계체제론이 주변부의 정치경제에 대해 말해 줄 수 있는 것은 종속이론보다 명백히 적다. 그러나 동시에 종속이론을 더 발전시키기 위하여 세계체제론의 연구 성과들을 활용해야 한다. 작은 단위를 다루는 약소국 세계화론 - 민족주의론을 정립하기 위해 더 큰 단위를 다루는 영미의 이론들을 활용해야 한다는 말과 같다.

둘째, 개념을 사용할 때 서구의 경험에서 나온 서구식 개념 규정을 그대로 따라서는 안 된다. 주변부나 약소국의 경험에 부합하는 개념 규정을 할 필요가 있다. 대표적인 예를 들자면 '민족'의 개념을 들 수 있다. 서구의 민족 형성과 한국의 민족 형성의 과정은 매우 다르다. 서구에서와는 달리 한국에서는 전근대 시대에 이미 민족이 존재했다. 이 경우뿐 아니라 모든 주요 개념들과 이론들이 약소국의 경험에 부합하는지에 대해 면밀히 검토해야 한다.

셋째, 세계화가 약소국에 미치는 영향에 대해 그 긍정적 기능과 부정적 기능을 명확히 인식할 필요가 있다. 세계화론에 비판적인 경우에는 물론이고, 세계화론을 지지하는 경우에도 그것이 자기 국가나 민족에게 미칠 영향과 이에 대한 대응책을 중심으로 보아야 한다. 초국가적 기업 이익에 추종하여 개인적 이익을 좇는 사람들이 약소국 또는 주변부에서 증가하는데, 이는 그 지역 안의 정체성에 혼란을 가져온다. 이런 정신적, 경제적인 '무국적자'가 많아지는 현상은 약소국의 대외 종속을 심화시킨다.

이상은 세계화를 볼 때 약소국 주민들이 가져야 할 기본적인 '인식 방법'에 관한 것이었다. 더 구체적인 '내용'에 대해서는 다음과 같은 문제의식들을 가질 것을 권고한다.

넷째, 세계화는 지금과 같은 획일적 세계화가 아니라 다원적 세계

화여야 한다. 지금 진행되고 있는 신자유주의적 세계화는 미국 문물
이 세계를 제패하는 도구가 되었다(강치원 2000). 획일적인 시장 경
제 논리와 미국 문명의 세계적 전파, 그리고 이에 따른 국내외적 불
평등의 확대와 지구 환경의 파괴가 세계화라는 이름으로 자행되고
있다. 무엇보다 약소 지역의 주권을 약화시키고 정체성을 훼손하는
전 세계의 '미국화'를 세계화라는 이름으로 정당화해서는 안 된다.
진정한 세계화는 세계 각지의 문물이 다양하고 공정하게 어울리는
다원적 세계화여야 한다. 그 근본 바탕은 세계의 각 민족 및 국가의
주권과 문화, 존엄성을 인정하고 이들 사이의 공정한 교류를 보장하
는 일이다. 물론 힘이 지배하는 현실 세계에서 다원성에 바탕을 둔
세계 구성원들의 공존이 이상에 그칠 수도 있다. 그러나 약소국 주
민이 자신의 정체성과 주체성을 지키기 위해서는 이러한 다원성에
바탕을 둔 공존공영을 추구할 수밖에 없다.

다섯째, 그렇다고 약소국 주민이 맹목적으로 민족주의만을 고집할
수는 없다. 민족주의에 폐단이 있는 것은 분명한 사실이고, 국제사
회에서 맹목적 민족주의가 통할 리도 없다. 대외적 배타성 ─ 폐쇄성
과 대내적 억압의 가능성이 언제나 있다. 이런 점은 정치적 · 도덕적
인 문제를 제기하기도 하지만 약소국의 이익을 모색하는 데에도 잘
못하면 방해가 될 수 있다. 따라서 문제는 이러한 민족주의의 폐해
를 어떻게 줄일 것이냐에 있는데, 간단히 말하자면, 많은 사람들이
말하듯 열린 민족주의를 추구해야 한다. 열린 민족주의란 말은 민족
주의가 본질상 어느 정도 배타적일 수밖에 없다는 점에서 형용 모순
으로 보일 수 있다. 그러나 그렇지 않다. 우선 민족주의의 배타성도
정도 문제이며, 민족 내부의 결속이 반드시 다른 민족과의 대립을

가져온다는 법도 없다. 민족주의가 배타적 대립성을 줄이기 위해서는 다른 민족의 같은 권리를 인정하고 거기서 협력이나 거래 또는 심지어 대립이 출발해야 한다. 따라서 열린 민족주의의 핵심은 민족의식의 약화라기보다는 '상대방의 같은 권리 인정'이다. 이런 열린 민족주의는 결코 형용 모순이 아니라 실현 가능한 현실적 과제다.

민족주의를 '연다'는 것의 또 다른 의미는 대내적 획일성의 배제와 다양성 추구에 있다. 민족 안의 다양한 구성원들의 존재를 인정하고 특히 사회적 약자를 핍박하지 않고 보호하는 일이 중요하다. 민족주의의 폐해로 지목되는 억압성이나 폐쇄성을 극복하기 위해 민족 안과 밖 모두에서 다양성을 지향해야 한다. 민족의 정체성과 주체성을 유지하면서 동시에 다양성과의 조화를 모색하는 것, 이것이야말로 열린 민족주의의 핵심이며, 이런 열린 민족주의가 다양한 민족 사이의 공존을 도모하는 다원적 세계화와 자연스럽게 결합하는 것이다.

여섯째, 강대국이 지배하는 세계에서 위와 같은 목표를 달성하기 위해 약소국은 자신의 국가 이익과 전 지구적 협력을 잘 계산하여 행동해야 한다. 자신의 이익을 실현하기 위해서는 자주적인 대외 정책을 펼쳐야 하고, 이를 위해 다양한 국제 협력을 모색해야 한다. 우선 약소국끼리의 연대를 모색하고 국제연합 등 국제정부기구들을 잘 활용함으로써 국가이익을 도모할 수 있다. 세계화의 부정적인 모습을 고치고자 하는 반세계화 시민 연대들과도 협력해야 하며, 각 지역의 권역별 연대도 모색해야 한다(Ray 1999). 사안에 따라 다양한 연대를 모색하고, 이를 통해 세계적 차원의 협력에 입각하여 세계화가 야기하는 국제적 불평등을 개선해야 한다. 물론 강대국들과의 관계도 적절히 잘 조정하면서 이런 목적을 이루어 나가야 할 것이지만, 다시 관건은 어떻게 강대한 권력의 압박 속에서 자신의 권리를 관철할 것인가에 있다. 이를 위해 역시 위에서 말한 다양한 연대를 활용해야 하는 것이다.

Ⅳ. 맺는 말

영－미 중심의 주류 세계화론이나 민족주의론은 강대국과 약소국의 관계를 고려하지 않고 약소국의 권리나 정체성 문제를 경시하거나 무시하는 공통점을 보인다. 그러나 강대국과 약소국의 처지는 다르고, 이들에게 제기되는 문제들도 다르다. 약소국에게는 강대국에 없는 고유한 문제가 중요할 뿐 아니라, 보편적인 문젯거리, 예를 들어 국경의 약화 여부도 강대국과 약소국에게 미치는 영향이나 의미가 서로 다르다. '보편적'인 문제의 '특수성'이 강대국과 약소국에 각각 따로 존재하는 것이다.

세계화는 분명히 강대국에서 촉발된 현상이고 이념이다. 이것이 약소국, 약소민족에게 미치는 정치적 영향은 엄청나다. 이미 강대국 특히 미국 자본과 세계 전략의 수단으로 변질된 세계화 이데올로기가 약소국 민족주의나 주권에 가하는 압박이 매우 크다. 강대국의 세계화론과 민족주의론은 대체로 이 문제에 무심하거나 약소국 민족주의에 대해 부정적이다. 강대국 주민의 처지를 그대로 반영하기 때문이다. 이러한 압박 속에서 약소국 주민들은 자신의 주권과 자존을 유지하면서 세계화의 과실 따 먹기에 참여할 구체적인 방법을 모색해야 한다. 그 원칙은 위에서 제시한 바와 같다. 간단히 말해서,

세계화를 지금의 획일화가 아닌 다원화의 방향으로 이끌어야 하고, 민족주의의 부정적 폐해를 줄이면서 동시에 민족 정체성을 유지해 나가야 한다. 이 둘은 자연스럽게 결합되는 동전의 양면과 같다. 올바른 세계화와 올바른 민족주의는 배치되기는커녕 오히려 한 몸이 된다.[10] 이를 위해 세계화와 민족주의에 관한 약소국 나름대로의 시각을 정립하는 것이 반드시 필요하다.

---

10) 이 문제에 대해서는 사실 더 상세한 설명이 필요하다. 그러나 여기서는 지면의 제약으로 불가능하다. 다른 경로를 통해 발표할 예정이다.

참고문헌

강치원. 2000.『세계화와 한국 사회의 미래: 신자유주의적 세계화와 미국, 그 대안은 없는가』. 서울: 백의.
구춘권. 2000.『지구화, 현실인가 또 하나의 신화인가』. 서울: 책세상.
권혁범. 2000.『민족주의와 발전의 환상』. 서울: 솔.
김경원 · 임현진 공편. 1995.『세계화의 도전과 한국의 대응』. 서울: 나남.
김동성. 1995.『한국 민족주의 연구』. 서울: 오름.
김동춘. 2000.『근대의 그늘』. 서울: 당대.
______. 1994. "국제화와 한국의 민족주의",『역사 비평』. 겨울.
김석진 · 박민수 엮음. 1997.『세계화와 신자유주의 비판을 위하여』. 서울: 공감.
김성구 · 김세균 외. 1998.『자본의 세계화와 신자유주의』. 서울: 문화과학사.
김성배. 1983. "지구화 시대의 민족주의", 하영선 편.『탈근대 지구 정치학』. 서울: 나남.
김영명. 2000.『나는 고발한다: 김영명 교수의 영어 사대주의 비판』. 서울: 한겨레출판사.
______. 2001. "한국민족주의와 자유주의: 정치적 가치의 선택",『계간 사상』(가을).
김호기. 1998. "세계화와 국민국가의 위상", 김경원 · 임현진 공편.『세계화의 도전과 한국의 대응』.
노재봉. 1977. "한국 민족주의와 자유주의", 양호민 외.『한국민족주의의 이념』. 서울: 아세아정책연구원.
한스 마르틴 · 하랄트 슈만 지음. 강수돌 옮김. 1997.『세계화의 덫: 민주주의와 삶의 질에 대한 공격』. 서울: 영림 카디널.
박노영. 2000. "세계화와 민족국가의 미래", 강치원 엮음.『세계화와 한국 사회의 미래』. 서울: 백의.
박호성. 1997.『남북한 민족주의 비교 연구: '한반도 민족주의'를 위하여』. 서울: 당대.
손호철. 1996. "'세계화'와 민족국가의 향방", 구범모 외.『세계화와 민족문화의 발전』. 성남: 한국정신문화연구원.
신용하. 1984. "민족형성의 이론",『한국 사회학 연구』. 제7집.
오기평 편. 2000.『지구화와 정치변화: 지구화의 현상과 전망, 그리고 과제』. 서울: 오름.
윤덕희. 1998. "사회주의권 변화와 민족주의의 부활",『한국 정치학회보』. 제32집

2호 여름.

임지현. 1999. 『민족주의는 반역이다』. 서울: 소나무.

임현진. 1998. 『지구 시대 세계의 변화와 한국의 발전』. 서울: 서울대학교 출판부.

정진영. 1994. "세계화와 국민국가의 장래", 『경제와 사회』. 가을.

조민. 1994. 『한국 민족주의 연구』. 민족통일연구원 연구보고. 서울: 민족통일연구원.

진덕규. 2000. 『글로벌리제이션, 그리고 선택: 국민 국가의 미래』. 서울: 학문과 사상사.

Anderson, Benedict. 1991. *Imagined Communities: Reflections on the Origin and Spread of Nationalism* 2nd ed. London: Verso.

Barry, Brian. 1996. "Political Theory, Old and New", in Robert E. Godwin and Hans-Dieter Klingmann, eds., *A New Handbook of Political Science*. Oxford: Oxford University Press.

Beck, Ulrich. 2000. *What is Globalization?* Cambridge: Polity Press.

Childs, Peter and Patrick Williams. 1997. *An Introduction to Post-Colonial Theory*. Essex: Prentice-Hall.

Handel, Michael Ⅰ. 1981. *Weak States in the International System*. Totowa, NJ: Frank Cass.

Held, David. 2000. "Introduction", in David Held and Anthony McGrew, eds., *The Global Transformation Reader*. Cambridge: Polity Press.

Held and Antohny McGrew, eds., 2000. *The Global Transformations Reader* Cambridge: Polity Press.

Gellner, Ernst. 1983. *Nations and Nationalism*. Oxford: Basil Blackwell.

Halliday, Fred. 2001. "Nationalism", in Johnh Baylis and Steve Smith, eds., *The Globalization of World Politics*. 2nd ed. London: Oxford University Press.

Hobsbawm, Eric. 1990. *Nations and Nationalism since 1780*. Cambridge: Cambridge University Press.

Hurrell, A. and N. Woods, eds., 1999. *Inequality, Globalization and World Politics*. Oxford: Oxford University Press.

Hutchinson, John and Anthony D. Smith, eds., 2000. *Nationalism: Critical Concepts in Political Science*. 전5권. London and New York: Routledge.

Kedourie, Elie. 1960. *Nationalism*. London: Huchinson.

Kofman, Eleonore and Gillian Youngs. 1996. *Globalization: Theory and*

Practice. London: Pinter.

Lechner, Frank J. and John Boli, eds., 2000. *The Globalization Reader.* Malden and London: Blackwell.

Miller, David. 2000. "In Defence of Nationality", in Hutchinson and Smith, eds., *Nationalism: Critical Concepts in Political Science.*

O'Meara, Patrick · Howard D. Mehlinger · Matthew Krain, eds., 2000. *Globalization and the Challenge of a New Century: A Reader.* Bloomington and Indianapolis: Indianapolis University.

Parekh, Bhiku. 1996. "Political Theory: Traditions in Political Philosophy", in Robert E. Goodin · Hans－Dieter Klingemann, eds., *A New Handbook of Political Science* Oxford: Oxford University Press.

Pieterse, Jan Nederveen. 2000. "Globalization as Hybridization", in Frank L. Lechner · John Boli, eds., *The Globalization Reader.* Malden: Balckwell.

Ray, Ash Narain. 1999. *The Third World in the Age of Globalization: Requiem or New Agenda?* Delhi: Madhyam Books.

Smith, Anthony D. 1995. *Nations and Nationalism in a Global Era* Cambridge: Polity Press. Skutnabb－Kangas, Tove. 2000. *Linguistic Genocide in Education or Worldwide Diversity and Human Rights.* Mahwah, NJ: Lawrence Erlbaum Associates.

Tupac Amaru Revolutionary Movement. 2000. "Neo－Liberalism and Globalization", in O'Meara, Patrick · Howard D. Mehlinger · Matthew Krain, eds., *Globalization and the Challenge of a New Century: A Reader* (Bloomington and Indianapolis: Indianapolis University.

김영명 ——————————————————————————————

▌약력

서울대학교 외교학과 졸업, 뉴욕주립대학교 졸업, 정치학 박사
한림대학교 사회과학대학 학장, 국제학대학원 원장 역임
한글문화연대 대표 역임
현) 한림대학교 정치행정학과 교수
　　한글문화연대 공동대표

▌한국적 정치학에 관련된 저서들

『나는 고발한다』(2000)
『우리 눈으로 본 세계화와 민족주의』(2002)
『신한국론』(2005)
『한국의 정치 변동』(2006)
『우리 정치학, 어떻게 하나?』(2006)

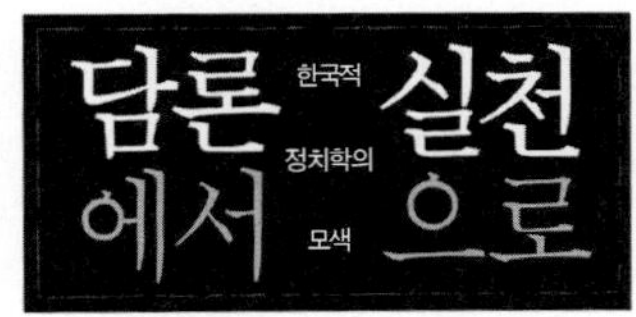

초판인쇄 | 2010년 8월 9일
초판발행 | 2010년 8월 9일

지 은 이 | 김영명
펴 낸 이 | 채종준
펴 낸 곳 | 한국학술정보㈜
주　　소 | 경기도 파주시 교하읍 문발리 파주출판문화정보산업단지 513-5
전　　화 | 031) 908-3181(대표)
팩　　스 | 031) 908-3189
홈페이지 | http://ebook.kstudy.com
E-mail | 출판사업부　publish@kstudy.com
등　　록 | 제일산-115호(2000. 6. 19)

ISBN　978-89-268-1249-5 93340 (Paper Book)
　　　　978-89-268-1250-1 98340 (e-Book)